A Study of
Government Procurement and
Informatization from
the Perspective of
International Trade Rules

国际贸易规则视阈下政府采购和信息化研究

毛振鹏　吕晓国　著

法律出版社
LAW PRESS · CHINA
北京

图书在版编目（CIP）数据

国际贸易规则视阈下政府采购和信息化研究 / 毛振鹏，吕晓国著. -- 北京 : 法律出版社，2025. -- ISBN 978 - 7 - 5244 - 0403 - 3

Ⅰ. D922.204

中国国家版本馆 CIP 数据核字第 20259DR207 号

国际贸易规则视阈下政府采购和信息化研究

GUOJI MAOYI GUIZE SHIYU XIA ZHENGFU CAIGOU HE XINXIHUA YANJIU

毛振鹏 吕晓国 著

策划编辑 韩梦超
责任编辑 苗 婕
装帧设计 李 瞻

出版发行 法律出版社
编辑统筹 辞书·融出版编辑部
责任校对 张翼羽
责任印制 吕亚莉
经　　销 新华书店

开本 A5
印张 11.375　**字数** 278 千
版本 2025 年 6 月第 1 版
印次 2025 年 6 月第 1 次印刷
印刷 保定市中画美凯印刷有限公司

地址：北京市丰台区莲花池西里 7 号（100073）
网址：www.lawpress.com.cn
投稿邮箱：info@lawpress.com.cn
举报盗版邮箱：jbwq@lawpress.com.cn

销售电话：010 - 83938349
客服电话：010 - 83938350
咨询电话：010 - 63939796

书号：ISBN 978 - 7 - 5244 - 0403 - 3　**定价**：67.00 元

凡购买本社图书，如有印装错误，我社负责退换。电话：010 - 83938349

序　言

政府进行宏观调控的手段主要是财政政策和货币政策，而政府采购是财政政策的重要内容。财政政策是国家制定的指导财政分配活动和处理各种财政分配关系的基本准则，包括政府支出和政府收入两部分。政府支出也称财政支出或公共支出，是政府从私人部门集中起来的以货币形式表示的社会资源的支配和使用。政府支出是政府分配活动的一个重要方面，政府财政对社会经济的影响作用主要是通过政府支出来实现的。因此，政府支出的规模和结构，往往反映一国政府为实现其职能所进行的活动范围和政策选择的倾向性，是政府为市场提供公共产品而安排的支出。政府支出由具体的支出项目构成，主要可以分为政府购买和政府转移支付两类。但需要指出的是，政府购买和政府采购并不能画等号，政府购买包含政府对商品和劳务的购买，如购买军需品、机关公用品、政府雇员报酬、公共项目工程所需的支出等内容。也就是说，政府购买除包括军需品、机关公用品等产品外，还包括支付政府雇员报酬和公共项目工程建设等内容。也就是说，本书所开展政府采购研究的主要对象指的是政府采购商品、临时性劳务和公共工程，但不包括支付公职人员工资待遇。

政府采购的主体是政府，是一个国家最大、最强的单一购买者，其购买力巨大，影响广泛。二十多年来，我国政府采购制度从无到有、从诞生到茁壮成长，已经形成了一个涵盖法律、行政法规、部门规章及其他规范性文件的体系化的、层次清晰的政府采购法律制度体系；同时，建立了采购预算、需求管理、合同管理、履约验收及监督管理等方面的环节规制。政府采购法律制度的建制完善，对规范财政支出行为、提高财政资金使用效益及促进国家经济社会发展等起到极为关键的作用。目前，政府采购规模占财政支出的比重已达到10%左右。同时，政府采购还是实施宏观调控的重要手段，有力地支持了科技创新、绿色发展、中小企业和乡村振兴等。

党的二十届三中全会审议通过了《中共中央关于进一步全面深化改革　推进中国式现代化的决定》（以下简称《决定》），多项改革涉及政府采购内容。《决定》多次对政府采购改革提出明确要求，作出具体部署。既有总体安排，例如，“建立健全统一规范、信息共享的招标投标和政府、事业单位、国有企业采购等公共资源交易平台体系，实现项目全流程公开管理”，也有具体举措，例如，“加大政府采购自主创新产品力度”“优化政府绿色采购政策”等。之所以提出上述改革措施，一方面，对近年来政府采购改革探索取得的好经验、好做法，通过《决定》的形式加以固化，使其能够发挥更大的效能；另一方面，提出一些新的改革方向和实现路径，从而能够更好地适应发展的需要。

政府采购涉及大量法律法规及电子信息系统应用，新采购人员难以在短时间内掌握相关技能，导致新采购人员在实操过程中缺少科学的实施方案，加大了采购风险。本书的作者，毛振鹏博士长期从事经济管理和图书馆学研究；吕晓国工程师具备法律职业资格，长期从事信息化政府采购法律理论和实务研究。

本书从采购人这个主体出发，概述了采购活动密切相关的法律、行政法规、部门规章和政策文件，涵盖采购项目前期准备、项目论证、采购实施计划、采购方式的选择、采购合同、采购政策解析、质疑投诉、绩效评价和电子商城等方面。在政府采购强化采购人主体责任，加强采购活动内部控制管理的政策背景下，本书引入了政府采购管理信息化系统应用部分，旨在帮助采购人以信息化管理为抓手，建立健全完善的采购管理制度。

阅读本书，能够帮助采购人掌握政府采购管理与电子信息系统应用方面的知识、技能、理念和方法，同时，也希望能为各级政府采购监管部门提供参考，并对政府采购工作的健康发展贡献微薄之力。

目　　录

第一章 政府采购概述

我国政府采购立法起始于20世纪90年代。1999年全国人大常委会通过了《中华人民共和国招标投标法》(以下简称《招标投标法》)、2002年全国人大常委会通过了《中华人民共和国政府采购法》(以下简称《政府采购法》),标志着政府采购正式步入法制轨道,具有里程碑式意义。目前建立的政府采购制度,无论是立法思想、立法模式、价值目标和基本原则,还是政府采购的适用范围、采购方式和程序、监督救济等具体制度均趋于完善。本章首先解决"什么是政府采购"这一问题,包括政府采购的概念、特征、功能和原则等。在此基础上,分析为什么政府采购需要法律制度。最后,本章重点立足于采购实践,对我国政府采购制度实践进行分析。

第一节 政府采购概述

一、政府采购的概念

我国于2003年1月1日实施的《政府采购法》中指出:"政府采购,是指各级国家机关、事业单位和团体组织;使用财政性资金采购依法制定的集中采购目录以内的或者采购限额标准以上的货物、工程和服务的行为。"

《政府采购法》对政府采购作了界定,同时,明确了政府采购的采购主体、采购资金、采购范围和采购对象。

(一)采购主体

采购主体规定为各级国家机关、事业单位和团体组织,包括各级国家权力机关、行政机关、审判机关、检察机关、政党组织、政协组织、工青妇组织以及文化、教育、科研、医疗、卫生、体育等事业单位。

《政府采购法》对国家机关、事业单位和团体组织的采购活动加以法律规范,主要是基于国家机关、事业单位和团体组织本身都具有公共职能,其存续和运营都来自政府财政资金的支持。除国家机关外,事业单位和团体组织也都不同程度地负有社会公众所委托的政府职责,或者基于政府的委托、授权而履行与政府职能相关的职责。

(二)采购资金

政府采购资金规定为财政性资金,既包括预算内资金,也包括预算外资金。这两类资金来源于税收和政府部门及所属事业单位依法收取的费用以及履行职责获得的其他收入。财政性资金首先包括预算内资金以及事业单位因提供公共服务所获的事业收入。而对于由财政转贷的国际金融组织和外国政府借款的这一部分资金,由于国际金融组织和政府间贷款协议有专门关于使用这部分资金的规定而遵守其规定,不应纳入财政性资金。财政管理的核心内容就是公共支出的预算体系的建立和管理问题,我国除预算内资金外还有大量的预算外资金,各级财政部门都设有专门机构来管理这部分资金,这部分资金也属于政府采购资金。

(三)采购范围

《政府采购法》将采购范围限定在依法制定的集中采购目录以内的或者采购限额标准以上的情形。只有被纳入集中采购目录以内或者采购限额标准以上的项目,才执行政府采购制度。

集中采购目录是由省级以上人民政府公布的纳入集中采购的范围。采购限额标准是实行政府采购项目的采购预算金额所应达到的限额标准。

（四）采购对象

采购对象中的货物是指各种形态和种类的物品，包括原材料、设备、扩建、产品等；工程是指建设工程，包括建筑物和构筑物的新建、燃料、改建、装修、拆除、修缮等。服务是指除货物和工程以外的其他政府采购对象。它使各级政府及其所属机构为了开展日常政务活动或为公众提供公共服务的需要，在财政的监督下，以法定的方式、方法和程序，对货物、工程或服务的购买。

二、政府采购的特征

根据对采购的分析和比较，相对于私人采购，政府采购具有如下特征。

（一）采购主体的特定性

政府采购的主体是行使国家权力或者从事某种公共职能的国家机关、事业单位和社会团体组织，采购人大部分是非营利实体，依靠国家提供财政资金运作。

（二）政府采购资金来源的公共性

政府采购资金来源于政府财政拨款，即由纳税人的税收所形成的公共资金，而私人采购的资金来源于采购主体的私有资金。资金来源的不同决定了政府采购与私人采购在采购管理、采购人员责任等方面有很大区别。实际上，从某种角度来看，正是采购资金来源不同才将政府采购与私人采购区别开来。如果说编制预算是有关资源分配的话，那么确保资源的有效利用则是政府采购的使命，政府采购正是政府使用公共资金采购政府所需的货物、工程和服务的行为，在政府采购中，政府采购部门履行的是托管人的职能。因此，政府的采购职能就成为一个受管制的然而却透明的过程，受到无数个法律、规则和条例、司法或行政决定，以及政策和程序的限定和控制。

(三)政府采购的非营利性

政府采购的目的不是营利,而是实现政府职能和公共利益。此即政府采购不是为卖而买,而是通过买为政府部门提供消费品,或向社会提供公共产品或服务。而私人采购是为了生产、转售和营利。政府采购管理者没有私人采购需要营利的动机。

(四)政府采购的公开性

政府采购应当遵循公开透明原则、公平竞争原则、公正原则和诚实信用原则。政府采购的有关法律和程序都是公开的,采购过程也是在完全公开的情况下进行的,一切采购活动都要作出公共记录,所有的采购信息都是公开的,没有秘密可言。而在私营领域,则没有这个义务。

(五)政府采购的政策性

公共支出管理是国家管理经济的一个重要手段,而作为一个公共支出管理重要执行环节的政府采购,必然承担着执行国家政策的使命。同时,政府也可利用政府采购作为保护本国产品和企业的手段。而私营组织采购则没有这种责任。

(六)政府采购的广泛性与复杂性

政府采购的对象从办公用品、车辆、家具、物业管理服务到武器装备、航空航天等无所不包,涉及货物、工程和服务等各个领域。没有一个私营组织的采购能与政府采购相比。

(七)政府采购的影响性

政府采购作为一个整体,是一个国家最大的单一消费者,其购买力非常巨大。政府采购规模的扩大或缩小、采购结构的变化,对社会经济发展状况、产业结构以及公众生活环境的变化,都有着十分明显的影响,是其他采购主体不可替代的。

三、政府采购的功能

政府采购功能的发挥与政府的作用是紧密相连的。政府采购正是更多地以市场的手段来发挥政府的作用。

(一)完善的政府采购制度,有利于强化市场意识,促进观念的转变

首先,政府采购制度强调政府与纳税人之间的一种契约关系。纳税人是委托方,委托政府在管理公共事务中用其缴纳的税收来采购公共产品;政府是受托方,政府在市场上采购货物、工程和服务是代纳税人采购的行为。其次,有助于树立政府作为市场博弈的一方也是一个消费者的观点。在市场经济活动中,政府是一个国家最大的消费者。政府对企业和生产者的支持不一定非要采取减税等方式,也可以是提出消费要求。

(二)政府采购制度是加强宏观调控的有效手段

政府采购制度是宏观经济的调节手段,也是重要的财政支出管理制度。政府通过采购的数量、品种和频率,对整个国民经济有着直接的影响。实行政府采购制度,既可以有力地将各政府部门和公共单位的消费行为组织起来,又可以有效地将国家确定的财政政策、产业政策、货币政策,以及社会发展的总体要求落到实处。在经济过热时期,可以压缩政府采购的规模或推迟政府采购的时间,减少社会的总需求;在经济偏冷时期,可以适当增加政府采购规模和提前实施政府采购,刺激总需求增长。需要扶持的产业和技术项目有所侧重,需要压缩和限制的产品采取限制购买,就可以起到调整产业结构和产品结构的作用。

(三)建立完善的政府采购制度,有利于加强支出管理,提高财政资金的使用效率

我国由计划经济向市场经济转轨,引入了市场机理和价值规律,追求支出效益最大化是支出管理的根本目标。同时,政府采购制度以一系列的制度规定,加强了政府对财政资金由价值形态向实物形态转变过程的影响、监督和管理,有效地制约和规范了政府购买行为,对于节约财政资金、提高资金的使用效率和加强国有资产管理有重要意义,是

健全和完善我国财政政策的重要举措。

（四）完善的政府采购制度可以推动政府消费行为的市场化

我国政府部门的消费由部门内部提供，每个政府部门或每一个系统内部都几乎设有各种服务机构。而在西方发达国家，政府部门的消费是由市场提供，即向市场购买各种所需的服务和产品。这样避免了诸如重复建设、人员和设施的闲置和浪费、机构臃肿等弊端。近年来，我国努力推行机关服务实体与机关脱钩改革，将机关服务实体推向社会，建立起机关与服务实体间的市场化关系，从根本上解决了依靠政府部门提供服务的方式和由此产生的各种问题。

（五）建立完善的政府采购制度是我国开拓国际、国内两个市场的必然选择

我国加入世界贸易组织（World Trade Organization，WTO）后，建立完善的政府采购制度有助于我们从国际市场中获得物美价廉的产品和服务，实现国际贸易中的比较优势。同时，我们要进一步锻炼和培养国内企业，逐步适应国际惯例，以开放的姿态迎接国际的挑战。

（六）推行政府采购制度是反腐倡廉、整顿市场经济秩序的重要措施

完善的政府采购制度要求在公开透明、公平竞争、公正和诚实信用的原则，提高采购的透明度。在采购过程中形成的直接监督、行政监督和司法监督机制，即供应商向招标人提出质疑、向采购管理机关投诉和向法院诉讼的方式，从而形成全方位政府采购行为的监督机制，消除了“暗箱操作”，能够有效抑制公共采购当中的腐败现象，有利于维护政府信誉，维护政府廉洁奉公的良好形象。

四、政府采购的原则

政府采购原则贯穿在政府采购规则中，是为了实现政府采购目标而设立的一般的原则。我国《政府采购法》第 3 条规定：“政府采购应

当遵循公开透明原则、公平竞争原则、公正原则和诚实信用原则”。

（一）公开透明原则

政府采购的公开透明原则是指有关采购的法律、行政法规、部门规章、程序和采购活动都要公开。因为采购机关使用公共资金进行采购，所以应当谨慎地执行采购政策并使采购具有透明度。透明度高的采购法和采购程序具有可预测性，使投标供应商可以计算出他们参加采购活动的代价和风险，从而提出最有竞争力的价格；公开性原则还有助于防止采购机构及其上级主管部门作出随意的或不正当的行为或决定，从而增强潜在的投标供应商参与采购的信心。

在政府采购制度中，公开性原则贯穿在整个采购程序中。首先，有关采购的法律、行政法规、部门规章和程序要公之于众，并严格按照法律、行政法规、部门规章和程序办事。采购项目和合同的条件要公开；资格预审和投标的标准要事先公布；采购活动要作好采购记录，以备公众和监督机构的审查和监督；为保证采购透明度原则的实现，要接受投标供应商的质疑和申诉。总之，在政府采购中，采购双方要时刻在公众的监督之下。当然，对一些涉密采购项目范围，由于采购物品的性质，使得采购过程不能公开，但即使如此，采购项目也应当按照涉密政府采购有关规定执行，并需经严格审批和授权。

（二）公平竞争原则

政府采购目标主要是通过促进供应商、承包商之间最大程度的竞争来实现的。通过竞争，政府采购机构可以形成一种买方市场，从而形成一种对买方有利的竞争局面。竞争也可以促使供应商提供更好的商品和技术，并且设法降低产品成本，从而使采购人实现政府采购的目的。因此，公平竞争性原则是政府采购的一条重要原则。

政府采购中公平竞争原则的实现主要是通过采购公告来实现的。采购公告吸引了供应商参与竞争，公告的有效性对竞争程度有直接的影响。竞争只有建立在公平的基础上，才能发挥其巨大的作用。因为只有在公平的基础上进行竞争,才能促进最大程度的竞争,有实力和能力提供质优价廉的产品或服务的供应商才能赢得投标的成功,从而促进政府采购经济效益目标的实现。

(三)公平原则

公正原则主要表现在,合同的授予要兼顾政府采购社会目标的实现。由于在政府采购的竞争中,中小微企业处于不利的地位,如果按其实力很难能赢得政府采购合同。因此,在政府采购制度中,财政部、工业和信息化部出台了《政府采购促进中小企业发展管理办法》文件,制定了一些规则和采取了一些措施,使中小微企业等也能分得政府采购合同的一部分,从而促使社会经济的协调发展。

(四)诚实信用原则

信用是一切经济活动的基础。诚信在我国自古即为修身立国之根本。政府采购制度实际上是一种政府采购行为的市场化,政府采购同市场经济一样不能没有诚信。在政府采购中坚持诚信原则,从政府的角度来讲,可以减少交易费用,减少腐败行为的发生,提高政府采购的运作效率。而从供应商的角度来讲,诚信原则可以给企业以必要的约束。在政府采购中,即使是在信息化高度发展而有沟通的背景之下,信息不对称仍然存在。这就难免出现由于信息不对称而带来的道德投机和道德风险。

第二节 政府采购法律制度

一、我国立法体制的基本特征

我国是工人阶级领导的、以工农联盟为基础的人民民主专政的社会主义国家,中国共产党是国家的领导核心,人民代表大会制度是我国的根本政治制度,统一的单一制国家是历史形成的传统,这些因素决定我国的立法权限必须相对集中，不能过于分散，以利于维护法制的统一和国家的统一。同时，由于我国地域广阔，各地情况很不相同，要发挥中央和地方两方面积极性；我国是一个统一的多民族的国家，少数民族聚居的地方实行民族区域自治；我国正在进行经济体制改革和其他各项改革，需要不断完善法制等，这些因素又决定我国的立法权限不能过于集中，必须适应各种不同情况，有利于充分调动各方面的主动性和积极性，有利于促进改革发展稳定和社会主义民主法制建设。根据这些实际情况，《宪法》、《立法法》和有关法律确立的立法体制既是统一的，又是分层次的。所谓统一，一是所有立法都必须以宪法为依据，不得同宪法相抵触，下位法不得同上位法相抵触；二是国家立法权由全国人大及其常委会统一行使，法律只能由全国人大及其常委会制定。所谓分层次，就是在保证国家法制统一的前提下，国务院、省级人大及其常委会和较大市的人大及其常委会，自治地方人大、国务院各部委，省级人民政府和较大的市人民政府，分别可以制定行政法规、地方性法规、自治条例和单行条例。实践证明，这样一个立法体制，是符合我国国情的。

二、我国立法体制的主要内容

《宪法》、《立法法》和有关法律在认真总结新中国成立以来我国法制建设的实践经验的基础上，对法律、行政法规、地方性法规、自治条例和单行条例的各自权限范围，作了明确规定。

（一）法律

全国人大及其常委会行使国家立法权。全国人大修改宪法，制定和修改刑事、民事、国家机构的和其他的基本法律。全国人大常委会制定和修改除应当由全国人大制定的法律以外的其他法律；在全国人大闭会期间，对全国人大制定的法律进行部分补充和修改，但是不得同该法律的基本原则相抵触。1982 年《宪法》赋予全国人大常委会制定法律的权力,是我国立法体制的一个重要改革。40 多年来,我国的多数法律是由全国人大常委会制定的。

为了保证国家必要的集中统一,《立法法》规定下列 10 个方面的事项属于全国人大及其常委会的专属立法权,只能由法律规定:第一,国家主权的事项;第二,各级人大、人民政府、人民法院和人民检察院的产生、组织和职权;第三,民族区域自治制度、特别行政区制度、基层群众自治制度;第四,犯罪和刑罚;第五,对公民政治权利的剥夺、限制人身自由的强制措施和处罚;第六,对非国有财产的征收、征用;第七,民事基本制度;第八,基本经济制度以及财政、海关、金融和外贸的基本制度;第九,诉讼和仲裁制度;第十,须由全国人大及其常委会制定法律的其他事项。

(二)行政法规

国务院根据宪法和法律制定行政法规。根据《立法法》的规定,行政法规可以就下列两个方面的事项作出规定:一是为执行法律的规定需要制定行政法规的事项;二是《宪法》第 89 条规定的国务院行政管理职权的事项。此外,国务院还可以根据实际需要,经全国人大及其常委会授权,对属于全国人大及其常委会专属立法权而尚未制定法律的事项,制定行政法规,但犯罪和刑罚、对公民政治权利的剥夺和限制人身自由的强制措施和处罚、司法制度等事项除外。这些事项只能由法律作规定,不能由行政法规作规定。

(三)地方性法规

省、自治区、直辖市人大及其常委会在不同宪法、法律、行政法规相抵触的前提下,可以制定地方性法规。省、自治区人民政府所在地的市、经济特区所在地的市和其他经国务院批准的较大的市的人大及其常委会根据本市的具体情况和实际需要,在不同宪法、法律、行政法规和本省、自治区的地方性法规相抵触的前提下,可以制定地方性法规,报省、自治区人大常委会批准后施行。根据《立法法》的规定,地方性法规可以就以下两个方面的事项作出规定:一是为执行法律、行政法规的规定,需要根据本行政区域的实际情况作具体规定的事项;二是属于地方性事务需要制定地方性法规的事项。同时,《立法法》还规定,除应当由全国人大及其常委会制定法律的事项外,其他事项国家尚未制定法律或者行政法规的,省、自治区、直辖市和较大的市根据本地方的具体情况和实际需要,可以先制定地方性法规。在国家制定的法律或者行政法规生效后,地方性法规同法律或者行政法规相抵触的规定无效,制定机关应当及时予以修改或者废止。

海南省、深圳市、厦门市、汕头市、珠海市人大及其常委会按照全国人大的授权,根据经济特区的具体情况和实际需要,遵循宪法的规定以及法律和行政法规的基本原则,制定法规,在各自的经济特区范围内实施。

(四)自治条例和单行条例

民族自治地方(自治区、自治州、自治县)的人大有权依照当地民族的政治、经济和文化的特点,制定自治条例和单行条例。自治区的自治条例和单行条例,报全国人大常委会批准后生效;自治州、自治县的自治条例和单行条例,报省、自治区、直辖市的人大常委会批准后生效。自治条例和单行条例可以依照当地民族的特点,对法律和行政法规的规定作出变通规定,但不得违背法律或者行政法规的基本原则,不得对宪法和民族区域自治法的规定以及其他有关法律、行政法规专门就民族自治地方所作的规定作出变通规定。

此外,国务院各部、委员会、中国人民银行、审计署和具有行政管理职能的直属机构,可以根据法律和国务院的行政法规、决定、命令,在本部门的权限范围内,制定规章。省、自治区、直辖市人民政府以及省、自治区人民政府所在地的市、经济特区所在地的市和其他经国务院批准的较大的市的人民政府,可以根据法律、行政法规和本地方的地方性法规,制定规章。规章的内容不得与法律、法规相抵触。

三、《政府采购法》及《政府采购法实施条例》(以下简称《实施条例》)

为贯彻落实《政府采购法》,各级立法机关也出台了大量配套制度,地方法规涉及政府采购的更多,例如,《广东省实施〈中华人民共和国政府采购法〉办法》、《云南省政府采购条例》(已废止)、《厦门市政府采购管理办法》等。总体而言,《政府采购法》为抽象的、原则性的政府采购规范,其配套法规则为规制政府采购行为的具体方案,它们与《招标投标法》及其配套制度,共同担负起对政府采购行为的全方位规制。

(一)《政府采购法》

《政府采购法》于 2002 年 6 月 29 日,经由第九届全国人大常委会第二十八次会议通过,2014 年 8 月 31 日,第十二届全国人大常委会第十次会议对其进行修订。该法为我国第一部完整规范政府采购的基本法律,对规范政府采购行为,提高政府采购资金使用效益,维护国家与社会公共利益以及政府采购当事人的合法权益,防止腐败,接轨国际经济,促进国内经济的内外大循环有积极意义。

1. 立法背景

任何法的产生均有一定的时代背景,《政府采购法》同样如此,也有自身独特背景。

(1)前期立法奠定了坚实基础

我国现代意义上的政府采购产生时间较晚,出现于 20 世纪 80 年代。《政府采购法》正式颁布之前,我国为规制政府采购进行了长时间的立法探索与实践。

1980 年 10 月 17 日,国务院为规范招标投标颁布了《关于开展建筑安装工程招标投标的暂行规定》,为我国政府采购立法做了一定的探索。1995 年,上海市最早启动政府采购试点,为规范卫生医疗领域政府采购活动，上海市财政局和卫生局联合颁行了《关于市级卫生医疗单位加强财政专项采购经费管理的若干规定》。1998年，深圳市人大出台了《深圳经济特区政府采购条例》，该条例为我国首部规制政府采购的地方性法规。1999年，财政部相继颁布了规范政府采购的一系列部门规章：《政府采购管理暂行办法》《政府采购招标投标管理暂行办法》《政府采购合同监督暂行办法》《政府采购品目分类表》《政府采购运行规程暂行办法》《政府采购资金财政直接拨付暂行管理办法》等。1999年8月30日，《招标投标法》正式颁布，这是我国第一部规范招投标的基本法，也是规范政府工程建设项目招投标采购方式的首部基本法。与此同时，紧随深圳市，上海市、江苏省、河北省、辽宁省、天津市、安徽省、广西壮族自治区等10余省市先后制定了适合本地区的政府采购地方法规与规章。例如，上海市发布了《上海市政府采购办法》和《上海市政府采购招标代理机构资格确认及管理暂行规定》等5个地方配套规章。由上可知，我国较长时期的立法探索与尝试为《政府采购法》的制定提供了厚实的根基。

(2)申请加入WTO及协定处在关键期

《政府采购法》制定前后，正是我国申请加入WTO的关键期。为发展与完善我国市场经济，促进我国生产力的迅速提高，加入WTO在当时成为迫切需要。然而，中国加入该组织之前必须同时具备相应条件，且必须经过"提出申请、贸易体制的审议、双边谈判、完成加入条件、通过加入"五个步骤。另外，1996年，我国政府向亚太经济合作组织(Asia-Pacific Economic Cooperation，APEC)予以承诺：2020年前与APEC成员对等开放彼此政府采购市场。开放政府采购市场对一国影响非常重大，必须制定相应法规对此加以规制。只有以法的形式对我国政府采购市场的开放作出承诺，我国企业才可能被域外国家与地区获批进入其政府采购市场。因此，为规范我国政府采购政策，使其符合世贸组织的基本原则与规则，确保顺利"入世"以及遵守对APEC的承诺,必须尽快出台政府采购法。

(3)地方(部门)保护主义问题严重

我国1994年进行的财税体制改革,有利于税收制度的统一,促进企业的公平竞争,规范了中央与地方的财税分配关系。然而,这次改革未能对财政支出的分散使用体制予以完善,导致地区封锁和行业垄断顽疾不但未能根除,反而地方保护主义愈加盛行,对全国统一大市场的形成和发展带来严重阻碍,极大削弱了市场在配置资源中的决定性作用。《政府采购法》以基本法的形式将对政府采购行为加以规范,在一定程度上能遏制地方保护主义的扩张,有利于社会主义市场经济的健康运行。

(4)已有政府采购法规缺少权威性

《政府采购法》出台前,我国虽然颁行了系列政府采购法规,但这些法规有的位阶过低,为部门规章与地方法规,或缺乏权威性,或适用范围过窄;有的虽为基本法,但针对性不够。譬如,《招标投标法》尽管为基本法律,但其主要规范普通招投标,对政府采购招投标无法完全胜任。因缺乏统一的政府采购法律,导致政府采购实务中财政监督难以到位,盲目或重复采购、价高质次采购现象多发,财政拨付资金使用效益低下,腐败问题经常发生。

2. 主要内容

《政府采购法》共9章88条,是一部专门规制政府采购全流程的法律。

第1章:总则

作为一部法的核心与灵魂,总则对整部法起纲领性作用。本章主要对《政府采购法》立法目的、适用范围,政府采购相关概念、应遵守的基本原则,政府采购的类型、采购限额标准、采购监管机关、采购信息发布、采购回避等事项进行了规范。例如,第1条明确规定《政府采购法》的立法目的;第3条规定政府采购应遵循公开透明、公平竞争、公正和诚实信用等原则。

第2章:政府采购当事人

政府采购当事人包括采购人、采购代理机构及供应商。本章主要对采购当事人的定义、权利与义务、供应商的资质等进行了规范。例如,该章规定当事人有自主招标权、投标权或代理权,其合法权益受法律保护;肩负招标代理任务的集中采购机构由设区的市级以上人民政府根据需要设置,属非营利性事业法人。再如,供应商作为政府采购招投标一方当事人,其必须符合相应资质,在投标前或评标时应对其进行资格预审或后审。

第3章:政府采购方式

本章主要对政府采购方式的类型、适用条件进行了一般性规定。招标采购,尤其公开招标是政府采购主要的采购方式,必须依法规制,本章第26条对此进行了规范。第27条、第28条、第29条分别规定了公开招标与邀请招标采购的适用条件及禁止事项。例如,第29条规定了邀请招标适用的两种情形:所采购货物或服务具有特殊性,供应商受限;公开招标费用占比政府采购项目总价值过大。

第4章:政府采购程序

本章主要对各种政府采购方式的运行程序予以规范,以确保政府采购的操作性。本章第34~37条就招标方式采购程序作了特殊规制。例如,第34条对邀请招标方式采购进行了规定。该条规定,采购人采用邀请招标方式的,必须采用随机抽取方式,从资质合格供应商名单中选择,且数量必须达三家以上。第36条规定了招标采购废标情形,符合四种情形之一视为废标:作实质响应的合格供应商不足三家;有影响采购公正的违法违规事项;投标人报价过高,超过采购预算,采购人难以支付;重大变故事项,采购任务遭取消。

第5章:政府采购合同

供应商中标后,双方签订采购合同是招投标程序最后一环,采购招标实务中签订“阴阳合同”、弃标等现象时有发生,因而必须对此加以严格规范。本章对采购合同的性质、签订要求与时间、中标通知书的效力、采购合同备案、违约责任予以了规制,在一定程度上利于遏制招投标采购违法犯罪现象的发生。

第 6 章:质疑与投诉

在政府采购中,供应商通常为弱势一方,现实中其权利受损现象频发,因而法律必须赋予其自救权。本章对投标供应商质疑与投诉的程序作了较详尽的规定:规定了质疑与投诉的形式,受理质疑与投诉的机关;处理质疑与投诉的时间;不服质疑与投诉处理结果的自救路径等。本章有利于对招标采购人的有效监督和投标供应商权利的维护。

第 7 章:监督检查

政府采购属于监督检查的重要内容,监督检查十分必要,这一举措有助于招投标的公平、公正与公开。本章主要对政府采购监督管理的部门、各自权限、监督检查内容、程序等进行了规范。例如,本章第 67 条规定政府采购施行多头监管体制;第 68 条、第 69 条分别授权同级财政部门、审计机关、监察机关、任意单位与个人对政府采购活动实施监督。

第 8 章:法律责任

“无规矩不成方圆”,权力必须受到制约,违法必究,法律才有威权与实效。同样,政府采购招投标也必须依法规制与追责。本章对违法采购分别设置了民事、行政、刑事以及纪律处分等追责方式。例如,第 72 条和第 77 条对采购人、采购代理机构及其工作人员、供应商等主体的违法行为设置了追究刑事责任、罚款与没收违法所得、列入不良行为记录名单、吊销营业执照、禁止参加政府采购等法律责任。

第 9 章:附则

本章主要规定了本法适用例外情形、生效时间、实施细则制定机关等内容。

（二）《实施条例》

《政府采购法》配套制度数量多，类型多样。其中，《实施条例》是最重要的配套制度，该条例于 2014 年 12 月 31 日，经国务院第 75 次常务会议通过，自 2015 年 3 月 1 日起正式施行。该行政法规的颁布顺应了当时中国政府采购的实际，弥补了《政府采购法》的部分缺陷，增强了《政府采购法》的可操作性，内容较为全面，法律位阶较高。

1. 立法背景

《实施条例》有其特定的立法背景。首先，是贯彻实施《政府采购法》的迫切需要。《政府采购法》自 2002 年制定至《实施条例》颁行有 12 年间隔，权威性配套实施细则的长期缺位，无疑极大地影响了该法的施行。《政府采购法》作为规范政府采购的基本法，其不可能也无必要对政府采购行为予以事无巨细的规定，这与其定位也明显不符，因而，其内容更多的只能是原则性和指导性的法条，其落实需要相关配套制度，《实施条例》正是为此而制定。

其次，党的十八大、十八届三中、四中全会精神落实的要求。十八届三中全会明确提出了经济体制改革的重要意义，指出经济体制改革是全面深化改革的重点，关键是处理好政府和市场的关系，正确发挥二者在资源配置中的作用。十八届四中全会通过了《中共中央关于全面推进依法治国若干重大问题的决定》，本次会议明确了全面推进依法治国的总目标、总任务与总要求，提出“法律是治国之重器，良法是善治之前提”，要求“把公正、公平、公开原则贯穿立法全过程”，《实施条例》的颁行也是全面贯彻党的方针、政策的体现与要求。

最后，《政府采购法》已滞后于政府采购实践形势。《政府采购法》颁布后十多年间，中国又一次迎来了难得的发展机遇期，这一时期，中国各项事业再一次取得了迅猛发展。以政府采购总规模为例，这一总规模从 2002 年的 1009 亿元跃升至 2013 年的 16 381 亿元，增长了 16 倍。与此同时，由于政府采购缺乏权威性实施细则的限制以及其他因素影响,我国政府采购市场问题频现。例如,“天价采购”、政府采购价高质次等问题引发社会较为广泛的关注,更引发社会公众对我国现行政府采购制度的质疑。为解决政府采购市场存在的问题,消除公众对政府采购制度的困惑,制定《实施条例》已迫在眉睫。

最后,前期立法工作奠定了较好的立法基础。在该条例出台之前,为保证《政府采购法》的正确实施,我国各级立法机构先后制定了系列配套制度。比如,《政府采购货物和服务招标投标管理办法》《政府采购管理暂行办法》《政府采购信息公告管理办法》《政府采购招标投标管理暂行办法》等。

2. 主要内容

《实施条例》立法体例分为总则、政府采购当事人、政府采购方式、政府采购程序、政府采购合同、质疑与投诉、监督检查、法律责任以及附则等 9 章,79 条。

第 1 章:总则

本章对财政性资金范围,政府采购对象中“工程”的概念、“服务”的范围与类型、集中采购与分散采购的概念、采购代理机构的定义、集中采购目录和采购限额标准的确定机关、政府采购回避情形、政府采购招标法律的适用、政府采购电子交易平台建设标准等作了进一步明确。比较《政府采购法》,本章的创新有以下几方面。

第一,扩大了适用范围。扩大了财政性资金范围,将财政预算资金、纳入财政管理的其他资金,以财政性资金作为还款来源的借贷资金、以国有资产作担保的借贷资金,以及全部或者部分使用财政性的资金均视为财政性资金;扩大了政府采购范围,将与工程建设有关的勘察、设计、施工、监理等服务,以及商标专用权、著作权、专利权等知识产权纳入了采购范畴。

第二,部分解决了《政府采购法》与《招标投标法》的冲突。《政府采购法》第 4 条规定建设工程采用招标方式的,适用《招标投标法》,而将采用招标方式采购与工程有关的货物或服务情形，剔除《招标投标法》适用范围，这一规定与《招标投标法》第2条相冲突。《实施条例》第7条较好地解决了这一矛盾，明确规定以招标方式采购与工程建设有关的货物与服务情形适用《招标投标法》。

第三，增设了电子招投标规定。《政府采购法》制定之时我国互联网处于起步阶段，电商不发达，该法缺乏电子招标规定。《实施条例》出台时，我国电子招标已广泛运用，将其纳入规制范围，利于电子招标的依法进行。

第2章：政府采购当事人

本章主要对采购人、采购代理机构、供应商等采购当事人的权利与义务进行了细化，规定了8种可认定为“以不合理的条件对供应商实行差别待遇或者歧视待遇”的情形；对“集中采购机构”“社会代理机构”等专有术语进行了解释；细化了参加政府采购活动的供应商应提供的资料清单。本章规定有利于保障政府采购招标当事人依法用权和保障供应商平等的投标权。

第3章：政府采购方式

就招投标规范而言，该章对政府采购公开招标及批量集中采购适用例外情形、以化整为零方式规避公开招标的情形等予以了具体化，对《政府采购法》第30条第3项、第4项规定的情形以及第31条第1项规定的情形进行了解释说明。例如，第23条规定，采购公开招标数额标准以上的货物或者服务如采用非公开招标方式，首先，必须符合《政府采购法》第29～32条规定情形，或者具备需要执行政府采购政策等特殊情况；其次，必须经过市级以上政府财政部门批准。

第4章：政府采购程序

政府采购流程较为复杂，路径较长，招标只是其一个环节和主要采购方式。就规制招投标程序而言，本章对招标文件提供及修改的期限、提交投标文件的截止时间、招标文件的编制要求、投标保证金的交纳、政府采购招标评标方法及流程、中标及成交结果公告要求等作出了一定规范。

第5章:政府采购合同

政府采购合同签署前后,部分招标人肆意收取巨额履约保证金、迟延退还保证金、中标人拒绝履约等情形时有发生。本章主要规制了中标后履约保证金的支付、中标或者成交供应商拒绝签约的处理办法、政府采购合同的备案、采购资金的支付等事项。

第6章:质疑与投诉

本章主要对供应商质疑与投诉的自救程序,以及财政部门处理质疑与投诉的流程给予规定。因《政府采购法》对质疑与投诉的规制较为详细,因而本章内容较为简略。例如,第52条主要对投标供应商"询问与质疑"作出补充规定,规定了采购人、采购代理机构回复询问的期限、采购评审专家配合询问与质疑的义务;第53条对"政府采购法第五十二条规定的供应商应知其权益受到损害之日"作出解释。

第7章:监督检查

本章主要对政府采购监督检查程序进行规定,主要涉及监督检查的主体、对象及流程等事项。

第8章:法律责任

本章主要对《政府采购法》"法律责任"篇内容的充实,共增列了34种采购参与人违法情形,对这些违法情形设置了追责形式及内容,因而具有较强的针对性,在一定程度上利于震慑与打击违法犯罪。

第9章:附则

本章主要对财政省管县有关批准变更采购方式的职权事项以及《实施条例》的实施时间进行规定。

四、其他主要相关法律法规

在现行招投标法律体系中,《政府采购法》处于体系核心地位。其他不少法律对政府采购行为也有一定的规制，例如，《民法典》《招标投标法》《建筑法》《刑法》《担保法》《价格法》《招标投标法实施条例》的相关规定等，在此仅介绍其中几项主要法律。

(一)《民法典》对政府采购的规制

政府采购总体而言属于民商事行为，而《民法典》是规制我国民商活动最基本的法律，其地位仅次于《宪法》，政府采购当然受该法规制。《民法典》于2020年5月28日由第十三届人大第三次会议通过，2021年1月1日实施。《民法典》对政府采购行为的规范主要表现于宏观与微观规制两方面。

在宏观规制上，《民法典》通过总则编、合同编等内容对政府采购活动进行规范。例如，第3～8条，该6条分别规定了民事活动应遵循的基本原则：第3条民事主体权利受法律保护不受侵犯原则；第4条平等原则；第5条自愿原则；第6条公平原则；第7条诚信原则；第8条合法与不得违背公序良俗原则。显然，从事政府采购活动应遵守这些准则。再如，第11条规定了《民法典》与《政府采购法》等特殊法律冲突的处理规则：特殊法优于普通法，当《民法典》与《政府采购法》对政府采购相关事项规定有出入，则以《政府采购法》为准。此外，合同编第一分编“通则”、第二分编“典型合同”等章节相关内容也均是对政府采购行为的宏观规制。

在微观规制上，《民法典》规定，当事人应当按照约定全面履行自己的义务。当事人应当按照约定全面履行自己的义务，并遵循诚信原则，根据合同的性质、目的和交易习惯履行通知、协助、保密等义务。此外，当事人在履行合同过程中应避免浪费资源、污染环境和破坏生态。当合同中没有约定或约定不明确时，当事人可以通过协议补充；如果无法达成补充协议，则按照合同相关条款或交易习惯确定。《民法典》的这些有关合同履行的规定，对政府采购合同的履行同样适用。

(二)《招标投标法》及《招标投标法实施条例》的主要内容

1.《招标投标法》的主要内容

《招标投标法》自2000年1月1日起正式实施,此后,为保证该法的正确实施,相关的行政法规、部门规章、地方法规与规章等配套制度陆续出台。其间,第十二届人大常委会第三十一次会议曾对该法做了部分修订。

《招标投标法》为集程序与实体于一体的综合性法律。

其围绕"招标、投标、开标、评标、中标"等招投标环节设置了相关规范,该法共6章68条,主要包括以下内容。

第一,明确了立法目的。立法目的是规范招投标行为,保护国家、社会和招投标当事人三者的合法权益,提升经济效益,保证项目质量。

第二,确立了强制招标范围。第3条明确提出我国境内工程建设项目符合三项条件之一,必须进行招标;同时,许可后续法律、法规对强制招标范围作出新的规定,体现了我国强制招标制度的开放性。

第三,规定了招投标应遵循的基本原则。第5条将"公开、公平、公正和诚实信用"作为招标投标活动应当遵循的基本原则。

第四,设定了多头监管体制。第7条进行了原则性规定,规定招投标活动必须受监督,相关部门依职权划分对各自所辖领域招投标活动实施监管。

第五,规制了招投标方式。依据第10条规定,招标方式为"公开招标"与"邀请招标",剔除了不符合公开原则的"议标"方式。

第六,规范了招投标参与人的权利与义务以及招投标相关流程。例如,第12条规定招标人享有自主选择招标代理机构权;第16条规定了招标公告发布的媒介——国家指定的报刊与信息网络或者其他媒介,以及发布的流程与内容,将以往分散的招标公告发布制度改革为集中统一的发布制度,提高了招标采购的透明度,降低了潜在投标人与投标人获取招标信息的成本;第32条禁止投标人之间、投标人与招标人之间相互串通投标，禁止投标人为谋取中标对招标人或者评标委员会成员行贿；第37～40条对评标委员会的组成、评委的产生以及评标委员会的权力作了规定，同时设置了相应义务等。

第七，设置了违法招投标须承担的法律责任。该法第5章设置了16个法条，针对招投标参与人不同的招投标违法行为设立了不同的法律责任，这些法律责任包括民事责任、行政责任、刑事责任与纪律处分等。例如，第49条规定，对强制招标项目实施规避招标行为的，"处项目合同金额千分之五以上千分之十以下的罚款"。

第八，赋予投标人及其他利害关系人享有异议与投诉权。在招投标活动中，投标人及其他利害关系人经常处于弱势地位，权益受损情形较为常见，为此，必须赋予其自救权方可实现招投标的公平竞争。《招标投标法》第65条规定，投标人及其他利害关系人若认为招投标活动中存在违法行为，其有权"向招标人提出异议或者依法向有关行政监督部门投诉"。

2.《招标投标法实施条例》的主要内容

《招标投标法实施条例》于2011年12月20日由国务院令第613号发布，自2012年2月1日起正式实施，迄今共经历了3次修订，分别为2017年、2018年、2019年。作为《招标投标法》的实施细则，共7章84条，该法在许多方面都进行了创新。

第一，"工程"范围规制上实现了与《政府采购法》的衔接。《政府采购法》第2条将政府采购对象限定为"工程""货物""服务"，并且将"工程"范围框定为"建设工程，包括建筑物和构筑物的新建、改建、扩建、装修、拆除、修缮等"；《招标投标法实施条例》第2条第2款将"工程"也定位于上述范围，实现了二法的有机交融。

第二，明确了招投标行政监管部门及具体职责。《招标投标法》第7条原则性地确立了我国招投标监管体制，《招标投标法实施条例》第4条对招投标监管体制进行了具体化，第一次明确了由国家发展和改革委员会指导和协调全国招标投标工作。

第三,授权建立招投标交易场所和实施电子招投标。《招标投标法实施条例》制定期间,政府公共资源交易中心在我国各地已陆续构建,电子招投标模式已广泛应用。为此,《招标投标法实施条例》授权设区的市级以上地方政府依需建立招标投标交易场所和实施电子招标投标。这一规定为各地政府集中采购交易中心的建立与运行、电子招投标的开展提供了法律保障。

第四,指定了招标公告和招标资格预审公告发布媒介。招标公告与资格预审公告的依法发布对招标信息公开透明具有重大作用。《招标投标法实施条例》颁布之前,部分招标人对招标公告与资格预审公告的发布不太重视,较为随意,甚至故意将两公告发布于影响力弱的当地媒体或者发行范围小的媒体,意图让其他投标人错失投标机会。

第五,细化了串通投标及虚假招标违法情形。我国招投标市场串通投标、虚假招标问题一度较为严重,这一现象与《招标投标法》缺乏针对性的规制密切相关。基于此,《招标投标法实施条例》第 39 ~ 41 条共列举了 17 种属于和可视为串通投标的情形,第 42 条列举了五种虚假招标情形,此举为防控这类违法行为提供了制度保障。

第六,进一步规范了招标保证金制度。招投标中保证金分为"投标保证金"与"履约保证金"两类。针对实践中招标人收取保证金数额过大、挪用投标保证金、拖延保证金返还等弊病,《招标投标法实施条例》对此进行了纠偏。

第七,规制投标人及利害关系人权益救济程序。《招标投标法》在第 65 条简单提及了投标人及利害关系人的投诉权,规定他们权利受损时有权提出异议和向有关行政机关提出投诉,并未对异议与投诉程序作出任何规制,这极其不利于权利受损的投标人及利害关系人积极自救。《招标投标法实施条例》及时填补了这一空缺,增设"投诉与处理"内容予以规范。该章对投诉、异议期限、程序、受理处理部门、异议前置程序等作了规制，在一定程度上维护了投标人及利害关系人的合法权益。

第八，进一步堵塞了招投标“阴阳合同”产生的漏洞。《招标投标法》明确禁止招标人和中标人不得再行订立背离合同实质性内容的其他协议。然而该条过于抽象，造成其法律实效极其不佳，在实务中“阴阳合同”问题层出不穷。为此，《招标投标法实施条例》第57条明确规定了招标书面合同的必备要件：合同的标的、价款、质量、履行期限等主要条款应当与招标文件和中标人的投标文件的内容一致；再次强调“招标人和中标人不得再行订立背离合同实质性内容的其他协议”。

第九，将招标投标信用制度纳入立法规范。我国招投标市场秩序之所以一直不理想，缘由固然颇多，但与招投标诚信制度缺失关系颇大。虽然我国《民法典》《招标投标法》等实体法以及社会主义核心价值观均重视“诚信”原则，然在实践中收效不理想，在招投标市场更是如此。我国未将“诚信原则”制度化、实体化，未建构有效的惩戒机制，导致招投标市场失信人有恃无恐。《招标投标法实施条例》第78条提出“国家建立招标投标信用制度”意义重大，极具针砭性，为相应规章制度的颁行提供了法定依据。

第十，招投标违法行为追责更具操作性。《招标投标法》第5章对招投标违法行为设置了相应的法律责任，然而这些追责条款依然较为模糊，缺乏具体实施细则。《招标投标法实施条例》针对《招标投标法》模糊地带给予具体化。

（三）《刑法》对政府采购的规制

我国《刑法》对政府采购活动的规范主要通过追究侵权行为人的刑责来体现。为此，《刑法》第223条增设了“串通投标罪”这个罪名。该条惩戒的对象是实施严重招投标犯罪的招标人与投标人，量刑幅度为“三年以下有期徒刑或者拘役，并处或者单处罚金”。基于《刑法》对“串通投标罪”规制较为原则的实际，最高人民检察院、公安部联合颁布了《关于公安机关管辖的刑事案件立案追诉标准的规定(二)》(2010年5月7日,公通字〔2010〕23号),该规定第76条、第88条对"串通投标罪"立案追诉予以详细解释。从第76条的规定来看,串通投标罪的立案标准较低。例如,只要招投标当事人有威胁、欺骗或者贿赂等非法手段,或违法所得10万元以上,或因招投标受过两次以上行政处罚,均可能受到刑事制裁。另外,刑法设置的贿赂罪、合同诈骗罪、非法经营罪、侵犯商业秘密罪等罪名,在一定程度上能对政府采购犯罪行为实施惩戒。

(四)《政府采购协议》

《政府采购协议》(Government Procurement Agreement, GPA)是WTO管辖的一项诸边贸易协议,由各缔约方自愿签署,旨在促进政府采购自由化和国际化。加入GPA是为了履行我国对WTO的承诺,自2007年年底向WTO提交加入GPA申请书以来,我国已提交了7份出价清单。习近平主席在博鳌亚洲论坛2018年年会开幕式上更是向世界宣告要"加快加入世界贸易组织《政府采购协定》进程"。政府采购作为财政支出的重要组成部分,一直以来被作为一种非关税贸易壁垒用于保护国内经济。加入GPA将是一把"双刃剑",在为中国企业进入国际政府采购市场提供入场券的同时,也意味着会面临政府采购信息泄密、政府采购市场被瓜分和政府采购功能削弱等安全威胁。伴随加入GPA进程的加快,确保政府采购安全的重要性也日益凸显。

第三节 政府采购当事人

法律关系主体,也即法律关系的参加者,是指在法律关系中享受权利、承担义务的人。在政府采购法律关系中,其主体被称为政府采购当事人，我国《政府采购法》第 14 条规定："政府采购当事人是指在政府采购活动中享有权利和承担义务的各类主体，包括采购人、供应商和采购代理机构等。"

一、政府采购的采购人

1. 政府采购中采购人的概念

采购人也称采购方、采购主体和采购实体，是指依法使用财政性资金采购工程、货物和服务的当事人，在政府采购活动中居于主导地位。《政府采购法》第 2 条规定：当事人是指各级国家机关、事业单位和团体组织。企业包括金融企业的采购行为不适用《政府采购法》。按照国际惯例，凡是用政府财政支出中的政府消费支出和投资支出项目，无论采购主体是政府单位、公共机关还是国有企业或者民营企业，都要纳入政府采购法所规范的主体范围。而我国法律所确立的采购主体主要限于"国家机关、事业单位和社会团体"，而将国有企业排除在外。《政府采购法》规定的采购人的范围和国外发达国家做法相比明显有局限性。

2. 采购人的认定标准

政府采购主体是"各级国家机关、事业单位和团体组织"，"政府采购的主体必须是公共资金的使用者"。据此，我国确立了"采购实体"与"采购资金性质"为标准的采购主体界定模式，即利用财政性资金采购的国家机关、事业单位和团体组织属于采购主体的范围。

(1)各级国家机关

国家机关是指依法履行法定职责的立法机关、司法机关、行政机关、军事机关等。这些国家机关是国家机器的组成部分，行使宪法和法律规定的公权力，为保证其履行法定职责，在我国是采取国家财政拨款的方式来完成其设备购置、设施配备和人员工薪支付的，履行公务所需的货物、服务和工程的采购是政府采购的主要内容。在我国还有一些较为特殊的机关,如各级政协机关、党的机关、各人民团体所进行的采购也是政府采购。军事机关采购涉及国家安全和秘密,属于《政府采购法》之透明原则和公开原则之例外,《政府采购法》第 86 条规定,军事采购法规由中央军事委员会另行制定。

(2)事业单位和团体组织

按《事业单位登记管理暂行条例》第 2 条规定,事业单位是指国家为了社会公益目的,由国家机关举办或者其他组织利用国有资产举办的,从事教育、科技、文化、卫生等活动的社会服务组织。

事业单位一般是国家设置的带有一定公益性质的机构,但不属于政府机构,其工作人员与公务员不同。根据国家事业单位分类改革精神,事业单位不再分为全额拨款事业单位、差额拨款事业单位,而分为公益一类事业单位、公益二类事业单位,还新增了利用国有资产举办的事业单位和社会资本举办的事业单位,是国家不拨款的事业单位。事业单位法人在经批准成立后,应当办理事业单位法人登记。事业单位登记信息可以在"机关赋码和事业单位登记管理平台"网站查询。

团体组织,主要是指人民团体、群众团体以及社会组织。人民团体、群众团体又合称为群团组织,群团组织特别是人民团体,是广大群众依法、有序、广泛参与管理国家事务和社会事务、管理经济和文化事业的重要渠道。对工会、共青团、妇联等人民团体和群众团体机关参照《公务员法》管理。社会组织分为三类,即社会团体、民办非企业单位和基金会,原则应该在民政部门办理社会组织登记。

3. 政府采购财政性资金

财政性资金是政府采购活动中的资金来源,也是认定政府采购主体的双重标准之一。《实施条例》将财政性资金明确为"纳入预算管理的资金"通过"预算管理"来界定财政性资金。

在新《预算法》实施后,国家机关、事业单位、团体组织所有收支都纳入部门预算管理,因此,其采购活动都应依法纳入政府采购范围。但在实践中，采购项目使用混合资金的情况大量存在，对于既使用财政性资金又使用非财政性资金的采购项目，一般以采购项目是否能够按资金来源不同进行分割来确定是否适用《政府采购法》及《实施条例》。采购项目可以分成不同的独立的子项目，则使用财政性资金采购的部分适用《政府采购法》及《实施条例》，使用非财政性资金的部分，则不适用；不能分割的，无论财政性资金与非财政性资金的比例如何，只要使用了财政性资金，则整个采购项目都必须统一适用《政府采购法》及《实施条例》。

二、政府采购的供应商

供应商是指向采购人提供货物、工程或者服务的法人、其他组织或者自然人。

（一）《政府采购法》对供应商的规定

《政府采购法》第 21 条规定了参加政府采购市场合法的供方主体是向采购人提供货物、工程和服务的法人、其他组织或者自然人。《民法典》第 57 条规定，法人是具有民事权利能力和民事行为能力，依法独立享有民事权利和承担民事义务的组织。根据法人设立的目的等不同，法人可以分为营利法人、非营利法人和特别法人。营利法人包括有限责任公司、股份有限公司和其他企业法人；非营利法人包括事业单位、社会团体、基金会、社会服务机构等；特别法人包括机关法人、农村集体经济组织法人、城镇农村的合作经济组织法人、基层群众性自治组织法人。

政府采购活动中作为当事人的供应商是指在我国境内注册登记的法人和其他组织以及中国公民，不包括在我国境外注册登记的法人和其他组织以及外国公民。而且，与《招标投标法》相比，《政府采购法》确认自然人为参与政府采购的一般主体。供应商参加政府采购活动应当具备下列条件：（1）具有独立承担民事责任的能力；（2）具有良好的商业信誉和健全的财务会计制度;(3)具有履行合同所必需的设备和专业技术能力;(4)有依法缴纳税收和社会保障资金的良好记录;(5)参加政府采购活动前3年内,在经营活动中没有重大违法记录;(6)法律、行政法规规定的其他条件。如果在采购过程中,采购人发现供应商提供的资料为虚假资料,提供资料在实质性方面失实或不完整等情况,则取消该供应商的资格,甚至给予处罚。

我国《政府采购法》规定并未对供应商加以任何民事主体资格上的限制。事实上,并不是在每一次政府采购中,法条所列举的供应商都有资格参与,在大多数情况下受到生产经营规模、生产经营方式、履约能力与政府采购人谋求就近、方便与规模效应等方面的限制,不能参与政府采购活动,受到诸多政府行政管理规定的限制。也正因如此,才引发在各国的政府采购法中规定许多照顾中小企业的例外条款:一方面,是为了保证竞争充分,节约政府采购资金,防止形成垄断;另一方面,也是为了追求社会经济政策目标的实现。

(二)供应商的权利救济

采购人用于采购的资金具有公共性,来源于纳税人缴纳的税金和政府公共服务收费,采购的目的具有非营利性,即政府采购是向政府部门提供消费品或向社会提供公益服务。政府采购合同中采购主体的特定性、采购资金的公共性和采购活动的非营利性等特点决定了政府采购并不是简单的交易行为。供应商的目的是图利,但采购人却不只是为了获得货物、工程或服务,通常都是以维护社会公共利益,实现政府重大政策目标为目的。供应商与采购人对合同目的的不同追求,使两者在政府采购合同中的地位处于事实上的不对等,采购人在政府采购合同中享有某些行政优益权。例如,在政府采购合同订立阶段,采购人可在众多的供应商中精挑细选。而供应商只能在招标条件面前作出投标与否的选择。在政府采购合同履行过程中,出于公共利益的需要,政府采购监督部门无须供应商的同意便可以责令变更或者终止采购合同的履行，供应商只能服从。因此，虽然供应商是政府采购合同当事人，但是处于相对弱势地位。

供应商与政府签约的机会是通过竞争获得的，如果供应商在竞争中既没有获得公正的待遇，又没有得到公平的机会，争议的出现便不可避免。问题的关键是在遭遇到不公正后，处于弱势的供应商是否能通过高效、畅通的救济途径去解决实际问题，使当事人双方都能得到客观公正的处理结果，更重要的是，它涉及供应商对政府采购市场的信心。因此，在政府采购规模不断扩大的同时，建立一套高效、公平的供应商权利救济机制是政府采购法律制度中不可或缺的重要内容。

为了维护政府采购的公开、公平、公正，《政府采购法》确立了通过质疑、投诉、行政复议和行政诉讼的方式为供应商提供救济的规定。根据《政府采购法》的规定，各级人民政府财政部门是政府采购的监督管理部门，供应商的投诉应向同级财政部门提出。其基本程序是供应商认为采购文件、采购过程和中标（成交）结果使自己的权益受到损害的，可以在知道或者应当知道其权益受到损害之日起7个工作日内，以书面形式向采购人提出质疑。采购人应当在收到供应商的书面质疑后7个工作日内作出答复，并以书面形式通知质疑供应商和其他有关供应商，但答复的内容不得涉及商业秘密。质疑供应商对采购人、采购代理机构的答复不满意或者采购人、采购代理机构未在规定的时间内作出答复的，可以在答复期满后15个工作日内向同级政府采购监督管理部门投诉。政府采购监督管理部门应当在收到投诉后30个工作日内，对投诉事项作出处理决定，并以书面形式通知投诉人和与投诉事项有关的当事人。政府采购监督管理部门在处理投诉事项期间，可以视具体情况书面通知采购人暂停采购活动，但暂停时间最长不得超过30日。投诉人对政府采购监督管理部门的投诉处理决定不服或者政府采购监督管理部门逾期未作处理的，可以依法申请行政复议或者向人民法院提起行政诉讼。

三、采购代理机构

采购代理机构包括集中采购机构和其他采购代理机构。集中采购机构为采购代理机构。设区的市、自治州以上人民政府根据本级政府采购项目组织集中采购的需要设立集中采购机构。集中采购机构是非营利事业法人,根据采购人的委托办理采购事宜。一般采购代理机构则需要根据政府采购监督管理部门的资格认定,参与政府采购代理活动。不同的采购代理机构在采购法上的地位有所差别。

(一)集中采购机构和一般采购代理机构

《政府采购法》规定采购代理机构分为集中采购机构和一般采购代理机构。集中采购机构还可以分为跨部门、跨系统的联合集中采购代理机构和部门、系统的部门集中采购机构;一般采购代理机构指一般意义上的采购代理机构。这两种类型的政府采购代理机构有相同之处,也有差异。

首先,二者的法律性质都是采购代理机构。根据《民法典》的规定,代理是指代理人以被代理人(又称本人)的名义,在代理权限内与第三人(又称相对人)实施民事行为,其法律后果直接由被代理人承受的民事法律制度。在政府采购代理中,集中采购机构是以采购人的名义,而不是自己的名义开展采购活动。集中采购机构代理采购人进行政府采购的代理权基础是代理协议。《政府采购法》第 20 条规定,采购人依法委托采购代理机构办理采购事宜的,应当由采购人与采购代理机构签订委托代理协议,依法确定委托代理的事项,约定双方的权利义务。集中采购机构代理采购人进行采购的法律后果由采购人承担,而不是由采购代理机构承担。虽然有时在采购合同中采购代理机构也签名盖章,这并不表明它需要承担采购的后果,只表明它作为该采购交易活动的代理人地位。《政府采购法》第 43 条规定,采购人可以委托采购代理机构代表其与供应商签订政府采购合同。由采购代理机构以采购人名义签订合同的,应当提交采购人的授权委托书,作为合同附件。

其次,作为政府采购的代理机构,二者都承担了许多采购法律施加的义务。《政府采购法》第 42 条规定,采购代理机构对政府采购项目每项采购活动的采购文件应当妥善保存,不得伪造、变造、隐匿或者销毁。采购文件的保存期限为从采购结束之日起至少保存 15 年。法律还对采购文件应该包括的类型以及采购活动记录的最低内容作出规定。同时,采购代理机构不得以向采购人行贿或者采取其他不正当手段谋取非法利益。

最后,集中采购机构与一般采购代理机构在许多方面又表现出很多不同。一是集中采购机构是进行政府集中采购的法定代理机构。纳入集中采购目录的政府采购项目,采购人必须委托集中采购代理机构进行采购,除非属于特殊的采购项目,并经过省级政府批准,一般采购代理机构则没有这种特权。二是集中采购机构是非营利性的事业单位法人,一般采购代理机构则为企业法人,在开展业务时取得一定收益,属于辅助性质。事业单位法人取得的收入可以作为预算外资金留作自用。他们的经费主要来源于国家财政拨款。三是集中采购机构承担了比一般采购代理机构更多的采购法律义务。其从业人员应该具有专业的任职资格。

(二)集中采购机构的法律地位

政府采购中采购代理的权益根据采购人与其签订的代理协议来确定。但不同的采购代理机构在采购法上的地位有所差别。集中采购机构是专门开展政府采购的代理机构,它从事集中采购目录以内采购项目的代理活动,采购人采购纳入集中采购目录的政府采购项目,必须委托集中采购机构采购。如果采购人不当委托了不具备政府采购业务代理资格的机构办理采购事务,则侵犯了集中采购机构采购的这一权利,应当承担相应的责任。

集中采购机构是非营利事业法人，根据采购人的委托办理采购事宜。这是针对集中采购机构法律地位和设立的规定。

采购人采购纳入集中采购目录的政府采购项目，必须委托集中采购机构代理采购；未纳入集中采购目录的政府采购项目，可以自行采购，也可以委托集中采购机构在委托的范围内代理采购。纳入集中采购目录的采购项目应当委托集中采购机构采购；属于本部门、本系统有特殊要求的项目应当实行部门集中采购；属于本单位有特殊要求的项目，经省级以上人民政府批准，可以自行采购。上述内容是对采购人采购权进行限制的规定。

采购人是预算资金的持有者和使用者。采购人根据其业务和事业发展的需要申请国家预算资金，开展业务活动。其使用财政性资金采购货物、工程和服务的工作是开展业务活动、履行其职能的基础。作为预算资金的持有者和使用者，采购人还具有支配资金使用的权利。采购权是采购人履行职责的基础。但是，基于公共资金使用效率以及公共资金使用者所承担的管理人义务的角度，采购人的采购权要受到规范和限制。

（三）采购人委托采购代理机构自行采购

《政府采购法》规定采购人可以自行采购的情况有两种。一是未纳入集中采购目录的政府采购项目；二是虽纳入政府采购目录，本应委托集中采购机构采购，但由于采购项目对本单位有特殊要求，则采购人也可以自行采购。由于采购人免除了委托集中采购的义务，因此，在法律解释上应做限制，且此义务的免除应该经省级以上人民政府批准。

《政府采购法》规定的采购人自行采购的情形，实际上是指采购人被免除强制委托集中采购的情形。因此，采购人是否自行采购或者委托代理机构采购则是采购人的自由裁量，其既可以决定自己采购，也可以决定委托采购代理机构，包括委托集中采购机构采购。

采购代理机构为一般采购代理机构，采购人有自行选择合格采购代理机构的权利。一是采购人具有自行选择采购代理的权利，而且这种权利不受非法干预。二是采购人与采购代理机构之间的关系是委托代理关系。招标代理机构应当在采购人委托的范围内办理采购事宜，并遵守《政府采购法》关于采购人的规定。采购代理机构在进行采购活动时是以采购人的名义，而非以自己的名义进行的。采购代理机构为代理人，采购人为被代理人，须承担采购代理机构在代理范围内的行为后果。

第四节　政府采购监管的构成分析

一、我国政府采购监督的构成分析

（一）政府采购监督的主体构成分析

政府采购监督的主体是指享有在政府采购中对项目的实体、内容、程序上行使监督权利的特定组织或人群。政府采购监督主体的监督职责来源有两种：一种是法律明文规定的，另一种是法理赋予的。

1. 国家机关

财政部门，是监督责任部门首要机关，财政部门的监督权力主要体现在三个方面：一是制定、修改政府采购实施的政策或试行办法等；二是监督管理政府采购预算、政府采购计划、政府采购合同备案、政府采购投诉处理等；三是对政府采购参与主体的监督检查、考核等。财政部门的责任是负责对政府采购对象的全面监督，对涉及违法违规行为进行受理、调查、审查、告知、决定等。

权力机关，根据法律明确授权对政府采购及政府采购监督的法律法规实行具体情况进行监督。权力机关的监督大部分是从政府采购的宏观方面入手，主要对政府采购及政府采购监督的法律法规、政策、实行办法的具体落地实施过程进行监督，对过程中发生的人和事的纠纷进行大局的监督，对频发高发的现象进行总结分析，提出相应的解决办法，通过监督指导政府采购工作及政府采购监督工作的顺利实施。

司法机关，是对政府采购中产生的争议和纠纷运用司法的途径进行解决，包括不限于和解、调解、仲裁、诉讼等。对违法违纪行为触及《刑法》等法律的，对涉事责任人进行立案侦查，事实确实充分、证据确凿的适用相关的法律提起公诉，进行审判，让涉事人承担相应的法律责任和法律后果，从而达到以法释案，扩大政府采购监督的法律制度的适用和警示作用，保护政府采购活动的依法依规进行。

审计部门，政府采购审计监督是一项重要的环节。政府采购活动审计监督是审计部门遵照既定的审计程序，以相关法律法规为准绳，对采购人使用财政拨付的资金购买货物、服务和工程行为进行审查和评价，以确保真实性、合法性、效益性，通过审计监督，在一定程度上为财政资金的使用提质增效。

纪检监察部门，其对采购活动的监督是指对参与政府采购工作的部门所承担的业务进行再监督、再检查。具体包括：所参与采购的部门是否履职、履职过程是否有违法违规行为、处置政府采购过程中的信访线索，处理采购工作中存在违法违规的单位及个人。

2. 其他

供应商，既是政府采购监督的主体，也是政府采购监督的客体，供应商在参与政府采购活动中，通过对发生的违法违规现象或者影响政府采购公平公正的事件向有关部门进行投诉或质疑或诉讼，维护自身的合法权益。由此可以看出，供应商在政府采购微观具体实施方面对切身的合法权益进行保护，从而监督政府采购的过程。法律赋予了供应商对政府采购具体进程中对实体程序的监督权利，如采购方面选定、废标决定等。供应商还可以对违法违规行为进行检举，或者可以通过司法机关进行维权。供应商从政府采购微观层面对政府采购监督起到直接监督的作用。

社会公众,政府采购的目标包括为社会公众提供服务,同时,社会公众的税金也是政府采购资金的主要来源。由于社会群众的主体性、享有知情权,从法理上,社会群众对政府采购活动有权利进行监督,所以是政府采购监督的主体。社会公众包括个人和其他社会群众组织,通过对公共媒体或者自媒体或者社会舆论对政府采购活动、政府采购项目的落地及实施结果进行最直观的监督。通过对政府采购项目的实际使用或者亲身经历,可以从更客观的角度对政府采购项目提出意见或者建议。

(二)政府采购监督的客体分析

政府采购监督的客体是政府采购监督的对象,涉及政府采购过程的各个方面,主要可以分为对参与主体的监督、流程的监督。

1. 对参与主体的监督

《政府采购法》明确了采购人、供应商、采购代理机构的监督客体地位。政府采购监督的客体是政府采购活动中的参与主体,是对预算单位、审计单位、专家评审团、采购工作人员、政府机关工作人员等群体进行监督,保障政府采购活动的公平公正实施。

(1)对采购人的监督,采购人是一个特定政府采购项目的发起者,对政府采购项目的发起立项、审核、评议等阶段会通过多个不同的部门进行,涉及的流程多、经办的人员多、不同项目有其特殊性。加强对采购人的监督,保证政府采购项目的源头公平公正,为后续项目进程打下好的基础。

(2)对集中采购机构的监督,集中采购机构依据法律规定设立的专项机构,是非营利事业法人,从工作性质和工作内容上分析,集中采购机构是在采购人和供应商之间的桥梁,加强对集中采购机构的监督也是至关重要的。

(3)对供应商的监督,从财政部发布的指导性案例中可以看出,存在供应商为了中标及中标后为了提高自身利润,从而使用质次价高的商品，或者以次充好的商品，大幅度降低了政府采购的效用，使得无法实现政府采购的目标，降低政府在社会公众群体的评价。供应商的行为端正与否、合法合规与否，都会影响政府采购活动的最终效果，同时影响政府工作的考核，所以对供应商的监督是政府采购监督中的重要环节。

2. 对流程的监督

任何项目的执行都是按照工作进程逐步推进、逐步落实，对流程的监督就是对具体实施程序的监督，保证了程序公正，每个需要立项、审批、专家讨论等的环节才能更加公正。合法合规的阶段性的项目内容，在规范严谨合法的程序串联下，才能更加公平。同时，在权利救济程序阶段实现程序正义，才能保证实体正义。在整个政府采购流程中，流程贯穿始终，所以对政府采购行为且涉及流程的监督，就好比一条准直线，给每个环节提供具体的执行标准及依据的法律准则，同时，对偏离准直线的行为和部分同样要有监督机制，保证政府采购在合法合规的准线上进行推进、在有偏离或者偏离的风险时有相应的监督法律制度从内外对该行为进行规范，并对违法违规行为追究相应责任，承担相应惩罚，起到警示作用，保证政府采购项目的具体执行和实施。

二、我国政府采购监督法律关系

对法律关系的分析依托于主体、客体、内容三个方面，法律关系是以权利义务为内容、以国家强制力作为保障手段的社会关系。社会关系是法律化的权利义务，是基于明确的法律法规等文件内容进行规定，授权性、义务性的权利义务的集合，也可以由法律授权的当事人在法律允许的范围进行约定。政府采购监督法律关系也是基于法定和约定以及其他方式形成的对政府采购参与主体的权利义务进行明确，从而提供法律依据，提供法律保障。

从政府采购监督的监督主体、监督客体进行分析，可以明确政府采购的监督法律关系是在上述监督主体、监督客体进行法律化，通过法律法规、规章制度进行公开，给政府采购监督的主体、客体提供法律依据，规范自身行为，监督他人，从而双向乃至多向保障政府采购的有序进行。

政府监督法律关系的内容是对政府采购监督主体、监督客体的权利义务进行监督，包括法律制度是否完备利于执行，政府采购的内容是否合法合规，政府采购的监督主体是否依法履职、依法尽职，政府采购的客体是否全面履行、实现政府采购的效用等。

第五节　政府采购信息化

一、我国政府采购信息化建设发展历程

随着信息技术的普及和发展，互联网被广泛应用。商品的买卖可以通过互联网以最短的时间和最低的成本来进行交易，同时，通过互联网进行订单、签订合同、完成采购过程可以进行整个流程的电子存储，方便监督和留痕，随着政府采购市场的不断扩大，政府采购也逐步与信息化进一步融合。信息化作为一个事务，其自身也正在经历一个逐渐由初级向高级的演变发展过程，电子化是信息化发展的初级阶段，在本书的写作过程中，经过检索大量相关文献，目前能够找到的国内外政府采购信息化应用的研究资料主要集中在政府采购电子化应用这一方面。

政府采购信息化应用是政府采购的发展趋势，政府采购电子化是政府采购信息化的具体实践。1993 年，国务院启动了金卡工程、金桥工程、金关工程以及政府上网工程，工程的启动标志着我国正式向政府采购信息化方向迈进。同时，政府采购有关部门也通过门户网站发布自己的采购信息。2000 年，我国正式建立了中国政府采购网，对中央

和地方采购信息发布进行了区分，网站在逻辑层面上分为内网和外网，内网主要用于后台的管理，外网负责采购信息的发布。

除了信息数据的发布利用信息化技术，部分地区也在采购活动方面迈出了电子化的步伐，创新性地实现各个采购环节的网络化操作，通过网络将采购当事人和相关部门连接起来，监管部门可以及时了解政府采购动态化过程；2003 年，财政部在中国信息化应用大会中强调应当提高信息公开的力度，建立专门的政府采购信息服务平台。为了响应这一要求，各级政府和财政监管部门都建立了自己的采购网站，发布政府采购信息，此外，各地区集中采购部门也开始了政府采购流程电子化的探索。2004 年，中央国家机关政府采购中心建设并运行了电子采购平台，2010 年首次使用电子辅助招投标系统，开始全流程电子化的实践。中共中央直属机关采购中心于 2007 年制定了《政府采购信息化建设规划》，2008 年年初步实现了中共中央直属机关政府采购全过程电子化。近几年，随着互联网技术的飞速发展，政府采购信息化不仅局限在采购流程的全电子化，而且在数据分析挖掘、存储计算、信息公开、数据共享方面取得了突出的成绩，例如，浙江省打造的“政采云”平台、“电子卖场”平台体系等。

二、我国政府采购信息化政策发展历程

近年来，政府采购信息化政策要求不断推出。国家发展和改革委员会、国家互联网信息办公室联合发布的《电子商务发展“十一五”规划》明确提出要加快政府采购电子商务平台的建设进程，实现政府采购全流程电子化、切实发挥政府在电子商务应用中的示范和带动作用。2009 年，国务院办公厅发布了《关于进一步加强政府采购管理的工作意见》，强调要进一步推进政府采购系统的电子化。2010 年，国务院发布了《中华人民共和国政府采购法实施条例（征求意见稿）》，指出要发挥财政部对于政府采购工作的统一领导作用，有效推进政府采购信息

化建设,建设全国统一的政府采购的电子化管理交易平台。2013 年,财政部出台《全国政府采购管理交易系统建设总体规划》和《政府采购业务基础数据规范》,对全国政府采购信息化建设目标进行了明确。2017 年,财政部公布了财政部《关于进一步做好政府采购信息公开工作有关事项的通知》,明确要推进各地区政府采购信息发布网络平台的建设、完善全面发布政府采购信息、健全信息发布相关制度、加强对政府采购信息公开工作的考核与监督,特别是要实施动态监督和大数据分析来推进信息公开工作。2017 年 12 月,全国政府采购工作会议指出深化政府采购制度改革,既要着眼长远,又要立足当前。要适应"互联网 + 政府采购"趋势,强化电子化采购的作用和影响,切实提高政府采购效率和公开透明度。这为全国政府采购事业的发展指明了方向。

第二章 政府采购前期准备

第一节 政府采购内部控制

内部控制,主要通过裁量权自制、行政内部分权、绩效评估等制度从公权力内部规范其运作。行政自制相对于外部控制能够更有效地应对行政权力行使的专业化趋势,更为灵活,成本更低,更符合现代法治建设的潮流。政府采购内部控制,指的是为了达到提高采购效率、提高采购满意度、优化资源配置的目标,在政府采购主体内部进行自我调整、约束、规划、评价和控制。笔者认为,如何构建和完善符合我国国情的内部控制体系,是解决现今政府采购领域问题的相对有效之关键。

一、政府采购内部控制的现实意义

行政自制要求行政机关通过一系列内控机制对自身一些不合法或不合理的行为进行及时的预防、控制或补救,这种积极的自我约束不同于外部的消极、被动控制,是行政机关自身"自发"的约束自己,有其现实意义。

(一)顺应正在转变的传统行政思路

对于防止行政权力的滥用,以往我国更多的是通过立法控制、司法控制等手段来进行硬性规定。就立法控制而言,面对涉及面极其广泛的政府采购,法律不可避免的局限性与滞后性导致了依靠立法不能完全覆盖整个领域，只有当采购中出现了大量同类型问题时，才会催生法律的制定，立法的滞后性给采购人在立法的空白处"暗箱操作"的空间。从司法的领域而言，司法机关对采购行为的控制更为有限，司法权是一种被动权力，并不能要求其进行主动监管，只有收到了司法诉求，才会对采购行为进行司法干涉，更多的是一种纠正，而难以达到控制的效果。外部控制的缺陷不可避免地存在，要适应新时期我国建设法治政府，依法治国的需要，就必须对传统机制进行突破，转换管理思路，在外部控制的基础体系与基本制度之上，更加重视行政机关内部自发的控制，使政府采购在内部控制和外部控制的共同作用下良好运行。

（二）内部控制有利于节约采购成本

一是内部控制是通过采购主体自我约束来抑制采购自由裁量权的滥用，相对于需要投入一定成本的外部监督方式，内部控制对人力、物力的要求更为精简，有利于降低行政运行成本，简化运行体系。在预算不变的情况下，政府机关用于自身消费或自我服务的资金越少，用于采购工作的经费或资金就愈多，所取得的行政效率也就愈高。二是在内部控制理论当中，通过采购主体内部分权等制度可以对采购模式进行合理化，通过采购主体内部组织结构、权限的调整可以提高采购效率，通过专人专岗甚至可以实时监控监督整个采购流程。内部控制的自我评价机制追求的是在一定程度上提高采购人员个体的积极性，减少消极怠工行为，从而通过提高个体采购效率达到提高整体采购效率的作用，通过以点带面的方式，降低实施采购行为时所支出的内部行政成本。

（三）内部控制可以抑制腐败现象

政府采购作为政府在市场上购买货物、服务和工程的行为，不仅仅是满足政府内部日常运作的需求，更要实现一定的经济社会政策，如调控经济、保护环境或扶持中小企业等。在采购实践中常常因为各种因素的影响使采购权的行使偏离了原始目标。例如，采购权的行使也是通过个人的行为实现的，若行使采购权的个人没有经受住物质利益的诱惑，则会导致腐败现象的发生。再者，某些制度的缺失也使“暗箱操作”等腐败行为有机可乘。同一个人在不同制度的约束下，可能会做出完全不一样的选择，若是制度不够完善、监督缺位、没有职业道德，那么滋生腐败也是必然结果。而内部控制制度能够在一定程度上弥补这些不足，一方面，内部控制强调的就是采购人内部制度的完善，研究如何通过完善实体和程序规则来限制自由裁量权，具有自我防范和自我纠错的特质；另一方面，内部控制注重采购人员的职业道德建设，通过加强其自身的自觉性和自制力，培养采购人员的责任感，提高采购人员的职业道德。

二、政府采购内部控制存在的问题及原因

政府采购内部控制的规定散见于《政府采购法》《实施条例》《行政事业单位内部控制规范（试行）》等一系列规章制度之中。这些规章制度内容过于笼统、指导性不强，致使采购人不能很好地自我预防、自我发现、自我遏制、自我纠错。

（一）政府采购主体自我预防意识不强

1. 欠缺风险防范意识

内部控制的核心在于，通过控制可能影响政府采购目标实现的风险，强调风险意识和风险态度的重要性，提升采购主体风险判断的水平，如果欠缺风险防范意识，必然会造成整个内部控制体系的崩溃。在部分采购主体当中，无论是单位负责人还是具体采购工作人员，对内部控制规范仅有初步了解，对内部控制的适用价值、实践意义、规范流程、操作方法和体系建设等内容缺乏基本的学习乃至深入的研究。而从政府采购行为的整个过程来看，领导的风险意识及对风险的重视程度会对整体采购的风险有决定性的影响，并且会影响政府采购人员的风险意识与风险态度，进而又会影响具体采购人员对采购行为的认识与重

视程度，最终影响整个内部控制体系的运行。

2. 风险识别能力差

在政府采购流程中，从领导到财务人员再到采购人员对内部控制风险管理这方面都缺乏必要的重视。部分人认为政府采购花的是国家的钱，和自己没什么关系，就算有所损失也无关紧要。在强调风险防范意识的前提之下，如何识别采购过程中可能存在的风险是关键之处，是内部控制的实践价值。政府采购领域的风险主要有以下六个方面。第一，法律风险。采购人法律素养不足，采购流程不合理，内部岗位与权责分配没有形成相互制约。第二，纪律风险。特别是在招投标与定点资质确认过程中，权力部门可能存在权力寻租，或者以权谋私的情形；也可能出现未按规定要求选择采购方式，未按规定时间、渠道、程序发布采购信息，甚至以化整为零或其他方式规避公开招标。第三，市场风险。部分政府采购周期长、程序复杂，在某一段时间范围内，市场价格受供求关系的影响可能会发生较大幅度的波动，这就会出现交易价格与预算价格差距较大的情况，容易引发合同纠纷。此外，政府采购计划的制定、资产的使用和管理、财政预算审核各部门之间缺乏沟通协调，也会直接导致采购资金浪费或采购回来的资产闲置等问题。第四，质量风险。政府采购到底需要哪些货物或者服务，需要什么样的标准、质量，在制订采购计划时往往比较笼统，审核也不是很严格，验收时也比较草率。第五，道德风险。这种道德风险一方面来源于政府采购的相对方，部分供应商采取欺骗手段，冒充政府采购资质，弄虚作假提升表面的承包能力；或者以次充好，利用制度的漏洞与行政人员的疏忽谋取利益的最大化。另一方面，政府采购工作人员为谋取个人私利，与供应商合谋操纵政府采购，破坏政府采购的公开性和公平性。第六，信息风险。在市场内，政府采购的信息有些需要公开以显示公平，为了安全有些则需要保密，这种信息公开与否的界定往往会存在模糊地带，对不同的参与者来说，完全有可能会出现信息不完全或是信息遗漏的情形，也存在故意以保密为由,拒绝公开一些应该公开的信息,从而会影响政府采购工作的公开透明度,影响政府公信力和市场秩序。

3. 缺乏有效的风险评估机制

风险评估就是在风险发生之前或者已经发生了还未扩大化,还未结束之前,对这一风险所可能造成的影响和损失进行一定程度上的量化与评估。在很多采购活动当中,采购主体的风险意识仍然薄弱,尚未建立似乎也不急于建立完备的风险评估机制,导致采购主体无法识别市场经济活动中的一般风险。

4. 风险应对能力较弱

由于风险防范意识、风险规避意识、风险评估机制方面的缺失,造成风险应对能力较弱的情况。如果在政府采购过程中出现了风险事件,采购主体大多只能消极地承担风险或者通过行政手段来弥补损失,而较少积极主动预防风险、控制风险、应对风险、解决风险。至今仍有部分采购人员觉得风险管理和风险控制都是领导的事,与自己关系不大,只要服从领导安排即可。风险管理理论没有得到广泛的认可,没有融入整个政府采购流程中。

(二)政府采购主体自我调控能力不够

自我调控能力具体到一个政府采购主体来讲,需要专业人士的培养、体制机制的健全和信息系统的完善等多方面的努力才能达到整体的提升。

1. 政府采购专业人才不足

政府采购人员作为政府采购工作最主要的、最直接的参与者、执行者,其法律素养、专业水平乃至道德素质的高低,都会直接决定政府采购工作的水平和采购相对方的满意度。目前,我国政府采购人员并没有专业性要求。在这样的情况下,如果采购人员缺乏必要的法律素养和专业知识,对采购对象的专业性准备不足、理解不充分,必然会影响采购任务的完成质量乃至造成国家利益的损失。这一系列问题最终都可能造成采购程序的不规范、采购效率的低下、采购资金的浪费，甚至会滋生腐败，影响政府公信力。

2. 政府采购机制设置不合理

首先，政府采购的审批与监督职能没有事实上分离开来。《政府采购法》规定了采购代理机构应当建立完善的内部监督制度，但在实际操作过程中，政府采购的决策通常由监管机构与采购主体共同商议，监督者作为参与者进行监督，有其好处，却也无形中淡化了对采购预算及采购资金的监督。作为政府采购监管主体的财政部门，承担着收集、审批采购计划，审核采购资金使用情况，对采购行为进行备案，甚至处理投诉不合理采购行为诉求等职责，可以说是“大权在握”，管的事项过宽、过于繁杂。并且，如果财政部门本身作为采购主体进入政府采购活动时，其监督部门该如何明确也是一个问题。其次是采管不分，当前我国政府采购的模式是以集中采购为主，集中采购机构作为主要的执行机构，却与执行采购监督的财政部门间关系过于密切。

3. 政府采购信息体系不健全

(1)信息建设不到位

政府信息化和信息系统建设尚处在初步阶段，仍然存在不少问题。从政府采购领域来看，主要是信息系统覆盖面不够，现在的信息系统，基本上还是包含了主体的采购信息，但是对于整个采购过程需要涉及的如供应商的信息、存货、货物质量、社会评价、市场情况等还是有所缺失，信息的缺失必然造成决策水平的下降，就容易造成资金的浪费。

(2)内部信息沟通不及时

我国政府一直致力于行政机构的改革与完善，这是有利于行政效率的提升，但在面对跨领域事务时，有时也会造成各个独立系统、单位之间的信息交流不便，协调难度变大，信息传递不通畅，不利于系统的、整体的行政控制。建立一个有效的沟通机制可以提高采购效率和采购质量，在政府采购中，对外关系主要在与供应商之间产生，这方面的信息沟通机制明显是不够健全的，沟通方式比较单一，并且供应商出于自身利益的考量，经常会隐瞒部分信息，会使采购人无法做出一个更合理的权衡。

(3)缺乏有效的日常维护运营

目前，采购人内部的信息建设往往不系统、不健全、不完善，缺乏专业人员的专业维护，整个信息系统存在不小的安全隐患，一旦系统出现问题，信息数据很容易外泄、破坏或者缺失，影响信息安全。

(三)政府采购主体自我遏制动力不足

内部控制可以有效地应对各种状况，可以在政府采购实践中发挥重要作用，这种作用不仅体现在政府采购权与采购人的控制方面，也体现在保障采购行为的相对方权利保障方面，但内部控制制度缺乏稳定性是其固有缺陷。

1. 内部控制缺乏持续性

政府采购内部控制的实施主体是从事政府采购的机关、部门、工作人员，政府采购内部控制在很大程度上没有配套形成一个确定的、完善的体系或者对应的法律体系，在很大程度上依赖于采购主体本身，过于依赖主体自觉会使得内部控制制度的发展缺乏持续性、科学性、稳定性，降低其生命力。随着时代的发展，伴随当今行政机关在面对复杂的、多样化的行政事务时不断完善各类行政法律法规，内部控制领域的法律法规亦在不断完善。然而，已经制定、实施的与内部控制有关的法律法规并不多，而且在一定程度上不统一。这就使得在采购主体实施内部控制制度时，有时会没有过多的依据，有时又可能会出现很多相关的依据却存在不统一甚至混淆的现象，这种局面导致内部控制的不稳定性，成了内部控制缺乏持续性的一个重要因素。

2. 采购主体无法超越自身利益

“只要条件允许，每个人都喜欢得到更多的权力，并且没有任何人愿意投票赞成一项旨在要求个人自我克制的条例。”这句话用在内部控制领域，就揭示了采购主体实行内部控制面临的问题，即采购人无法超越自己的利益，也就是刑法理论中的期待可能性。政府采购内部控制制度的实施主体所实施的自我控制在依靠法律规范的同时也在强调其自身的自觉性，我们有理由相信好的实施主体对自我要求的完美，但是当个体在自身重大利益与自我控制相冲突之时，我们同样应该给予其维护自身利益的选择权。但实践告诉我们，采购人出于利益考量，同样有可能放松自我控制，出现上有政策、下有对策的情形。当个人利益与公共利益相冲突时，正确价值观固然要求我们先公后私，但同样也应该理性地看待少数采购人员会偏向个人利益的可能性，甚至可以说是必然会出现为了个人利益滥用职权的情况。所以，对于内部控制，我们还有很长的路要走。

3. 内部控制动力不足

政府采购内部控制是采购人从其本身内部进行自我约束、自我限制的一种制度，一个制度的生成和发展要有动力的支持。内部自制的理念与具体实施采购行为的工作人员的自觉性紧密相关，采购机关及其公务人员同样会追寻各自的利益，这就必然导致部分工作人员在行使采购权时出现价值观偏差的情形。近年来，我国广泛推进电子政务，通过互联网、微信、邮箱等平台的建设接受来自社会的全方位监督。尽管我国在这方面还处于初步建设阶段，但是发展空间的巨大是可见的。

三、完善我国政府采购内部控制

作为外部控制重要补充的内部控制制度并不是十全十美的，其制度存在的缺陷使得其不能有效防止行政权力的滥用，针对上述问题，可以通过从自我预防、自我调控、自我遏制这三个方面进行完善。

（一）提高政府采购主体自我预防水平

1. 提高整体风险防范意识

完善政府采购的内部控制，提升政府采购管理水平是非常重要的，采购主体应自觉加强风险意识，严格控制风险，降低风险发生的可能性。在实际操作中，应梳理采购流程，查找政府采购过程中每个环节存在的风险点，对风险点进行评估，主要风险点包括：采购预算、采购计划、采购活动、履约验收和档案管理等。具体来讲，就是要制订政府采购内部控制制度，从制度方面影响个人意识、约束个人行为，这一制度应该包括：是否按照政府采购预算和计划组织采购业务；是否按照规定组织政府采购活动和验收程序等。另外，可以探索建立政府采购责任人制度，这一制度指的是作为采购主体的单位或者部门特定专人为政府采购责任人，也就是所谓的专人专岗，专门负责本单位或本部门的一切政府采购事项，并全程参与政府采购的整个流程，这可以有效地强化风险意识，提升采购人风险防范的水平。

2. 加强风险识别能力

加强风险识别能力主要可以分为三步。第一，认清符合自身实际情况的风险承受能力，通过事前充分调研界定自身能够应对和承受的风险是哪些风险、哪种程度的风险，然后通过对即将进行的政府采购相关情况的分析来识别可能会出现的内外部风险因素。一般来说，可能遇到的风险类型有法律风险、纪律风险、商业风险、保密风险、质量风险等。第二，要持续关注各类风险源的产生、发展、变化，以便及时发现、及时防范、及时应对、及时解决。第三，在进行风险识别时注重采取多种途径、多样化手段，提高风险识别能力，诸如邀请相关人士开会座谈，向专业机构、专业人士进行咨询，对于高危、多发、常发、影响严重的风险应特别关注、专门研究，避免重复受损或严重受损。

3. 完善风险评估机制

采购人可以组织成立风险评估小组，由本单位工作人员兼任或者聘请专业人士组成，如果是本单位人员组成，那么这些人员应该至少涵盖后勤、财务、法务等相关部门，小组人员应当具备相应的专业知识。政府采购业务多、种类多、金额大、涉及面广，必然会出现新的风险，风险评估小组需要根据经验和具体实际情况，不断监测、不断评估这些风险，以便能迅速采取行动。在监测的同时，注意收集风险信息，而风险信息的收集是一项繁重且琐碎的工作，故而可以在风险评估小组内设信息采集小组或者人员，专门负责收集信息，同时可以探索建立风险数据库或信息管理系统，形成动态风险评估体系。

4. 提高风险应对能力

在风险防范、风险识别、风险评估之后，一旦发生风险，应当根据风险产生的原因，已经确定的风险承受能力，根据风险的具体情形，制定相应的风险应对策略。风险应对策略包括风险规避、风险降低、风险分担和风险承受。当采购人通过自我分析，认定自己在风险承受能力方面整体较强，而面对的风险又没有超过预期值，那么自然可以直接风险承受；当采购人认定自己在风险承受能力方面整体较弱，或者面对的风险超出了预计，那么就应该进行风险规避；当采购人认定自己在风险承受能力方面整体较强，面对的风险虽然没有超过预计，但是经过分析研究或者出于损害最小化的考虑，在人手和资源充足的情况下，可以考虑风险降低和风险分担。

（二）增强政府采购主体自我调控能力

内控环境是内部控制的基础，其质量直接影响采购人员对于政府采购内部控制的认可度，要提升内部控制能力，必须改善内控环境。

1. 加强政府采购人才培养

提高政府采购监管专业人员素质是高效进行政府采购的前提，也是控制监管风险的重点。政府采购是一项专业性比较强、涉及面比较广的工作，涉及法律、金融、财务、市场等多方面的专业知识，对采购管理人员和具体采购人员的综合素质和专业素质都要求较高，加快政府采购专业人才的培养和现有采购人员的业务培训非常必要。

首先，对政府采购人员要进行政治理论基础、法律意识、职业道德、廉政意识等多方面的教育，加强对政府采购预算的设置、合同的缔结、签订、履约验收等方面相关知识的培训，对监管部门的采购方式、组织形式、判断能力等监管要点进行重点培训。从具体操作来看，对现有的采购人员定期或不定期实行短期培训，加强日常学习督导，使其尽快熟悉掌握政府采购的基本业务知识；对于那些基础较好、业务素质较高、能力较强、专业水平较高的业务骨干，要将短期培训与长期培训相结合，并在学习内容中加入对管理方面的学习，增强其领导能力。

其次，要对采购中心及代理机构进行定期考核，从而确保采购效率的提升。可以考虑在政府采购从业人员队伍中实行执业资格制度，持证上岗。这一制度体系在财务、法律等其他领域已经有很多经验和较为完备的制度体系，可以进行借鉴。

最后，采购人员不仅需要熟悉国内各项政策、制度，还要加强对业务往来涉及的国外制度、理论的学习研究，不断丰富各方面知识，使政府采购可以与国际接轨，同时又在国际化的政府采购中保障国家利益不受损害。

2. 合理设置政府采购业务管理机构和岗位

政府采购业务通常是由不同部门共同参与，必须做到权责分配和职责分工明确，应采取“管采分离”的管理方式。政府采购行为的全过程，从采购主体内部来看，不应由一个部门甚至一个人单独实施，必要的机构管理或人员制约是不可或缺的。采购单位内部，要按采购前、采购中、采购完成后三个时间段将政府采购的各项流程分别放置在不同部门来办理：三个阶段内部，又可以分别将采购清单的确定与审批、采购文件的准备与审核、采购货物的验收与保管等流程进一步分离给不同部门或者是不同个人。

3. 加强政府采购主体内部信息沟通

第一，加强信息系统建设。网络信息化采购模式具有独有的特征，除了便捷的优点外，还能有效降低采购成本、公开透明采购过程、促进良性竞争，加强对信息化的控制。所以，为顺应时代发展的潮流，实现对采购过程的实时监控,在政府采购领域内加强网络信息化建设同样重要。网络化的政府采购有利于规范政府采购的采购行为,在为政府采购提供市场的同时也可以促进形成更为充分的竞争机制,降低人为因素的影响。

第二,完善内部信息衔接机制。所谓的衔接机制,就是信息沟通渠道,信息沟通渠道的建立关系着信息传递的反馈。首先,应当加强内部信息沟通机制的建设,加强采购部门与财务部门等相关业务部门的沟通,加强上下级之间的沟通等。其次,应当重视采购主体外部信息收集,加强与供应商的沟通,互相交流、互相了解,形成相互之间的信任。

(三)完善政府采购主体自我遏制机制

1. 加强行政伦理的培养

在行政行为中,最基本的素质就是行政伦理。采购人必须要依靠工作人员才能具体实施采购行为,而工作人员的行为显然不可避免地受到自身主观能动性的影响,通过依法治国、依法行政具体理论的学习贯彻,可以推动工作人员内心形成一种“善”的价值观。这种内化的行政伦理固然不能同外部控制一般有着明显的、强制性的、绝对性的效果,但是当某些突发事件、意外事件等需要自由裁量权的情况下,采购人员的价值观如何就有很大的影响。行政机关有着法律赋予的自由裁量权,而行政自由裁量权如同采购行为一般,具体还得由工作人员的个人行为来实施。我们有理由相信,通过努力有可能让行政人员在受到个人价值观支配的情况下使个人利益与公共利益达到平衡,并在大多数情况下以公共利益为主要价值倾向。所以对包括采购人员在内的行政机关人员进行行政伦理的培养是必不可少的,是具有相当实践意义的。

2. 建立政府采购评价制度

当前,行政体制改革逐渐深化,对政府采购主体的绩效评估制度也应该作出相应的改变。这主要有以下三个方面的改变。

第一,评价侧重点应更加关注过程。在政府采购领域往往更加关注采购货物、服务等的质量及最终效果,对于采购过程的质量要求不高。并非说结果不重要,结果仍然是评价的关键点,但是在注重结果的同时,也要同时关注过程,过程更多地体现了采购行为程序上的规范以及具体采购人员是否秉承了为人民服务的理念。

第二,采购绩效评价要从封闭走向开放。众所周知,现在的绩效考核大多是由上级或者同级职权部门来进行单方面的考核,导致这种考核评价在被考核对象来看,更多的是一种工作上的业务,存在应付思想。应该更多地给予被考核对象平时自我表现的机会,提升最终考核自我评价的比重。

第三,采购绩效评价指标要多样化。现在的绩效评估是由考核方制定一个针对被考核群体的考核指标,这个指标显然是概括性大过于针对性,无法有效地反映不同单位的各自特色与工作特点。应在制定考核指标时更加多元化,使考核更加具有实质上的公平性。

3. 建立采购主体内部奖惩机制

奖励机制可以正面激励工作人员,提升个人工作积极性。这种机制可以为内部控制提供动力支持,可以使得具体采购人员在法律法规的基础上提升到一个新高度。而惩罚机制对于采购工作人员来说,则与奖励机制相对应,通过反面警示的方式,提醒采购人员不作出一些损害国家利益、集体利益的行为,最终提高采购效率和采购质量。

第二节　政府采购预算

政府采购预算是指政府行政部门根据当年的业务发展需求和任务编制,经由统一的采购规定程序批准的年度政府部门采购计划。政府采购预算并不是独立成立的预算体系,而是从属于总体部门预算的一部分，其预算资金包括在总体预算之内。政府采购预算和政府采购计划也有所不同，政府采购计划是通过政府财政部门对政府采购预算最终执行情况的管理和监督的方式，其中包括对采购预算中的采购项目、采购方式、采购开展进程、采购资金使用范围、采购预算的补报及项目调整等方面的具体计划，目的在于控制政府采购的预算外资金。而政府采购预算则侧重于表现政府财政总支出的一部分。它集中反映了行政事业单位的资金收支规模、业务范围和重心。

一、政府采购预算基本概念

（一）与预算相关的概念

预算的含义分为两种：一是国家机关、团体和事业单位等对于未来一定时期内的收入和支出的计划；二是事先计算，企业内部或个人未来的一定时期内经营、资本、财务等各方面的收入、支出、现金流的总体计划。以每个责任中心为单位，都应有相关的预算，以保证责任中心的本职任务可以顺利执行。

预算也称利润计划，关系整个执行中心的各个部门环节。预算也是一种定量的计划，以便确保在一定时期内对组织内部的资源取得、分配以及消耗进行协调和监控。编制预算的过程即是组织内部各个部门对各方利益分配的一个协调商议过程，在达成一致通过预算的同时，标志着组织内部的目标确立，分工完成。

（二）政府采购预算的概念

政府预算以年度财政收支的形式存在，根据政府财政的年度收入支出的规模结构来对下一年或下一阶段进行预测和计算。政府预算作为有法律效力的政府性文件，要经过国家立法机关的审查批准方可公布并实施执行，预算的编制过程以及执行和决算也是在预算法的指导规范下进行的。在我国，每年的政府预算是由全国人大集体审议通过的，并由民众监督执行。

一般的政府预算主要由预算收入和预算支出组成。其中，预算收入的最主要组成部分即政府税收收入，占全国公共财政收入的80%以上。其他主要来源包括依照规定应当上缴的国有资产收益、各专项收入和其他收入。在预算支出方面，国家公共财政的主要支出一般在对地方的一般性转移支付和税收返还以及国家的主要经济建设支出。另外，我国的国防、教育、文化体育、卫生等方面的支出也占财政支出的主要部分。

从政府预算体系的角度看，目前我国的政府预算由各级政府的公共财政预算、政府性基金预算、国有资本经营预算组成。凡是我国政府通过行政权力和国有资本所有者身份所收集的社会资源，其规模和份额都在政府预算管理体系之内，可进一步分类为公共财政预算、国有资本经营预算、政府性基金预算，以及社会保障预算。公共财政预算为通过政治力量，国家政府作为社会管理者而筹集的，以税收为主要形式的财政收入，主要用于改善保障民生、保证国家行政部门的正常运作、维护国家安全等多方面。政府性基金预算是指专项用于特定基础设施建设和公共事业发展的政府性基金收入和支出，其主要来源是国家向社会征收或出让的土地、政府彩票等方式。国有资本经营预算作为政府预算的重要组成部分，是指国家依法取得的国有资本收益，在对收益进行再分配时而产生的所有收支预算。收入的主要来源有国有企业的股利股息、利润，国有产权股权的转让、清算等，支出包括国有企业的改革成本和对重要企业的扶持与补充资金。社会保障预算即通过社会保险和政府公共预算安排等方式收集的资金用于社会保障支出的预算。

政府采购预算作为政府预算的一部分，是指政府采购单位按照一定的法律程序编制和执行的，根据事业发展计划和行政任务编制的，以政府年度财政收入支出为依据的年度采购计划。它直接关系政府采购的有效实施和资源的合理分配。政府采购预算的编制和执行涉及多个环节，包括预算的编制、审批、执行和监督等，目前，我国政府采购预算不是独立存在的一个预算项目,包含在部门预算之内,不单独列出。它是行政事业单位财务预算的主要组成部分之一,是政府组织和规范化财政分配活动的重要工具,也是政府调节社会经济的重要杠杆。它不同于政府采购计划,并非单纯从执行的角度出发对政府部门的采购项目进行简单计划和调整,政府采购预算作为政府财政收支的一个组成部分,与政府财政相互制约和影响。

政府采购预算在反映年度财政情况当中占有重要地位。它反映了各级政府财政的支出计划和实际执行情况,同时反映了事业单位政府采购项目的年度资金规划,对财政预算进行了完善与补充,反映了事业行政单位的资金规模、业务范围和发展方向。它是部门预算的一部分,是政府采购工作的前提条件,它直接关系政府采购的有效实施和资源的合理分配。政府采购预算的编制和执行涉及多个环节,包括预算的编制、审批、执行和监督等,通过预算可以预判全年的采购规模、采购计划和发展方向,也是对市场需求的折射,有助于实现资源优化配置,提高财政资金的使用效率。

二、政府采购预算的客观必须性

(一)有利于国家有关方针、政策的贯彻落实

政府采购的主体是事业行政单位。事业单位主要在文化、教育、科学、卫生、社会福利、农业等领域从事公益性的业务活动;行政单位则从事着组织协调经济和社会发展、维护社会秩序等工作。事业行政单位所从事的以上活动基本属于政府的职能范围,其用于政府采购项目的支出,主要依靠财政拨款和财政给予的收入政策解决。因此,事业行政单位政府采购预算,一方面,是国家实施有关方针、政策的有效手段;另一方面,又是促进各项事业发展、保证行政工作任务完成的物质条件。政府采购政策的制定,是一定时期国家产业政策的体现。政府采购预算安排是否合理,执行的是否正确,直接关系国家有关方针、政策的贯

彻落实，对各项事业发展，乃至整个国民经济的发展都会产生直接或间接的影响。

（二）有利于实现财政收支平衡

政府采购预算是事业行政单位预算的一个组成部分，也是各级财政预算的组成部分。国家财政预算中很大一部分是用于各项事业发展和国家政权建设的支出，政府采购活动实质上是财政资金运动的一种形式。各单位政府采购预算执行如何，既影响着单位预算的平衡，也影响着财政预算的平衡。因此，要实现财政预算收支平衡，就需要各事业行政单位加强政府采购预算管理，在政府采购预算的编制和执行过程中，量力而行、精打细算、合理、有效、节约地使用资金，为财政预算的平衡奠定好基础。

（三）有利于提高事业行政单位财务管理水平

政府采购预算是单位财务、资产管理的重要内容，需要各单位财务部门、资产管理部门及其他业务部门的共同配合。严格的政府采购预算管理，对于提高单位财务管理水平具有以下作用：一是政府采购预算管理为单位财务管理奠定了基础，提供了依据；二是可以使单位财务管理按照预算规定的内容，有计划、有步骤地进行，避免工作的盲目性；三是通过编制政府采购预算，可以促使单位合理安排支出，提高资金的使用效益；四是通过政府采购预算的编制与执行，可以实现财务部门、资产管理部门及业务部门的工作的有效衔接。

（四）有利于政府采购活动健康有序地开展

政府采购工作有别于以往的财政工作，它除了要结合现有财政政策之外，还与《政府采购法》《民法典》及贸易政策、产业政策等关系密切。加强政府采购预算，可以促进政府采购工作有序开展，使政府采购制度化、规范化、程序化。

（五）有利于对政府采购全过程进行有效监督

长期以来，我国对财政支出使用监管不够，通常情况是，预算批复后，预算单位按预算申请拨款，财政部门按照预算单位的拨款申请拨款，库款拨出后，采购资金的使用权完全由预算单位支配。因此，经常出现采购单位截留、挪用采购资金的行为，无预算采购、盲目采购、超标准采购等现象也时有发生，导致政府确定的目标难以实现，采购质量得不到保证，采购资金的使用效益低下，还容易滋生腐败。通过实行政府采购预算管理，严格采购项目的执行，从事前、事中和事后进行全过程的监督管理，确保采购项目按规定用途使用，提高财政资金的使用效益，为财政部门有的放矢地加强监督管理创造条件。

（六）有利于提高政府采购的效率

政府采购预算管理的中心是提高政府采购的效率。效率贯穿于政府采购预算管理的全过程。政府采购预算管理的效率包括配置的效率和管理的效率两个层次。配置的效率是公共产品的边际收益等于所有个人分别获得的边际收益总和。管理的效率是用实际成绩与标准成绩之比完成任务量与可完成任务量的关系。这就要求，一方面，政府采购相关职能机构的组织构建要减少浪费；另一方面，在政府采购预算管理中财政部门要建立合理的评价体系，对单位和部门的管理进行监督，促使机构在管理中引入成本核算体系，争取成本收益的最优，使其能够在总量的财力资源范围内，灵活调度和使用财力资源，形成有效使用资源的激励机制与调度机制。

三、政府采购预算的编制

（一）政府采购预算编制的原则

1. 法制性原则

编制政府采购预算要符合《预算法》、《政府采购法》及相关的国家法律法规；要符合财政宏观调控目标，遵守现行的各项财务、规章制度；符合本单位的事业发展计划、职责和任务测算，预算年度购买支出增减要充分体现与国民经济和社会发展的一致性，要与经济增长速度相匹配。单位在编制政府采购预算时,要按照国家统一设置的预算表格、统一的口径、统一的程序以及统一的计算方法填列有关数字指标。

2. 真实性原则

政府购买规模的测算必须运用科学、合理的方法,力求数据的真实、准确,购买支出要按规定的标准,结合近几年实际购买情况测算,不能随意虚增支出。各项购买支出要符合部门实际情况,测算时要有真实、可靠的依据。单位在安排政府采购预算项目时,要精打细算,不要盲目追求"超前",应在满足工作需要的前提下,适当超前,也要避免不考虑发展而导致项目刚投入使用即落后,造成浪费。单位在编制政府采购预算时,必须将单位取得的财政拨款和其他各项收入以及各项支出形成的政府采购,完整、全面地反映在单位预算中,不得在预算之外,另留收支项目。

3. 稳妥性原则

政府采购预算的编制要做到稳妥、可靠、量入为出、收支平衡。要先保证基本工资和日常办公经费等基本支出,再考虑福利,改善办公条件等更高层次的支出。单位的政府采购预算和单位的财务预算一样,一经批准,便要严格执行,一般不能调整。因此,单位在编制政府采购预算时,既要考虑好根据事业发展需要应该采购的项目,还应该注意政府采购资金的来源是否可靠、有无保证。

4. 政策性原则

各项事业发展计划和行政任务是国民经济和社会发展总体规划的重要组成部分,因此,作为事业行政单位财务管理的重要内容之一的政府采购预算编制,必须体现国家有关方针、政策。单位在编制政府采购预算过程中,应当以国家有关方针、政策和各项财务制度为依据,根据完成事业计划和行政工作任务的需要,正确处理需要与可能的矛盾,保证重点、兼顾一般,实事求是地编制预算。

（二）政府采购预算编制的主要内容

政府采购预算一般包括采购项目、采购资金来源、采购数量、采购预算参考型号和单价、采购项目截止时间等。

1. 需求确定。政府机关、事业单位、团体组织编制政府采购预算的一个重要内容，就是根据本单位履行职责的需要、准确确定单位采购的功能需求。具体包括：为完成单位的职能、任务定位所需的货物、工程或服务的种类、数量、技术规格、需要时间等。在确定需求的过程中，准确确定必要功能，保障履行职能的需要，同时，尽可能剔除不必要功能，减少不必要的开支并避免浪费。

2. 采购项目。政府采购项目按当年财政部门公布的政府采购目录进行编制。政府采购目录是政府采购中需要重点管理的货物、工程和服务的集中采购目录，是预算单位编制年度政府采购计划的依据。具体分类如下。

货物类。一般包括计算机、复印机等办公用品，科研、教学、医疗用仪器设备，公检法等执法监督部门配备的通用设备和统一制装，办公家具、交通工具、锅炉用煤等。服务类。一般包括会议、公务接待、车辆维修、加油、大宗印刷、机票订购等项目，服务类项目一般实行统一定点采购。工程类。一般包括基建工程，修缮项目，财政投资工程项目中由建设单位负责采购的大宗材料和主要设备。

3. 采购估价。所谓采购估价，就是对所需的货物、工程或服务进行的价格估计。采购估价需要处理好定价依据问题如下。一是按照市场零售价格为基准进行估价，使产品价格保持在社会零售价格的平均水平上，这种估价方法会显示出较大的节约成果。二是以产品批发价格为估价依据，这主要是出于委托采购有较大批量考虑，这种价格估价能使预计的采购价格更容易接近实际发生的采购价格。同时，在估价中，要努力做到不要过高，也不要过低，要做好市场调查，尽可能贴合实际，面对瞬息万变的市场价格要尽可能有所预计，建立和完善应对价格变化可以调整预算的调整机制。

4. 数量、型号。指各采购项目的计划采购量和配置标准。

5. 资金来源。指单位用于政府采购项目的支出计划。一般包括如下内容。财政拨款,财政预算拨款中用于政府采购项目的支出。财政专户拨入资金,单位用存入财政专户的收入安排政府采购项目的支出,单位留用收入。单位用经批准直接留用的收入安排政府采购项目的支出。其他收入。单位用上述资金来源以外的资金安排政府采购项目的支出,包括:自筹资金、国家财政转贷资金、银行贷款、国际金融组织贷款等。从实际工作来看,单位的支出一般分为三大类:人员经费、正常经费和专项经费。政府采购的项目是货物、服务和工程,因此,其资金来源主要限定在各项收入安排的公用经费和专项经费部分。按照我国部门预算编制要求,各政府机关、事业单位、团体组织的预算内资金和预算外资金统一安排使用,体现在政府采购预算中。对于同一项目的采购,无论是预算内资金还是预算外资金,其中各占多少比例是十分明确的,最终纳入统一的政府采购预算,并且,要把政府采购中的资金落到实处,不能列出没有资金保障的欠账和空头采购标的。

6. 采购项目截止时间。政府采购的基本方式是公开招标,采购项目截止时间,是政府采购项目通过招标或其他方式,获取货物、接受服务和工程的实施时间范围。

(三)政府采购预算编制的方法

政府部门预算的编制方法分为基数预算与零基预算。按照《预算法》对部门预算编制的具体要求,零基预算更符合财政管理实情,政府部门应当脱离传统的基数预算,采用零基预算编制部门预算。政府采购预算作为部门预算支出的构成部分,在编制过程中与部门预算采用相同的方法同步进行。

1. 基数预算法

基数预算法是指预算单位以上一年度的预算收支执行决算数为基

数,通过对影响预算收支的增减因素进行客观分析,测算出计划年度预算收支指标的方法。基数预算法的优点是预算编制的工作量小,同时,也考虑了各项事业发展的延续性。目前,基数预算法仍然普遍存在,特别是在公用经费政府采购预算的编制中被广泛使用。但是,基数预算法的局限性也越来越明显,主要表现如下。

(1)基数预算法与实际政府采购需求脱节。在预算编制过程中,基数预算以上年度预算支出和政府采购执行结果为既定基数,在通常情况下调增调减比例较低,没有全面考虑预算单位的人员状况、经费标准和资产配置的变化情况,使预算安排与实际的动态需求不能同步。

(2)基数预算法导致财政支出压力不断增长。绝大多数基层预算单位为扩大本单位部门预算规模,通常都是在上一年度预算基础上进行调增预算,使得财政支出逐年增加。但实际预算执行时,则是产生了大量的资金结余,最终造成年终“突击花钱”或是形成存量资金难以盘活的困境,不仅加大了财政支出压力,也影响了财政资金的使用效益。

2. 零基预算法

零基预算法是指任何使用预算资金的单位在提出预算计划时,无论是原来固有的项目,还是新增设的项目,都要以其产生的支出效益为标准,重新评估其必要性与社会经济效益,不再保留不必要和效益不佳的项目,并对确需保留列入预算的项目进行支出数额的重新核定。在政府采购预算编制中,零基预算具体是指仅以计划年度行政单位的实际需求和市场发展情况为依据,不参考以前年度的财政数据,直接得出预算计划的编制方法。与传统的基数预算相比较,零基预算编制方法具有明显的优势。

(1)贴近政府采购实际需求。零基预算在编制时,不被上一年度数据所约束。而是由编制人员从实际出发,充分发挥主观能动性,根据行政单位运行需求和发展规划,以本单位现有固定资产配置情况为依据,在保证预算单位正常运行的前提下,对政府采购结构进行最佳配置。零基预算的采购需求预测更符合行政单位的实际采购需要,更具合理性和可操作性。

(2)便于社会各界进行监督。在当前的政府财政公开的大环境下,社会各界对于政府财政收支的监督不断精细化和专业化。零基预算更加贴近行政单位实际工作需要,而不是单纯在原有基数上进行简单调整,能为社会各界在实施监督职能的过程中,提供更具说服力的预算编制依据。同时,零基预算消除了固定的基数规模对执行监督的制约,有利于提高社会各界监督政府采购活动。

(3)降低政府财政支出压力。零基预算从实际需求出发,预算不再是单纯的只增不减,从源头上防止了行政单位为完成预算支出任务,脱离需求而实施被动的、无计划的盲目性采购,避免大量年末突击支出预算的行为。零基预算从根本上降低了对于预算执行的"压力",财政部门可以依照预算的具体执行情况,及时调整预算单位之间的资金配置,提升了财政资金的统筹力度和使用效益。

四、政府采购预算的审核

对政府采购预算进行科学、合理、高效的审核,从源头上规范和整顿政府采购行为,提高政府采购效率,是采购人的一项基本任务。

(一)政府采购预算的审核内容

1. 审核采购项目的完整性。第一,要审核是否存在漏报,防止采购单位逃避政府采购行为。由于长期形成的管理习惯,部分采购人对目前实行的政府采购程序有些不适应,在政府采购预算执行过程中容易出现预算归预算,执行归执行,从而使有些部门对政府采购预算编制不重视,在部门预算中出现一些明显属于政府采购范围的项目不纳入政府采购预算漏报现象,从而使采购计划受到人为因素的影响。第二,要审核采购项目是否具体明确,以防止采购项目的糊涂不清而导致将来产生各种"偷梁换柱"等舞弊行为的发生。明确采购项目应包括:货物类商品采购项目要明确购置物品的名称、规格、质量、数量、市场单价、总价、资金来源、供应时间等情况，审核内容一定要全面，比如，审核装饰修缮工程预算要明确到每一个工程项目的名称、地点、面积、设计费、监理费、管理费、招标费、各种材料数量、单价及金额、工时费、门（窗）费、施工管理费、税金、分项目金额、总金额、资金来源等；审核基本建设预算要划分基本情况、相关费用、土建、内（外）装修、空调系统、电梯系统等部分；审核网络工程预算要明确网络设备购置、软件开发、机房装修、网线布置、月租费等，其中，设备购置部分还应列出设备的名称、规格、质量、数量、市场价、总价、资金来源，其他政府采购项目，应当列明采购资金的来源依据及其项目清单。

2. 审核采购项目的合理、合法性。首先，应审核项目安排是否合理，是否有资金保证，以防止滥用财政资金，扰乱公共财政支出计划。在实际工作中，有不少预算单位在编制采购预算时，往往出于争取资金的目的和动机，编报一些实际上并不重要，或不一定需要的采购项目，大大降低了财政性资金的使用价值和使用效率。其次，应审核采购规格是否合理合法。一方面，要审核采购项目是否量“财”而行，只有根据地方财力的状况科学地安排采购项目的采购“档次”，才能够最大限度地提高资金的使用效率，避免可能产生的舞弊行为；另一方面，要审核采购项目有无属于国家限制购买的商品，是否合乎国家的法纪条规，有无违反国家政策规定。最后，应审核采购价格是否合理，是否存在高估或低估的情况。在实际工作中，一些预算单位在编制项目的采购预算时，总认为采购项目的预算金额并不影响将来采购操作的实际效果，更不是将来要实际结算的金额，因而对“预算金额”的确定常常带有较大的随意性，基本上不以“市场价”作为参照依据，而是根据需要人为地以一个“整数”来估算预算金额。有些单位为了“多争取”一些财政资金，对预算价格估算过高，造成与将来的实际结算支付价相差得过多，使采购节约率凭空虚增，并且很容易掩盖采购工作中的不足或舞弊问题，直接影响或扰乱对政府采购执行情况的客观评价等。有些单位则在编报预算价格时，自己不懂也不去考察采购项目的价格行情，或为了“多上项目”，把预算价格估算过低，则容易造成采购不到或资金不足等问题，影响采购质量，降低采购效率，扰乱市场秩序。采购预算的审核部门要加强市场行情的调查研究工作，掌握需购项目的价格行情、质量及售后服务情况、技术参数等，做到预算准确。

3. 审核采购项目的真实必要性。既要审核项目具体内容的真实性和必要性，以防止采购人截留、挪用财政资金。如有的采购人把采购项目简单地写成“装饰修缮”工程，而这笔采购预算究竟是否真实存在，是否必要，是用于办公楼装饰修缮，还是仅用于会议室的装修，还是用于其他方面等，都不够具体。这就需要在采购预算审核时要对采购项目，尤其是大额项目，进行深入、具体的审核和检查，从预算编制上确保财政资金的使用更具合法性、合理性，达到防患于未然的效果，从源头上节约财政资金，规范政府采购行为。

4. 审核采购项目的关联性。此即审核采购预算的编制是否存在人为肢解和拆分采购项目的问题，避免采购人化整为零规避政府采购或公开招标等问题的发生，审核是否存在无关项目人为整合的问题，避免采购人利用混淆采购项目界线套用财政资金。在编制政府采购预算时，有些采购人往往以细化预算为借口，将一个整体的采购项目人为地分割成几个看似相对“独立”的小项目，再分别编制采购预算，不但使政府采购丧失了整体性、连续性和计划性，而且也容易使采购人利用分散的、不规范的“采购预算”进行采购操作，达到其化整为零规避政府采购或公开招标等，不仅人为地增加了政府采购的难度，扰乱政府采购计划，使政府采购部门难以有效地规范和完善政府采购市场的秩序。

（二）政府采购预算的审核方法

1. 数字对比法。数字对比法就是通过政府采购预算总额与部门预算支出总额、公用支出和项目支出总额的对比的方法，从总体上审核政府采购预算是否准确。从逻辑上讲，无论何种情况，政府采购预算总额不仅要小于部门预算支出预算总额，而且要小于或等于公用支出和项目支出预算总额。如发现有大于总预算的情况，则可断定其编制的采购预算不准确，须退回重新编制。

2. 项目排除法。项目排除法就是排除不应发生政府采购事项的方法，来鉴定政府采购预算编制是否准确。《政府采购法》规定：政府采购项目包括货物、工程和服务三大类，采购人是依法进行政府采购的国家机关、事业单位和团体组织。政府采购的支出项目，仅限于日常公用支出、专项公用支出和项目支出。在具体审核过程中，如发现人员支出、对个人家庭补助支出、上缴上级支出、对附属单位补助支出和经营支出中列有政府采购事项，须退回修改。

3. 定量分析法。定量分析法就是通过对各部门、各单位编报的具体采购项目、数量、金额与实际情况的逐项比较分析，来鉴定政府采购预算编制是否全面、真实、准确的审核方法。首先，要审核编报的政府采购项目是否全面、完整，有无明显的漏报。按照现行国家机关、事业单位、团体组织支出活动的实际情况，一般都应有车辆保险、加油和维修、会议费、印刷费、日常纸张和办公用品消耗等政府采购项目。如发现上述项目没有填报，则可断定其编制的采购预算不全面。同时，应通过对部门预算中支出预算与政府采购预算的对比分析，来判断编制的采购预算是否全面、完整。项目支出中列报了明显属于政府采购项目（房屋修缮、装饰和新建工程等），如果政府采购预算中未填报，则应要求补列。其次，要审核其编报的政府采购数量、金额是否真实，有无明显的多报和少报。对数量的审核，主要通过定员定编、单位职能和业务量进行分类测算，看填报的数量是否贴近实际，有无多报或少报情况。对金额的审核，主要看是否符合常规参考价格，资金来源是否真实、可靠，是否与支出预算衔接。对没有来源的政府采购项目，应予取消。

4. 重点审核法。重点审核法就是通过对政府采购预算中重点项目和单位的审核，来鉴定政府采购预算编制是否准确的审核方法。政府采购项目纷繁而具体，在实际工作中，只有把握重点、有的放矢，才能提高审核质量和效率，达到事半功倍的效果。首先，应把握好对小汽车购置、高档办公设备、办公用房等重点项目的审核，在确保有资金来源的前提下，按照“必需、节约、从紧”的原则，严格控制档次和规模，坚决核减不合理购置项目。其次，应对重点单位进行重点审核。在具体操作上，可按采购额的多少，划定一个标准，将超过一定采购数额以上的单位部门列为重点。同时，将一些会计基础工作较薄弱或财经纪律松弛的单位部门，也列为重点。

（三）政府采购预算调整

在政府采购预算执行过程中，若出现国家政策变化或重大自然灾害等不可预见因素时需要增加政府采购支出时，预算要做相应的调整。调整程序是预算单位向上级部门提出预算调整申请通过审核后，对符合预算调整条件的报财政部门申请调整预算。调整预算内容包括：预算调整申请的事项和原因、调整的必要性、调整的资金额等。对于不符合预算调整条件的预算驳回申请，财政部门不予受理。

第三节　政府采购需求管理

一、政府采购需求管理的范畴界定

（一）政府采购需求管理的含义

政府采购需求管理，主要是指通过梳理采购需求确定环节的流程，查找可能的风险点和薄弱环节，通过制定制度、实施措施，以实现对采购需求内控管理的进一步完善。

（二）政府采购需求管理的目标

《政府采购需求管理办法》（财库〔2021〕22 号）第 1 条指出，“为加强政府采购需求管理,实现政府采购项目绩效目标”。第27条指出,“采购人应当将采购需求管理作为政府采购内控管理的重要内容,建立健全采购需求管理制度,加强对采购需求的形成和实现过程的内部控制和风险管理”。因此,政府采购需求内部控制的目标,可以概括为:一是确保采购需求符合法律法规和国家有关规定;二是防范廉政风险,形成严密的约束机制,确保权力规范运行;三是提升履职效能,强化流程控制和风险控制,确保采购需求环节有序有效开展;四是落实政策功能,确保发挥政府采购在实现国家经济和社会发展政策目标中的作用。

(三)需求管理的重要性

1. 加强需求管理是解决政府采购重程序轻结果的必然要求。政府采购中间强两头弱,很多问题表面上是发生在采购过程中,实际根源是采购前的需求环节。要建立以采购需求为引领的全链条管理体系。

2. 加强需求管理是优化政府采购交易制度的重要举措。单纯依据金额确定采购方式导致我国公开招标比率居不下,很多不该招标、不宜招标的项目被招标。要形成根据需求特点选择采购方式和相应的评审制度、合同类型的制度导向。

3. 加强需求管理是强化采购人主体责任的重要抓手。采购人、采购代理机构和评审专家之间权责不匹配,最终导致没有人对采购结果负责。要强化采购人在需求管理方面的主体责任。

4. 加强需求管理是建立市场化竞争机制的基本前提。需求不清即开展采购活动,往往导致低价恶性竞争或者哄抬中标价的现象出现。要确立“需求明确基础上竞争报价”“满足需求情况下低价中标”的公平竞争机制。

(四)政府采购需求管理的基本流程

根据政府采购需求管理工作实践,政府采购需求确定环节分为以下几个流程:开展需求调查、编制采购需求、汇报采购需求、开展需求审查、填报采购计划。

1. 采购需求调查

采购人在确定采购需求前，通过咨询、论证、问卷调查等方式进行需求调研，以了解相关产业发展、市场供给、同类采购项目历史成交信息等与采购标的相关的情况，为编制需求做前期准备工作。

2. 采购需求编制

采购需求编制应当合法合规、科学高效。需求编制是根据需求调查反映的情况，按照法律法规的要求，确定具体的采购需求，包括采购标的应满足的技术、商务要求，供应商的权利义务，履约验收方案等内容。采购需求编制工作在实际操作过程中存在较高的潜在风险。因此，应当将采购需求编制环节作为采购需求内控管理的重点。例如，采购需求应当通过供应商资格条件、评审规则设置等措施落实政府采购的政策功能；同时，也应当避免在采购需求上对供应商实行差别待遇和歧视待遇。

3. 汇报采购需求

各个业务部门在编制完采购需求后，需将采购需求和采购实施计划汇报给采购部门，由采购部门组织单位内部的采购小组开展集体审查。

4. 采购需求审查

为防范需求编制环节出现不利于项目开展的情况，采购小组通常由业务部门、采购部门、财务部门和监督部门的人员组成。采购人也可以根据本单位实际情况，引入相关专家和第三方机构参与审查工作。审查工作分为一般性审查和重点审查。一般性审查主要是审查是否按照规定的程序和内容确定采购需求、编制采购实施计划，包括采购需求是否符合预算、资产、财务等管理制度规定；采购计划是否完整；对采购方式、评审规则、合同类型、定价方式的选择是否说明适用理由等。重点审查主要包括非歧视性审查，例如，采购需求是否指向特定供应商或特定产品；竞争性审查，例如，采购需求是否依法采用公开竞争方式；采购政策审查，例如，采购需求是否落实支持创新、绿色发展、中小企业发展等政府采购政策要求等。

二、政府采购需求管理现状分析

（一）国家层面的相关政策

《采购项目需求论证办法》（国机采办〔2017〕6 号），旨在针对采购需求论证环节加强各方职责，规范操作流程。《商品包装政府采购需求标准（试行）》和《快递包装政府采购需求标准（试行）》（财办库〔2020〕123 号），旨在引导规范采购人对于商品包装和快递包装的采购需求。2021 年 4 月，财政部出台的《政府采购需求管理办法》，从采购需求、采购实施计划、风险控制、监督检查与法律责任等方面作出详细的规定。

部分文件对政府采购需求管理作出详细规定。例如，《实施条例》（国务院令第 658 号），指出采购人应科学、合理、合规地确定采购需求。财政部《关于进一步加强政府采购需求和履约验收管理的指导意见》（财库〔2016〕205 号），明确采购需求应当合规、完整、明确，同时加强社会参与，进一步强化需求的论证工作力度。《政府采购货物和服务招标投标管理办法》（财政部令第 87 号），要求采购需求应科学合理、完整明确。

此外，部分文件简略提及政府采购需求管理。例如，《招标投标法》规定，招标人应根据项目特点和实际需要编制招标文件。《党政机关厉行节约反对浪费条例》（中发〔2013〕13 号）规定政府采购不得超标采购、不得超需采购。财政部《关于促进政府采购公平竞争优化营商环境的通知》（财库〔2019〕38 号），指出要全面清理政府采购领域妨碍公平竞争的规定和做法，实际上对采购需求管理提出同等要求。《政府采购促进中小企业发展管理办法》（财库〔2020〕46 号），明确采购人应通过加强采购需求管理支持中小企业发展。《政府采购框架协议采购方式管理暂行办法》(财政部令第 110 号),对适用框架协议采购的采购需求作出规定。

(二)地方层面的相关政策

为完善政府采购运行机制,加强采购需求管理,地方政府结合实际情况制定相应政策。例如,四川省于 2015 年 10 月印发《四川省政府采购项目需求论证和履约验收管理办法》,山西省财政厅于 2018 年 1 月印发《加强政府采购需求确定和履约验收管理办法》,山东省于 2018 年 3 月印发《山东省政府采购需求管理办法》,浙江省财政厅于 2022 年 1 月发布《关于进一步加强政府采购需求管理的通知(征求意见稿)》,其中明确"加快构建与'谁采购、谁负责'采购运行机制相适应的采购内控制度体系"。

总体来看,中央层面对政府采购需求管理的重视程度更高,特别是党的十八大以来,通过出台一系列政策提高了对采购需求的关注,加强了对采购需求环节的管理,但地方层面的政策有待进一步跟进。

第四节 政府采购实施计划编制与备案

一、政府采购实施计划的重要作用

(一)采购实施计划编制备案是政府采购法律法规明确的内容

《实施条例》第 29 条规定,采购人应当根据集中采购目录、采购限额标准和已批复的部门预算编制政府采购实施计划,报本级人民政府财政部门备案。对于采购人未按规定编制或备案采购实施计划的,《实施条例》也规定了相应的处罚措施,《实施条例》第 67 条规定,对未按照规定编制政府采购实施计划或报本级人民政府财政部门备案的,由财政部门责令限期改正,给予警告,对直接负责的主管人员和其他直接责任人依法给予处分，并予以通报。因此，编制采购实施计划编制与备案是采购人的法定职责，是政府采购执行活动中一个重要环节，采购人应该严格遵守和执行。

（二）采购实施计划是规范政府采购活动的有效途径

政府采购实施计划是采购人采购预算的具体支出和执行内容，是政府采购执行的重要依据。采购人在组织政府采购活动前，要根据批复的政府采购预算、采购限额标准，结合项目特征、项目内容、采购需求等选择合适的采购方式，编制政府采购实施计划。具体编制时，采购人要统筹规划、综合考虑年度工作安排、预算资金管理、预算执行进度等内容，合理安排采购实施计划起始时间，确保项目采购活动及资金支付等工作顺利进行。采购实施计划编制的完整性、备案的及时性是采购人政府采购管理水平高低的集中反映和体现，能有效检验采购人政府采购管理的规范性。

（三）采购实施计划编制是采购人履行主体责任的重要体现

各单位是政府采购活动执行的主体，负责政府采购预算执行，对编制采购实施计划的真实性、完整性和有效性负责。由于采购实施计划政策性强、涉及环节多、工作要求高，在具体工作中需要采购人依法采购，提高责任担当意识，认真学习政府采购法律法规和相关政策，不断提高自身的政府采购业务水平，严格执行政府采购实施计划编制与备案相关程序，加强单位内部控制管理，加强部门沟通协调，确保采购实施计划编制工作落到实处。

（四）采购实施计划是财政监管部门监督检查的重要内容

采购人在政府采购活动中，要认真执行《政府采购法》、《实施条例》及相关法律法规，严格按照法律法规要求和法定程序实施采购活动。采购人编制采购实施计划备案是财政部门加强政府采购监督管理的重要内容，重点检查是否存在明显不当选择采购方式、备案时提供虚假材料、不按规定程序实施采购及其他违法违规行为。

二、政府采购实施计划主要内容

采购实施计划是指各单位根据集中采购目录、采购限额标准已批复的政府采购预算,结合实际需求,编制反映本单位政府采购项目需求情况及执行要求的实施方案。

(一)采购实施计划编制

政府采购实施计划包括采购单位、项目名称、项目内容、项目属性(服务、货物或工程)、采购数量、技术规格、服务要求、项目起始时间、项目采购预算金额、资金来源(包括财政资金、自有资金等,财政性资金对应部门预算中的政府采购预算和年度追加预算)、采购组织形式(集中采购机构采购、部门集中采购、社会代理机构采购与自行组织采购等)和采购方式(公开招标、邀请招标、竞争性谈判、单一来源、询价、竞争性磋商等)等内容,同时,还应充分考虑如何落实政府采购政策功能(如节能环保产品、优先采购贫困地区农特产品、支持中小企业、监狱企业、残疾人福利性单位等)。对于需要财政部门审批的内容也应当在政府采购实施计划中标明,如采购进口产品、公开招标数额标准以上项目采用非公开招标方式采购等内容。采购实施计划编制频率由各地实际情况确定,可以每年编制一次,也可以按季度、按月编制,也可以随时编制。一般来说,实施计划编制频率越高,就越接近采购工作实际,对采购人指导性越强。

单位在编制采购实施计划过程中要把握准确性、完整性、及时性、前瞻性,以及计划执行的严肃性,根据集中采购目录、采购限额标准和已批复的部门预算编制采购实施计划,以需求为导向,以物有所值为目标进行编制,如不同预算项目且项目实施时间相近的同一品目或者类别的货物、工程或服务,原则上编制一笔采购实施计划,同一预算项目下不同品目或类别的货物、工程或服务,原则上根据品目或类型拆分为多笔采购计划等。

(二)采购实施计划备案

采购人在编制年度政府采购实施计划的基础上,需要向同级财政部门进行计划备案。在一般情况下,采购人填写《政府采购实施计划备案表》,采取手工或电子化方式按流程进行备案。在年度执行中调整或追加预算涉及的政府采购项目,采购人进行变更或新增政府采购实施计划,按照相关规定进行备案。

采购实施计划备案流程一般包括单位采购计划编制、单位内部审核、主管部门审核、采购计划备案、财政部门备案审核,备案完成后由人工或通过系统自动生成唯一的采购项目编号,作为整个政府采购项目的唯一标识,贯穿采购信息发布、专家抽取、合同备案、资金支付等全过程。

采购实施计划调整。因客观因素等特殊情况需要调整已备案的采购实施计划,在符合预算管理和资产管理要求的前提下,说明调整相关情况,重新备案采购实施计划。

第五节 政府采购与信息化的融合

信息化被应用于人类社会生活的各个领域,推动着经济不断向前发展。政府采购与信息化融合,不但提高了政府采购透明度,而且降低了采购成本,促进政府采购经济和社会政策目标的实现。

一、信息化的概念与信息化平台

信息化是指培养、发展以计算机为主的智能化工具为代表的新生产力,并使之造福于社会的历史过程。与智能化工具相适应的生产力,称为信息化生产力。信息化以现代通信、网络、数据库技术为基础,对所研究对象各要素汇总至数据库,供特定人群生活、工作、学习、辅助决策等，使用信息化技术后，可以极大地提高各种行为的效率，降低成本，为推动人类社会进步提供极大的技术支持。

（一）信息化的概念

信息化的概念起源于20世纪60年代的日本，首先是由日本学者梅棹忠夫（Tadao Umesao）提出来的。1963年，日本学者梅棹忠夫在题为《论信息产业》的文章中，提出“信息化是指通讯现代化、计算机化和行为合理化的总称”。其中，行为合理化是指人类按公认的合理准则与规范进行；通讯现代化是指社会活动中的信息交流基于现代通信技术基础上进行的过程；计算机化是社会组织和组织间信息的产生、存储、处理（或控制）、传递等广泛采用先进计算机技术和设备管理的过程，而现代通信技术是在计算机控制与管理下实现的。因此，社会计算机化的程度是衡量社会是否进入信息化的一个重要标志。这个概念被译成英文传播到西方，西方社会普遍使用信息化的概念是20世纪70年代后期才开始的。

1997年，我国召开的首届全国信息化工作会议，对信息化和国家信息化定义为：“信息化是指培育、发展以智能化工具为代表的新的生产力并使之造福于社会的历史过程。国家信息化就是在国家统一规划和组织下，在农业、工业、科学技术、国防及社会生活各个方面应用现代信息技术，深入开发广泛利用信息资源，加速实现国家现代化进程。”实现信息化就要构筑和完善6个要素（开发利用信息资源、建设国家信息网络、推进信息技术应用、发展信息技术和产业、培育信息化人才、制定和完善信息化政策）的国家信息化体系。

信息化代表了一种信息技术被高度应用，信息资源被高度共享，从而使得人的智能潜力以及社会物质资源潜力被充分发挥，个人行为、组织决策和社会运行趋于合理化的理想状态。同时，信息化也是IT产业发展与IT在社会经济各部门扩散的基础之上的，不断运用IT改造传统的经济、社会结构从而通往理想状态的一段持续的过程。

信息化生产力是迄今人类最先进的生产力，它要求要有先进的生产关系和上层建筑与之相适应，一切不适应该生产力的生产关系和上层建筑将随之改变。完整的信息化内涵包括以下四方面内容：第一，信息网络体系，包括信息资源、各种信息系统、公用通信网络平台等；第二，信息产业基础，包括信息科学技术研究与开发、信息装备制造、信息咨询服务等；第三，社会运行环境，包括现代工农业、管理体制、政策法律、规章制度、文化教育、道德观念等生产关系与上层建筑；第四，效用积累过程，包括劳动者素质、国家现代化水平、人民生活质量不断提高、精神文明和物质文明建设不断进步等。

（二）信息化平台

当组织业务流程日益复杂，业务与业务之间关联与交叉频繁；当人与人、部门与部门的沟通和协作的重要性越发凸显的时候，组织就需要打破各种沟通和管理的屏障，实现对管理和运营各环节的掌控、调配和协作。

（1）知识管理平台

建立学习型组织，更好地提高成员的学习能力，系统性地利用组织积累的信息资源、专家技能，改进创新能力、快速响应能力，提高生产效率和成员的技能素质。

（2）日常办公平台

将自己的日常安排、任务变更等集成在一个平台下，改变传统的集中一室的办公方式，扩大办公区域。通过网络的连接，用户可在家中、城市各地甚至世界各个角落随时办公。

（3）信息集成平台

对于一些使用 ERP 系统的组织，已存在的生产、销售、财务等一些经营管理业务数据，对组织的经营运作起着关键性作用，但它们都是相对独立、静态的。

（4）信息发布平台

建立信息发布平台的标准流程，规范化运作，为组织的信息发布、交流提供一个有效场所,使组织的规章制度、新闻简报、技术交流、公告事项等都能及时传播,而组织成员也能借此及时获知组织的发展动态。

(5)协同工作平台

将组织各类业务集成到OA办公系统中,制定标准,将传统垂直化领导模式转化为基于项目或任务的“扁平式管理”模式,使普通成员与管理层之间的距离在物理空间和心理距离都缩小,最大限度地释放人的创造力。

(6)公文流转平台

在信息化阶段,改变组织传统纸质公文办公模式,组织内外部的收发文、呈批件、文件管理、档案管理、报表传递、会议通知等均采用电子起草、传阅、审批、会签、签发、归档等电子化流转方式,同样可以留下痕迹。

(7)通信平台

此即组织范围内的电子邮件系统,使组织内部通信与信息交流快捷流畅,同时便于信息的管理。

二、政府采购与信息化融合的要素分析

近年来,通过推广政府无纸化办公模式,并在各省级网站搭建公共资源交易平台及网上商城,我国初步完成了“互联网+政府采购”模式的部署,基本实现了全流程电子化的政府采购。“互联网+政府采购”的模式可以实现全采购流程信息公开,并实现网上评标或专家远程评标,提高了采购透明度,采购工作效率取得显著的提升。信息化干预对于我国政府采购的规范化和标准化建设大有裨益,政府采购在这样的背景下有了新的时代要求。

(一)实现要素

信息化是当今社会生产力进步的强大动力。信息技术的广泛应

用,推动世界范围内生产方式、生活方式和经济社会发生着深刻变革,信息资源已经成为与能源、材料同等重要的战略资源。信息化最大的特点是将先进的计算机网络和信息技术广泛渗透到人类和社会活动和各个环节,并使其发生质的变化和飞跃。信息化应用于政府采购的主体、资金、市场、规则和物流等要素,将传统的政府采购方式由物理环境带入一个以实体为基础,以信息贯通为手段的新环境。

信息化作用于采购主体,改变了人的传统思维模式,形成了新的交易理念,培育了一批高素质懂技术的政府采购信息化人才;信息化应用于采购资金,产生了电子支付、网络银行等,应用电子论证手段,保证了采购资金的安全传递;信息化应用于采购市场,生产了许多跨部门业务协同的信息化服务平台,实现了政府采购的透明原则;信息化作用于采购规则,为政府采购的网络化运行提供强有力的法律保障;信息化作用于采购物流,出现了电子物流、数字物流等运作方式,提高了采购的整体运行效率。

(二)融合分析

信息化给政府采购带来了在全球范围内有效配置资源的发展空间。信息化与政府采购的融合,不断开拓政府采购资源地域范畴的可行空间,加速产品种类的技术深化。信息化作用于政府采购的五个实现要素,使政府采购下外部环境之间呈现更加复杂的系统关联。政府采购与信息化应用的本质就是通过信息化使政府采购运行的效率、效益得到不断提高,从而带动政府公共服务品质不断提高。信息化与政府采购融合还表现为通过信息的贯通使人与事的关联更加紧密。信息是经过处理、筛选、组合、加工后的数据产品,反映了人们对事物规律的认识和各种知识积累的成果。在政府采购实践中,人们需要对这些信息时行理解,在理解信息的基础上,综合应用种类信息的集成价值。

政府采购体系的拓展意味着系统的复杂和升级,这是政府采购进一步提升的表现,同时也提高了系统处理的难度。在安排或决策时不仅要考虑系统性问题,还要考虑系统与事项的关系问题。必须通过信息化的支撑解决复杂系统问题,确保系统的运行不断趋向于和谐。当系统达到自身和谐的程度时,也就意味着系统变化成为一个成熟系统。和谐自序是政府采购与信息化深度融合和重要标志。

三、信息化在政府采购中的功能

一是提高政府采购效率和降低采购成本。信息化使政府采购的流程简化,诸多环节如采购计划备案、审批、信息发布、供应商投标、专家评审、合同备案等都可以通过网络平台在线完成,利用电子货币、通过网络决算系统进行远距离结算,提高了结算效率,减少了纸质文件的传递和人工操作的烦琐程序,大幅缩短了采购整个周期。

二是增强公开与透明。信息化利用先进的信息技术手段,创新政府采购电子商城、网上交易平台等新型采购模式,支持框架协议电子化采购,推广电子营业执照等措施,规范了政府采购制度,优化了政府采购业务流程,通过政府采购信息平台,采购项目的公告、招标文件、中标结果等信息能够向社会广泛公开,网络环境有效提高了采购交易的透明度,保障统一及时便利的信息获取渠道,在一定程度上减少了政府采购因信息不对称问题造成的"寻租"现象,任何人都可方便地查询和监督,减少了信息不对称和"暗箱操作"的可能性,打造"信息更透明、参与更便利、市场更开放"的公平竞争环境。

三是促进精准化和科学化管理。借助大数据的支撑,信息化系统可以积累大量采购数据,通过对这些数据的分析,可以了解市场行情、供应商的表现、采购项目的趋势等,为建立科学的财政管理和决策提供了重要依据。

四是提升政府采购监管,减少腐败。信息化的最大特点是保障了信息对称,网络的开放性促使政府采购活动的透明度不断提高。通过上线项目采购系统，政府采购全部业务使用系统进行电子化交易，规范业务流程，代理机构按照财政监管预设规则进行项目操作，提高了项目采购的规范严谨程度，财政监管部门可以系统跟踪采购全过程，实时查看项目信息及进度，极大地提高了监管能力。

第三章　政府采购供应商资格审查

政府采购不同于私人采购，它不具备营利性，政府采购目的在于实现社会公共利益，政府采购的结果不仅关系双方当事人的利益，还涉及社会公共利益。供应商的确定往往直接决定所采购的货物、工程和服务的品质，从而影响社会公共利益的实现，因此，需要对政府采购活动进行规范。为使公共生活富有意义，对个人行为施以一定的道德限制和法律约束是必要的。在政府采购众多制度的安排中，供应商资格审查制度无疑是非常重要的一环。采购人对供应商进行资格审查，可以严格准入门槛，选择信誉良好、依法规范经营的供应商进行交易，是保证政府采购顺利进行的前提，也是从源头上对政府采购进行管理的必要手段。

第一节　资格审查的概念和必要性

一、概念

资格审查是指采购人对供应商的资质资格、财务状况、设备、人员、专业技术能力、业绩、信誉等方面进行评估，以确定其是否具有参加政府采购活动和履行合同的资格能力的活动。

二、采购人权利

对供应商进行资格审查是采购人的权利，也是政府采购的必要程序，能充分保障采购人的合法权益。《政府采购法》第23条规定，采购人可以要求供应商提供有关资质证明文件和业绩情况，按照对供应商的法宝资格条件和采购人对供应商的特定要求，对供应商进行资格审查。

三、资格审查的必要性

资格审查可以确保供应商之间公平竞争，在保障其合法利益的前提下，积极参与政府采购。供应商参与政府采购，既是机遇，也是挑战，如果在采购活动开始前，对供应商资格审查标准作出统一、明确的规定，供应商会按照相关规则积极购置、配备生产或服务设施，努力提高技术或服务水平，就能够提高产品的竞争力；有了合理、统一的资格审查标准，任何一个符合要求的供应商都能公平获得参与政府采购的资格，然后采购人再根据相应的采购程序，择优选定合适的供应商，这样，可以从源头上保证供应商在同等条件下进行公平竞争，能够有效地促进市场经济的发展。

资格审查可以有效约束政府采购行为。如果在采购活动开始前没有公开对供应商资格进行审查的统一标准，便无法对采购人的自由裁量权进行限制，很可能会导致“权力寻租”现象的出现，容易使不符合条件的供应商滥竽充数，不能满足政府采购要求。不合格的供应商参与政府采购，是对其他符合资质条件供应商不公平，也会使公众对政府失去信任，有损政府形象。因此，在政府采购活动中，禁止不符合资质条件的供应商参加政府采购，能够更好地实现政府采购的公正性与政府采购的最终目标。

资格审查可以提高采购工作效率、保证质量并降低成本。如果没有供应商资格审查制度，在具体实施过程中则会出现很多不符合资质的供应商参与政府采购的现象。对供应商不做筛选，则会大大增加评标和非招标方式遴选供应商的成本。明确统一的供应商资格审查标准,可以快速地选定最优供应商,降低政府采购成本、提高工作效率,保证采购的商品、服务的质量,以保障政府采购目标的实现。政府采购制定供应商资格统一规范的审查标准,能节省成本、提高采购工作效率、保证采购质量。

第二节 资格审查概述

一、资格审查方法

资格审查方法分为资格预审和资格后审两种方法。必须指出的是,目前,政府采购法体系没有使用"资格后审"这一专业术语,"资格后审"是与"资格预审"相对的一种资格审查方法。资格预审主要用于公开招标、邀请招标项目采用资格后审方法为宜。

采用资格预审方法的,采购人应当在提交资格预审申请文件截止时间后,按照资格预审文件规定的审查方法和标准,对供应商提交的资格预审申请文件进行审查。

采用资格后审方法的,采购人应当在开标后、评审前,按照采购文件规定的资格审查方法和标准,对供应商提交的投标(响应)文件进行审查。

二、合格制与有限数量制

在招标采购法体系中,资格预审办法细分为"合格制"和"有限数量制"两种,"合格制"是指凡是符合资格预审文件规定的资格审查标准的申请人,均通过资格预审;"有限数量制"是指招标人或其依法组建的资格审查委员会按照资格预审文件规定的资格审查标准对合格申请人进行量化打分,择优确定通过资格预审申请人的数量 N 家,只有 N 家申请人取得招标资格,若合格申请人的数量在 N 家以下,全部合格申请人都取得相应投标资格,不再进行量化打分择优。

三、资格审查主体

对于资格审查,《政府采购法》确定五个方面为供应商的审查内容,即民事责任能力、良好的商誉和健全的财务制度、履约必需的设备和技术、依法缴税和社保资金的记录、参加采购的前三年无重大违法记录等。由于没有说明供应商应当向审查机构提交哪些材料,也没有说明商誉、守法记录这些无形的资质由哪些机构予以出具证明,资格审查的主体便有些含糊。《政府采购法》第 23 条规定:“采购人可以要求参加政府采购的供应商提供有关资质证明文件和业绩情况,并根据本法规定的供应商条件和采购项目对供应商的特定要求,对供应商的资格进行审查。”该条“可以”条款没有明确规定采购人是对供应商进行资格审查的法定主体。依照《政府采购法》的规定,采购人自行采购的,只限于未纳入集中采购目录和有特殊要求的项目,绝大部分的项目需要委托代理机构采购,尤其是集中采购机构。因此,在实践中,采购人通常是资格审查的主体,采购人可以委托采购代理机构办理供应商的资格审查事宜。

在政府采购过程中,对供应商的资格审查一般有两种做法。第一,采用分阶段招标法,即先对资格招标,专门审查供应商的资格;再对商务招标,只有通过资格审查的供应商才能参加投标。第二,一步到位法,要求供应商将相应资格证明,连同投标文件一并送交采购人,评审专家在评标时,先对资格进行审查,对不符合条件供应商的投标,作废标处理,不再予以评审。

四、回避制度

政府采购活动涉及多方经济利益,为保证政府采购活动公平公正,充分保护政府采购当事人的合法权益,维护国家利益和社会公共利益,政府采购建立了回避制度。

在资格审查环节,采购人员及相关人员与供应商有下列利害关系之一的,应当回避:

(1)参加采购活动前三年内与供应商存在劳动关系;

(2)参加采购活动前三年内担任供应商的董事、监事;

(3)参加采购活动前三年内是供应商的控股股东或者实际控制人;

(4)与供应商的法定代表人或者负责人有夫妻、直系血亲、三代以内旁系血亲或者近姻亲关系;

(5)与供应商有其他可能影响政府采购活动公平、公正进行的关系。

供应商认为采购人员及相关人员与其他供应商有利害关系的,可以向采购人或者采购代理机构书面提出的回避申请,并说明理由。采购人或者采购代理机构应当及时询问被申请回避人员,有利害关系的被申请回避人员应当回避。

在评审环节,采购人员及相关人员,包括评审专家,同样适用本回避机制。

第三节　资格审查条件及程序

一、资格审查的条件

《政府采购法》对供应商资格审查有明确规定,但没有具体的可操作性审查规则。关于供应商资格审查的条款体现在《政府采购法》第22条和第23条中。第22条规定了供应商参加政府采购应当具备的法定资格条件。

（一）具有独立承担民事责任的能力

在实务中，要提供法人或者其他组织（非法人组织）的营业执照等证明文件，自然人的身份证明。

1. 供应商属于营利法人的，提供在工商部门注册的有效营业执照；供应商属于事业单位、社会团体、基金会、社会服务机构等非营利法人的，提供有效的“事业单位法人证书”或者“执业许可证”“登记证书”等证明文件。

2. 供应商属于非法人组织的，提供在工商部门注册的有效营业执照。

3. 供应商是个体工商户的，个体工商户属于自然人，提供有效的“个体工商户营业执照”；供应商是自然人的，提供有效的自然人身份证明。

4. 被宣告破产的供应商因不具备承担民事责任的能力，不得参加政府采购活动。

5. 政府采购的供应商是指参加政府采购活动，有意愿向采购人提供货物、工程或者服务的人、非法人组织或者自然人。

《民法典》第 102 条规定，非法人组织是不具有法人资格，但是能够依法以自己的名义从事民事活动的组织，包括个人独资企业、合伙企业、不具有法人资格的专业服务机构，不具有独立承担民事责任的能力。法人或者非法人组织依法设立的分支机构属于其他组织，不属于法人或者非法人组织，也不具有独立承担民事责任的能力。但在实务中，非法人组织、法人或者非法人组织依法设立的分支机构被视同为可以参加政府采购活动的供应商。

（二）具有良好的商业信誉和健全的财务会计制度

在实务操作中，供应商提供财务状况报告，依法缴纳税收和社会保障资金的相关材料，财务状况报告包括经审计的财务报告、银行出具的资信证明。

1. 供应商应提供经审计的财务报告，包括“四表一注”，即资产负债表、利润表、现金流量表、所有者权益变动表及其附注，或者其基本存款账户开户银行出具的资信证明。

供应商是中小企业的，按照财政部《关于开展政府采购信用担保试点工作方案》的规定，专业担保对供应商进行资信审查后出具投标担保函的，不需要提供财务状况报告。

2. 供应商缴纳税收的证明材料主要是供应商税务登记证和参加政府采购活动前一段时间内缴纳的增值税、营业税和社会所得税的凭据。

（三）具有履行合同所必需的设备和专业技术能力

被责令停业，暂扣或者吊销执照，或者吊销资质证书的供应商不得参加政府采购活动。

（四）有依法缴纳税收和社会保障资金的良好记录

尚欠缴应纳税款或者社会保险费的供应商不得参加政府采购活动。

（五）参加政府采购活动前三年内，在经营活动中没有重大违法记录

参加政府采购活动前三年内，在经营活动中存在重大违法记录的；或者因违法行为，被依法限制或者禁止参加政府采购活动的，都不得参加政府采购活动。

重大违法记录是指供应商因违法经营受到刑事处罚或者责令停产停业、吊销许可证或者执照、较大数额罚款等行政处罚。

“较大数额罚款”的标准为 200 万元。法律、行政法律以及国务院相关部门明确相关领域“较大数额罚款”标准高于 200 万元，从其规定。

需要注意的是，供应商在参加政府采购活动前 3 年内因违法经营被禁止在一定期限内参加政府采购活动，期限届满的，可以参加政府采购活动，采购人不得以此拒绝其参加政府采购活动。

另外，采购人在编制采购文件时，针对供应商应当具备的法定资格条件，根据《实施条例》第 17 条的规定，除了第 1 项提供法人或者非法人组织的营业执照等证明条件，自然人的身份证明外，其余的可以要求供应商提交承诺函（声明函），以证实其已具备法定资格条件。

（六）法律、行政法规规定的其他条件

第一类是承接采购项目所应当具有的经营许可、资质条件等行政许可类要求。国家根据《行政许可法》和行政管理的规定对相关领域的供应商设置的行政许可，一般有许可证、资质证书或者行业准入等形式。

1. 工业产品生产许可证

工业产品生产许可证是国家对关系人体健康、财产安全、资金安全、通信质量安全、保障劳动安全等重要工业产品生产企业实行的行政许可制度。《工业产品生产许可证管理条例》规定，任何企业未取得工业产品生产许可证不得生产列入目录的重要工业产品。

2. 安全生产许可证

安全生产许可证是国家对危险化学品、烟花爆竹、民用爆破器材生产企业实行的安全生产许可制度。《安全生产许可证条例》（国务院令第 397 号）规定，危险化学品、烟花爆竹、民用爆破器材生产企业未取得安全生产许可证的，不得从事生产活动。

3. 特种设备生产许可证

《特种设备安全法》规定，对人身和财产安全有较大危险性的锅炉、压力容器（含气瓶）、压力管道、电梯、起重机械、客运索道、大型游乐设施、场（厂）内专用机动车辆等特种设备的生产（包括设计、制造、安装、改造、修理）、经营、使用、检验、检测企业必须取得生产许可证才可从事相关业务。

4. 医疗器材生产许可证和经营许可证

《医疗器械监督管理条例》规定，国家对医疗器械分为三类管理：

第一类是风险程度低，实行常规管理要可以保证其安全、有效的医疗器械；第二类是具有中度风险，需要严格控制管理以保证其安全、有效的医疗器械；第三类是具有较高风险，需要采取特别措施严格控制管理以保证其安全有效的器械。

（1）医疗器械生产许可证。国家对第一类医疗器械生产企业实行备案管理，对第二类、第三类医疗器械生产企业实行许可管理。

（2）医疗器械经营许可证。国家对经营第二类医疗器械的企业实行备案管理，对经营第三类医疗器械的企业实行许可管理。经营第一类医疗器械不需要许可和备案。

5. 药品生产许可证和经营许可证

《药品管理法》规定，药品生产企业须经企业所在地省、自治区、直辖市人民政府药品监管管理部门批准并发给《药品生产许可证》，凭《药品生产许可证》到工商行政管理部门办理登记注册。否则，不得生产药品。

药品批发企业，须经企业所在地省、自治区、直辖市人民政府药品监管管理部门批准并发给《药品经营许可证》；开办药品零售企业，须经企业所在地县级以上地方药品监督管理部门批准并发给《药品经营许可证》，凭《药品经营许可证》到工商行政管理部门办理登记注册。否则，不得经营销售药品。

6. 制造、修理计量器具许可证

《计量法》规定，制造、修理计量器具的企业必须取得计量行政部门颁发的《制造计量器械具许可证》或者《修理计量器具许可证》。

7. 中国强制性认证（“3C”标志）

国家对涉及人类健康和安全，动植物生命和健康、环境保护和公共安全的产品实行强制认证制度。《强制性产品认证管理规定》规定，凡列入实施强制性产品认证的产品目录的产品，必须经国家制定的认证机构认证合格，取得相应的认证证书，并加施认证标志后，方可出厂销售、进口和在经营性活动中使用。

8. 安全评价检测检验机构资质

《安全评价检测检验机构管理办法》规定，从事法定的安全评价、检测检验服务的检测检验机构，应取得安全评价检测检验机构资质认证。

9. 网络安全专用产品相关认证

《关于调整网络安全专用产品安全管理有关事项的公告》规定，列入《网络关键设备和网络安全专用产品目录》的网络安全专用产品应当按照《信息安全技术　网络安全专用产品安全技术要求》等相关国家标准的强制性要求，由具有资格的机构安全认证合格或者安全检测符合要求后，方可销售或者提供。

10. 危险化学品经营许可证

《危险化学品经营许可证管理办法》规定，国家对危险化学品经营实行许可制度，经营危险化学品的企业，应当取得危险化学品经营许可证。

11. 电信业务经营许可证

《电信业务经营许可管理办法》规定，经营基础电信业务和经营增值电信业务，应当依法取得电信管理机构颁发的经营许可证，电信业务经营者在电信业务经营活动中，应当遵守经营许可证的规定，接受、配合电信管理机构的监督管理，经营许可证分为基础电信业务经营许可证和增值电信业务经营许可证两类。

12. 电信设备进网许可证

《电信条例》规定，国家对接入公用电信网络电信终端设备、无线电通信设备和涉及网间互联电信设备实行进网许可制度。实行进网许可制度的电信设备必须获得工业和信息化部颁发的进网许可证（含进网试用批文）。

13. 政府购买服务的承接主体

《政府购买服务管理办法》规定，公益一类事业单位，使用事业编制且由财政拨款保障的群团组织，不作为政府购买服务的承接主体，即此类单位不满足承接政府购买服务的资格条件。

14. 食品经营许可

《食品经营许可和备案管理办法》规定，在中华人民共和国境内从事食品销售和餐饮服务活动，除了特殊情形外，应当依法取得食品经营许可，食品经营者在不同经营场所从事食品经营活动的，应当依法分别取得食品经营许可或者进行备案。

15. 保安服务许可证

《保安服务管理条例》规定，国家对从事保安服务的单位和保安员实行许可管理，申请设立保安服务公司，应当向所在地设区的市级人民政府公安机关提交申请书以及能够证明其符合规定的条件。对符合条件的，核发保安服务许可证。

16. 承装（修、试）电力设施许可证

《承装（修、试）电力设施许可证管理办法》规定，在中华人民共和国境内从事承装、承修、承试电力设施活动的，应当取得许可证。承装、承修、承试电力设施，是指对输电、供电、受电电力设施的安装、维修和试验。

17. 银行保险机构许可证

《银行保险机构许可证管理办法》规定，银行保险机构开展金融业务，应当依法取得许可证，许可证包括金融许可证、保险许可证、保险中介许可证。

第二类是与政府采购政策功能的相关资格条件，有以下三个方面。

一是采购国货。

政府采购应当采购本国货物、工程和服务，除特殊情形并经财政部门审核后，不得采购进口产品。

二是促进中小企业发展（预留采购份额）。

《政府采购促进中小企业发展管理办法》规定，200 万元以下的政府采购货物和服务项目、400 万元以下的政府采购工程项目，适宜由中小企业提供的，采购人应当专门面向中小企业；超过 200 万元的货物和服务采购项目、超过 400 万元的工程采购项目中适宜由中小企业提供的，预留该部分采购项目预算总额的 30%（货物和服务）、40%（工程）以上专门面向中小企业采购，其中预留给小微企业的比例不低于 60%。采购人需要据此设置相关资格条件。

三是政府采购强制产品（节能产品）。

政府采购节能产品实施品目清单管理。采购标的如属于《节能产品政府采购品目清单》范围中政府强制采购产品的，供应商投标（响应）产品必须获得国家确定的认证机构出具的、处于有效期之内的节能产品认证证书。

二、特定资格条件

特定资格条件也称为采购人自设资格条件。《政府采购需求管理办法》规定，采购人可以根据采购需求设定特定条件。根据采购需求特点提出的供应商资格条件。要与采购标的的功能、质量和供应商履约能力直接相关，且属于履行合同必需的条件，包括特定的专业资格或者技术资格、设备设施、业绩情况、专业人才及其管理能力等。业绩情况作为资格条件时，要求供应商提供的同类业务合同一般不超过 2 个，并明确同类业务的具体范围，涉及政府采购政策支持的创新产品采购的，不得提出同类业务合同、生产台数、使用时长等业绩要求。

三、资格条件的限制性规定

供应商通过资格审查成为合格供应商，除应满足法定资格条件和采购文件规定的特定资格条件外，不得存在下列情形。

1. 与采购人或采购人委托的采购代理机构存在利害关系且影响采购公正性的。

2. 与其他供应商的法定代表人或者主要负责人为同一人的。

3. 与其他供应商存在直接控投、管理关系的。

4. 为采购项目提供整体设计、规范编制或者项目管理、监理、检测等服务的。

5. 被责令停业,暂扣或者吊销执照,或者吊销资质证书的。

6. 在中国政府采购网中被列入政府采购严重违法失信行为记录名单的。

7. 在全国企业信用信息公示系统中被列入严重违法失信企业名单的。

8. 在“信用中国”网站中被列入失信被执行人、安全生产领域严重失信惩戒名单、拖欠农民工工资失信联合惩戒对象名单的。

9. 存在下列情形,但尚未构成重大违法记录的,被财政部门禁止1~3年内参加政府采购活动,且在期限内的:

(1)提供虚假材料谋取中标、成交的;

(2)采取不正当手段诋毁、排挤其他供应商的;

(3)与采购人、其他供应商或者采购代理机构恶意串通的;

(4)向采购人、采购代理机构行贿或者提供其他不正当利益的;

(5)在招标采购过程中与采购人进行协商谈判的。

10. 因捏造事实、提供虚假材料或者以非法手段取得证明材料。

进行虚假、恶意投诉,被财政部门禁止1~3年内参加政府采购活动,且在期限内的。

从民事责任能力角度来明确供应商资格审查内容,是符合现实的。在民事责任能力、良好的商业信誉和健全的财务制度、履约必需的设备和技术、依法缴税和社保资金的记录、参加采购的前3年无重大违法记录等五项标准之下,如果增加供应商的财产实力、业务经验、售后服务水平等方面,作为积极审查条件,便于实际操作。大额采购的商品和服务的供应需要雄厚的财力支持,经验丰富的供应商相比于无经验的供应商更能保质保量完成合同任务，无违约的信用记录是能够正常履约的保证，而售后服务本来就是采购的商品和服务的内容之一。

四、资格审查的程序

采用资格预审办法的，采购人应当编制资格预审文件，发布资格预审公告，一般程序和要求如下。

（一）编制资格预审文件

采购人应当根据采购需求和采购项目特点，按照国务院财政部门制定的资格预审标准文件编制资格预审文件。国务院财政部门已制定并公布资格预审文件标准文本的，采购人应当使用，资格预审文件应当包括以下主要内容：

1. 资格预审邀请；
2. 申请人须知；
3. 申请人的资格要求；
4. 资格审核标准和方法；
5. 申请人应当提供的资格预审申请文件的内容和格式；
6. 提交资格预审申请文件的方式、截止时间、地点及资格审核日期；
7. 申请人信用信息查询渠道及截止时间、信用信息查询记录和证据留存的具体方式、信用信息的使用规则等；
8. 省级以上财政部门规定的其他事项。

需要特别指出的是，资格预审文件应当明确采用“合格制”或者“有限数量制”。采用“有限数量制”的，应当明确择优选择“有限数量制”的具体方法。

（二）发布资格预审公告

资格预审公告应当在省级以上人民政府财政部门指定的媒体上发布。公告期限为 5 个工作日。公告内容应当以省级以上财政部门指定媒体发布的公告为准。公告期限自省级以上财政部门指定媒体最先发布公告之日起算。

资格预审公告应当包括采购人和采购项目名称、采购需求、对供应商的资格要求以及供应商提交资格预审申请文件的时间和地点。应当包括以下主要内容。

1. 采购人及其委托的采购代理机构的名称、地址和联系方法；

2. 采购项目的名称、预算金额，设定最高限价的，还应当公开最高限价；

3. 采购人的采购需求；

4. 供应商的资格要求；

5. 获取资格预审文件的时间期限、地点和方式；

6. 提交资格预审申请文件的方式和截止时间及资格预审时间；

7. 公告期限；

8. 采购项目联系人姓名和电话。

（三）提供资格预审文件

采购人应当按照资格预审公告规定的时间、地点提供资格预审文件，提供期限自资格预审公告发布之日起计算不得少于 5 个工作日。提供期限届满后，获取资格预审文件的供应商不足 3 家的，可以顺延提供期限，并予以公告。资格预审文件应当免费提供。

（四）资格预审文件的澄清或者修改

采购人可以对已发出的资格预审文件进行必要的澄清或者修改，但不得改变采购标的和资格条件、澄清或者修改应当在原公告发布媒体上发布澄清公告，澄清或者修改的内容作为资格预审文件的组成部分。

澄清或者修改的内容影响资格预审申请文件编制的，采购人应当在提交资格预审申请文件截止时间至少 3 日前，以书面形式通知所有获取资格预审文件的供应商；不足 3 日的，采购人应当顺延提交资格预审申请文件的截止时间。

(五)编制并提交资格预审申请文件

供应商应当按照资格预审文件的要求编制资格预审申请文件,资格预审申请文件应当对资格预审文件提出的要求和条件作出响应,并按照规定方式、截止时间向采购人提交资格预审申请文件,未按照规定提交的资格预审申请文件将被拒收。

采购人应当根据采购项目特点确定供应商编制资格预审申请文件的合理时间,提交资格预审申请文件的时间自公告发布之日起不得少于5个工作日。

(六)审查资格预审申请文件

采用自行招标组织形式,或者采购人自行进行资格审查的,应当按照采购人政府采购活动内部控制管理制度选定资格审查人员。在资格审查前,采购人应当强调审查纪律,存在法定应当回避情形的,资格审查人员应当主动回避。

资格审查人员应当按照资格预审文件规定的标准和方法,对资格预审申请文件进行审查。资格审查时,资格审查人员可以要求供应商对资格预审申请文件进行澄清、说明。

(七)提交资格审查报告

资格审查应当形成资格审查报告。资格审查报告由资格审查人员签字确认,并加盖采购人或者采购代理机构公章,作为采购文件一并存档。在评标时,资格审查报告应当作为相关资料提供给评审委员会。

资格审查报告应当包括以下内容:

1. 采购项目简要概况;

2. 资格审查的时间和地点;

3. 资格审查人员的名单;

4. 提交资格预审申请文件的供应商名单;

5. 通过资格审查的供应商名单;

6. 未通过资格审查的供应商名单及原因；

7. 确认通过资格审查的供应商名单。

采购人根据资格审查报告确定通过资格预审的供应商，并向通过资格预审的供应商发出邀请书，并有权获得采购文件参加投标（响应）；反之，该供应商无法获得采购人发出的邀请书，无权继续参加后续政府采购活动，即使其编制投标（响应）文件，也将会被采购人拒收。

第四章 招标采购

招标作为一种竞争活动，并非与生俱来，它是商品经济发展到一定阶段的产物。它具有鲜明的经济性、极高的技术性、程序的法定性和强制性等属性；包括公开招标、邀请招标两种主要招标方式，其中公开招标方式竞争度与透明度最高。招标最大功效在于通过竞争激发市场活力，调动市场参与主体积极性，促进市场资源优化配置，提升整个社会生产效率，推动社会发展。对招标行为予以规制的法律，其主要价值应定位为公平、自由、秩序、效益等方面。

我国招标制度开始于20世纪初。40年来，我国招标制度从无到有、从粗疏到逐步完善，而今已形成了一个集法律、行政法规、规章及其他规范性文件于一体的较为完整的法律制度体系，目前，我国招投标法律体系主要分为三大部分：《招标投标法》《政府采购法》等基本法律；《招标投标法实施条例》《实施条例》等行政法规；部门规章、地方法规、地方规章及政策性措施。在该体系中，部门与地方规章占据绝大多数。2016年，我国公平竞争审查制度正式建构。该制度的实施在招投标法制建设进程中具有重大作用，利于及时完善招投标法律制度，丰富招投标法律内容，为制定招投标采购政策措施提供了基本准则。

第一节　相关概述

一、招标的概念

招标的概念，需区分两个不同层面，即把招标分为学理范畴中的招标和日常中的招标。在学理范畴中，招标有广义和狭义之分。广义的招标，包括发布招标公告和文件、投标、开标、评标、中标和签订合同等招投标活动整个流程。狭义的招标，是与投标相对应的一个概念，是指交易发起方发起交易活动的行为。在日常使用中，仅使用“招标”这一表述时，往往采用其广义概念；如果与投标并用，表述为“招标投标”时，采用其狭义概念。

本书所指的招标是指采购人公布标的特征和交易条件，通过供应商的公平竞争，按照事先确定的程序及规则，对多个供应商提交的一次性报价及实施方案进行评审，实现择优选择交易主体、交易价格并订立书面合同的一种交易方式。

招标作为一种交易行为，既可以是采购行为，如工程、货物和服务的采购，也可以是出售行为，如特许经营权、土地使用权、科研成果和技术专利等的出售或出让，其最直接目的为招标人通过引进竞争机制，激发投标人之间的相互竞争而选择适格中标人，双方签订招标合同，实现招投标双方共赢，因而招标投标是签订合同的具体行为，为要约与承诺的特殊表现形式；终极目标为以竞争方式合理调配市场资源，激发市场活力，促进公平正义。发出招标信息行为一般视为要约邀请，投标行为隶属要约，确定中标人行为则被视为承诺。中标通知生效后，当事人必须在规定期限内签订招投标书面合同，否则将承担相关法律责任。招标人与中标人签订书面合同后，招标环节始告结束。

招标除了作为一种市场交易方式外，在行政许可领域也应用频繁。

目前，招投标在自然资源开发利用、公共资源配置以及直接关系公共利益的特定行业的市场准入等上适用较多。例如，出租汽车的车辆经营权、增量配电项目的投资运营权、风电项目的投资权和城市国有土地使用权转让都属于此类。当然，作出行政许可决定而实施的招投标活动，不属于单纯的民事行为，而是行政行为。行政许可申请人（投标人）若认为行政机关违反相关法律规定，不采用招标方式，或者违反招投标程序，损害申请人合法权益的，其可以依法申请行政复议或提起行政诉讼。

二、招标的起源与发展

招标作为一种社会现象，是商品经济发展到一定阶段的产物，根源于私有制条件下产品的生产与交换。在商品经济早期阶段，部分采购人为了获得物美价廉的货物、服务与工程，会有意识地寻找货物、服务与工程相同或相近的多家供应商进行询价，最后采购人从中挑选性价比最高的供应商，原始的招投标活动从而得以产生。19 世纪前期的自由资本主义阶段，随着机器大生产的快速推进，社会化分工的日益加剧和交换的广泛进行，招标采购方式开始为西方国家所践行。

现代意义上的招投标起源于 18 世纪后期英国政府和公用事业部门的“公共采购”。英国作为第一次工业革命的发源地，率先开始了社会化大生产。为适应新趋势，英国创新了生产与管理方式，招投标模式便是其中之一。1782 年，英国增设了文具公用局，其后演变为物资供应部，该机构专门负责政府部门办公用品采购，施行集中采购公开招标模式，英国这一试点为公开招标方式的发展奠定了基石。美国独立革命的完成，尤其是美国南北战争以来，招投标模式在美国逐步推行。1792 年，美国首次在联邦政府民用部门采购时实施招投标方式；1861 年，美国《联邦采购法》正式颁布。该法规定，联邦政府采购超过一定资金限额都必须采用公开招标模式。随后，新西兰、比利时等也相继颁行了有关招投标的法律、法规与条例。

自由资本主义发达阶段，西方发达国家遵循“有限政府”理念，扮演“守夜人”角色，因此，政府公共采购体量不大，对市场影响不是很大。20 世纪 30 年代初期，西方国家采取了大规模的国家干预行动，加大了政府公共采购力度，公开招标成为首选方式。为保障招标的公平、公正和公开进行，政府采购法律应运而生。例如，美国在第二次世界大战后先后颁布了《联邦政府行政服务与财产法》(1949 年)、《武装部队服务采购法》(1948 年)、《联邦财产和行政服务法》(1949 年)等法律。同时，为促进国际贸易的开展与国际间招投标的进行，一些国际组织也先后制定了有关政府公共采购法规。例如，《欧盟公共采购指令》《国际复兴开发银行和国际开发协会信贷采购指南》《亚洲开发银行贷款采购指南》等法规。如今，招标采购在国家政府公共采购活动中被普遍沿用。

纵观招投标的发展历程，除上述的大规模商品生产与交换，还存在以下因素。

第一，招投标方式自身的优势。相比较政府采购其他方式，招投标具有独特优势。其一，公开性。招标通常包括公开招标和邀请招标，其中公开招标是目前通行的、被广泛运用的招标方式。该方式包括招标、投标、开标、评标、中标、签订书面合同等系列环节。其二，公正性。潜在投标方只要符合投标资格审查标准，不论投标者规模、国别和所有制性质，都可以参与投标，且平等适用招投标法规，具有一定公正性。其三，效益性。公开招标只要程序合法，通常一次招标就可以实现买卖双方交易的成功，效益性高。

第二，采购资金来源。在公共采购中，特别是政府采购，其资金来源于税收，政府有义务就资金使用情况告知公众，接受公众监督，公开招标方式以自身高度的透明度，有效满足了公众监督的需求。

第三，适应市场转型。随着市场经济的不断发展，供求关系出现了新变化。当前,尤其在通用商品方面,采购人具有更多优势,供应商迫于竞争压力和生存的需要,会采取积极主动方式争取交易对象和交易机会。为降低采购成本,保证采购质量,节约采购时间,防止腐败,公开招标成为最佳选择。

三、招标的主要方式

招标分为公开招标和邀请招标。

公开招标,是指招标人以招标公告的方式邀请不特定的法人或者其他组织投标。

邀请招标,是指招标人以投标邀请书的方式邀请特定的法人或者其他组织投标。

四、招标的特性

招标是充分发挥其竞争效应,促进生产力发展和社会效益的提升,招标行为自出现开始,就有自身鲜明特色。

第一,具有鲜明的经济性。招标目的是采购人从市场获取质优、价廉的工程、货物和服务,投标人获得公平合理报酬,而工程、货物和服务本身为商品,因而招标具有经济属性。在宏观层面,招标必须服从服务于国家对工程、货物、服务的公共安全、公共利益及政策要求;在微观层面,招标需以信息不对称理论、博弈论等基本原理作指导,确保自身健康有序运行。

第二,具有极高的技术性。招标作为一种重要的经济活动,技术性主要体现在以下两方面。其一,招标本身具备技术性。招标涉及招标公告发布、投标、开标、评标、中标、签订书面合同等众多环节。比如,发布招标公告之前,招标人需编制招标公告与招标文件、资格预审文件,这些文件编制需要具备较为过硬的文书撰写技能与专业技术水平,特别是编制招标文件,在通常情况下采购人难以胜任,需聘请专业的招标代理机构。就供应商而言,需要根据招标文件编制投标文件。投标文件撰写直接关联供应商投标的成败。供应商必须洞悉招标文件精神实质,科学、完整响应招标文件,技术要求较高。在评标环节,采购人须事先拟定评标要求与标准,对涉及技术含量高的项目评标,需要专家评委担任。在合同签订阶段,采购人和成交供应商均须具备一定的法律素养。其二,采购标的具有技术属性。采购标的包括工程、货物和服务。其中,大型工程项目涉及部门和人员多,技术要求高,需要专业技术人员的参与。

第三,程序的法定性和强制性。其一,招标必须依法定程序进行。我国现行法律确立了一系列招投标规范,例如,《招标投标法》《政府采购法》。此外,《民法典》《反垄断法》《建筑法》《环境保护法》《消防法》《刑法》《治安管理处罚法》《行政处罚法》《行政许可法》等法律也对招投标进行了规定。例如,供应商中标后,必须与采购人依法签订合同。工程项目招投标除遵守《招标投标法》外,还应遵守《建筑法》的规定。其二,招投标具有强制性。招投标参与人应该遵守招投标法律,依法约束行为方式。例如,中标结果公布后,采购人与中标供应商应在法定期限内签订相关合同,任一方不签约或延迟签约,将承担相应法律责任。

五、招标法律规制的理论依据

招标涵括以下制度:强制招标制度;编制招标文件和投标文件制度;招标公告制度;招投标文件发售、递送、澄清、修改规则;招标代理规则;资格审查制度;公开开标、评标制度;中标规则;投标担保制度;招标时限制度;不得排斥潜在投标人规则;谈判禁止制度;保密制度;行政监督制度;投标人质疑、申诉与法律救济制度;等等。通常认为,博弈论、合同理论、信息不对称理论、政府干预理论和“寻租”理论等是招投标法律规制的主要理论依据。

（一）博弈论

招标活动是多人间博弈或不完全信息动态博弈。它涉众广泛，主要包括采购人与投标人之间博弈、投标人彼此之间博弈、招标代理者之间博弈、代理人与采购人或代理人与投标人博弈，以及招投标参与人与监管者之间的博弈等多种形式。投标前，采购人并不知晓所有可能投标者（含潜在投标者）的报价，仅保密自己的报价信息。开标前，投标人仅根据自己对招标文件的理解及自身的调研情况报价。投标人按照采购人的招标文件开展行动，相互之间又是动态的博弈。同时，投标者之间又为不完全信息静态博弈。由于商业秘密的原因，投标人对其他投标人的信息了解不多，只能根据自己所掌握的信息进行投标，这一过程是静态的。博弈的成败取决于局中人、行动、信息、策略、收益、均衡和得失等多方面因素，任一因素都有可能制约博弈的胜负。所以，为保证博弈的公平与公正，防止非理性与不诚实博弈的发生，必须设置博弈规则，按照规则进行。

招投标是特殊的博弈形式，应该建构规则，其中，最重要的是构建法律规则，这由法的性质与作用决定的。法是国家意志的体现，法律制度是最严厉的规则，是调节社会关系的重要工具。当招投标参与人因博弈而产生纠纷，无法通过道德、纪律等进行调解，只能借助法来调解时，依法规制招投标活动就成为首选。同时，如果招投标参与人违规博弈，也只有法的威慑性最大、处罚最严，通过法来惩戒违规者，其他潜在违规者就能受到震慑，从而约束自身行为。法的作用分为规范作用与社会作用，规范作用是第一位阶作用。规范作用又分为指引、评价、教育、预测和强制五种作用。法凭借自身作用能确保招投标活动的公平有序运行。招投标是博弈行为，意在激发市场活力，促进社会生产力提升，需要依法对其规制，保证招投标市场主体之间充分有序竞争。当今，为保证招投标中博弈的有序，绝大多数国家都建立了规制招投标方面的法律法规，这些法律法规彼此间值得相互吸收与借鉴。

（二）委托代理理论

委托代理理论指出，生产力的发展和生产的大规模化催生了委托代理关系。生产力发展和专业化分工中，委托人因知识、能力和精力的限制而不能充分行使自身所有权利，只能聘请具备专业知识的代理人代理自己行使权利。委托代理理论依据：有限度的理性思维，交易成本的不一，市场信息的不对称，彼此偏好不一。在该代理法律关系中，委托人与被委托人的利益不尽相同，各自都有追求自身利益最大化的动机，例如，代理人追求自己代理费和休息时间最大化，在这种情形下，代理人难免做出有损被代理人利益的行为。此外，双方之间信息不对称，代理人可能利用自身信息优势侵害被代理人利益。

在通常情况下，委托方与代理方因各自利益需求不同，都会追求自身利益最大化，如果缺乏健全的规则制约，串通投标、行贿受贿、欺诈、规避招标等违法犯罪现象便会发生，委托人合法权益会受到损失。通常，委托人在招投标市场占据优势地位，招标代理机构，尤其是社会代理机构常处于不利地位。招标一般为买方市场，社会代理机构为卖方市场，这一市场代理人众多，委托人指使、干预代理人情形经常发生，代理机构依附委托人或其权益受侵害现象并不少见，因而，为保证招投标代理市场的平稳有序，应当对委托代理双方给予适度法律规制。另外，在政府采购中，国家为委托人，政府采购部门为托管人，其委托权来源于公民的让渡；再有，公共采购资金来自国家财政收入，国家财政收入则源于公民的纳税，纳税人有权利对采购资金进行依法监督。因而，为保证公共支出的合理合规，保障国有资金的安全，维护纳税人相关权利，同样需要对其加以法律规制。

（三）合同理论

合同签订后当事人必须遵守，否则会承担违约责任。签订合同须以自愿、平等、诚信为原则，任何一方不得存在欺诈与胁迫行为。以合同签订自愿原则为例，所谓合同自愿是指合同双方当事人在遵循公序良俗的前提下，有依法自主签订合同的权利，不受任何外来非法干涉。

首先，招标历来被视为特殊的契约行为，这一契约的实现需要国家的正当、及时干预，而出台相应的法律法规是最严格与规范的干预形式，以法的形式约束缔约双方，从而使招投标活动具有法律规制的正当性。

其次，招标活动作为一种复杂的交易行为有着显著"继起性"特征，即从发标、定标、签订书面合同到履约结束需要经过一段时间，而在这一时间维度内，承诺的交换与承诺的实现之间会产生许多风险。"继起性"会引发机会主义心态，这种心态是阻碍合同实现的重要因素之一。机会主义的产生源于公众逐利的本性与信息的不对称。由于利益的驱动，招标行为自产生以来，机会主义一直较为盛行，其主要表现在串通投标、虚假招标、规避招标等诚信缺失方面，契约精神经常受到侵蚀。目前，《政府采购法》《招标投标法》及其实施条例等都对合同履约验收、合同监督程序缺乏具体规定。采购人和供应商双方通常签订政府采购书面合同后，进入政府采购或工程施工阶段，这一阶段，采购人负有监管主体责任。

在实务工作中，部分供应商最低价中标签订书面合同后，通过偷工减料、违法转包分包、签订阴阳合同、延工、停工等手段要挟采购人增加采购投入，严重侵害了公平竞争原则。因此，应强化成交供应商的投标承诺、采购人和成交供应商合同履行验收和监管。

（四）信息不对称理论

信息不对称理论主要用于分析信息不对称对市场交易行为及市场运行效率的影响。所谓信息不对称，顾名思义，是不同市场主体掌握的相关信息具有差异性，部分主体占有充足信息，部分主体掌握的信息不足，占有充分信息的市场主体占据相当的优势；信息资源贫乏者则身处劣势。在通常情况下，"买方不如卖方精"。卖方较买方在产品的质量、性能、使用寿命、生产成本等方面拥有更多的信息优势，在交易中占据主动；买方基于自身对产品信息占有的不足而深感恐慌。为扭转信息不对称劣势，买方会采取低价或委托中介等方式进行交易。买方出价过低，不能满足卖方预期利润，如果卖方不愿意错失交易机会，在利益驱动下，卖方只有牺牲产品质量，以次充好。双方恶性博弈，极易引发市场失灵、道德风险和逆向选择等问题。但是，在保险、金融市场和劳动力市场领域，"卖方不如买方精"则是普遍现象。如在劳动力市场，雇主相比较被雇人员信息更为丰富，被雇人员对自己今后从事的工作环境、待遇、相关用工制度不是非常了解。在金融保险领域，借款人较贷款人拥有更多风险与收益的信息资源，贷款人面临贷款随时血本无归的风险。信息不对称理论揭示了市场失灵的原因，又指出了解决市场失灵问题的途径——政府干预影响信息流动以及建立和完善相关制度。

招投标市场既存在"买方不如卖方精"现象，又存在"卖方不如买方精"问题。在招投标领域，采购人为买方，投标人为卖方。就标的物而言，在签订书面交易合同以前，采购人拥有更多话语权，投标人仅通过招标文件、招标资格审查文件等有限渠道了解招标项目。事实上，采购人对投标人的了解程度也很有限，主要是审查资格文件，但采购人选择余地较大，此时"卖方不如买方精"，投标方为弱势一方。然而，双方签订书面成交合同后，地位发生转变，虽然双方有书面合同的制约，买方有可能处于劣势地位，特别是在建筑工程施工领域，采购人对投标人的施工能力、资金、信誉和产品质量等信息的掌握非常有限，尤其在存在串通投标情况下，采购人有可能遭遇巨大的风险危机。信息不对称理论警示我们，为确保招投标市场有序运行，只有建立和健全信息公开制度，公开原则才能得以落实，招投标活动也才会有序开展。

（五）政府干预理论

政府干预理论主张政府在公共投资和公共消费等方面增加支出。经济萧条时实现扩张性的财政政策，以实现供求关系的平衡，促进经济增长；经济过度膨胀时，采用紧缩性的宏观政策。财政政策发生作用的关键在于国家拥有越来越庞大的预算，当经济处于衰退时，政府应采取赤字预算政策与方针；经济通货膨胀时，政府应确保财政预算开支的充裕；市场不能主动将私人利益转化为社会利益，只有政府对经济的全面干预，才能摆脱经济萧条和失业问题。政府干预理论先后存在“需要国家干预说”“国家调节说”“耦合论”等观点。

“需要国家干预说”认为，市场是配置资源最好的方式，然而，市场并不是万能的，其本身难以解决“失灵”问题，必须需要外力介入，而政府干预即国家干预是最佳的。政府干预最有效的方式是制定经济法，通过经济法对市场进行宏观调控，规范市场行为，确保市场有序运行。

“国家调节说”认为市场存在市场障碍、市场唯利性、市场调节的被动性和滞后性等三方面缺陷，为保证市场健康有序，需要国家对市场采取强行干预方式、国家参与直接投资经营方式和国家对社会经济的引导调控方式，这三种方式须结合起来综合运用。当前，市场经济已经进入第三个发展阶段：第一阶段市场为唯一调节机制；第二阶段为国家调节与市场调节并存阶段；第三阶段为国际调节、国内调节与市场调节并存阶段。伴随社会发展演变，规范经济的法律制度也由民商法到经济法，再到国际经济法。

“耦合论”本义为一种物理现象，意指两个（含两个）以上的物质（如体系或运动形式）相互作用，彼此影响，最终联结合起来的现象。市场经济中垄断产生的必然性与市场经济体制开放性等的冲突，让市场机制与宏观调控耦合成为必然。伦理控制、政策控制和法律控制等是经济活动主要的社会控制手段，其中，法律控制最具强制性。

上述三种观点在一定程度上都较好地揭示了招标法律规制的理由。在招投标市场，买方资源通常有限，常态下竞争较为激烈。正如信息不对称理论所言，如全部由市场进行调节，实行完全的自由放任竞争，则不可避免地会陷入无序状态，市场失灵成为必然发生的事情，西方国家不定期发生的经济危机就是有力证据。这些经济危机表明市场无力调节资源,需要强大外力的介入。为保障招投标市场的健康有序发展,作为政府必须有限度的合理干预,切实履行好“守夜人”角色。对这一过程,政府既不能完全包办,也不能完全放任,任其无序竞争。对招投标活动给予政府干预必须依法进行。相反,政府干预任性,缺乏规制,则市场腐败产生的概率将会增加。

为保证招投标市场有序,我国各级立法及行政机关、各行业先后出台了大量招投标方面的法律、法规、规章和相关规定。当前,全国统一的大市场还没有形成,合理实施国家干预,理顺产业政策与竞争政策的关系,消解行业与地域垄断等保护主义,进一步完善招投标法律、法规、规章和相关规定势在必行。

(六)“寻租”理论

“寻租”理论认为,在市场经济中,市场主要通过竞争方式对资源实施有效配置,该方式有利于动态地实现帕累托最优,进一步倒逼企业家通过不断锐意进取以获取利润。不过,由于市场发育不完善,多种因素的制约,市场会因过度竞争而紊乱,此时,政府的干预成为必要。政府主动介入市场,用权力配置资源,带有很强的计划性。行政干预一方面有利于恢复市场平衡,让市场重归有序;另一方面,权力导致市场资源短缺。政府依托批准、同意、配额、许可证或特许等行政手段,对于资源调配直接施加影响,这些举措不可避免地带来负面效应,其后果便是重新制造出一个新的短缺市场环境,为特权盛行打开方便之门,占有市场的份额者拥有某种特权,进而诱导“寻租”活动的发生与蔓延。“寻租”活动并非不可防控,相反,其完全可以预防,这一法宝便是完善的监管与分配制度。若政府在配置资源当中,建构完备的特殊制度,许可公众依法享有均等的获得由政府分配而带来的制度红利,如获取租金价值等同份额的权利,则可以避免“寻租”活动的发生。

“寻租”理论揭示了招投标市场串通投标、非法行政干预等问题产生的原因。当前,我国市场发育没有成熟,距离国家治理体系与治理能力现代化存在一定征程。招投标市场欠成熟、“寻租”现象时有发生。为有效规范招投标市场秩序,国家对市场进行了大力整治,取得了一定功效。这种强力干预的负面影响造成了招投标市场资源的短缺,权力的膨胀使权力“寻租”现象日趋严重,招标人与投标人串通投标、监管部门滥用权力等问题时有发生。招投标监管既不能过度,又不能欠度,而应当是适度,这需要立法者科学处理好计划与市场关系,力求最大限度消除权力“寻租”现象与保障市场活力。中国香港特别行政区、新加坡等在招投标方面腐败现象相对较少,市场活力十足,这与其严格、科学的监管密不可分。

综上,博弈论、委托代理理论、合同理论、政府干预理论、信息不对称理论、“寻租”理论等较好地揭示了招投标活动的本质特征,是招标法律规制的理论指南。

六、招标法律规制的应然价值

法律价值的关键在于法律是否与人的需要相适合、接近或一致。法的价值包括秩序、效益、生存、安全、民主、法治等多种价值,其中,秩序、效益、正义是法的主要价值。对招标行为予以规制的公平、自由、秩序、效益等为其应然价值。

(一)公平价值

招标公平包含地位平等、机会平等、规则平等和结果平等方面。招标实施目的之一是促进竞争,通过竞争择优选择供应商,实现对市场资源的合理分配,因此,招标公平实质上是竞争公平。竞争公平有四重含义:竞争起点公平,即所有竞争者都处于同一起跑线;基于企业视角的竞争本身的公平,即所有企业在合法可得的范围内,自己有权选择迎接竞争挑战的对策;基于市场视角的竞争秩序的公平,即所有企业都有权使自己的贡献得到客观的评价,并受到市场的公正裁判;竞争结果的公平，即所有企业都有权获得与其在市场中的成功水平相当的报酬。竞争公平包含以下四层含义。

第一，地位平等。地位平等分为两种。其一，招投标人地位平等。双方当事人都是民商事活动主体，法律地位一致，对方不得互相干涉。在招投标实施上，法律禁止招标人凭借买方市场优势对投标人实施差异化与歧视行为。招标方编制招标文件应当在双方当事人之间权利义务的设置、风险责任的承担等方面做到合理和均衡。其二，竞争者之间地位平等。在招投标市场，投标供应商之间是竞争主体，都享有平等参与、接受评标方平等考评的权利，彼此间不可欺凌压榨，共同遵守招投标市场规则。

第二，机会平等。机会平等主要指竞争机会的提供公平均等，竞争参与者都有概率均等的获胜可能等。在招投标行为上，机会平等就是要求给予所有投标人平等的机会，使其享有同等的权利并履行相应的义务，不歧视任何一方。机会意味着一种权利，获取机会即为拥有参加某一活动的权利。招投标市场中标机会极其有限，因而必须设置相应规则来保障这一机会。招标方设置的准入标准应一致，不得建构不必要的显性或隐性交易壁垒，应确保每一投标人都有平等参与投标的机会，只有机会平等，平等竞争才有可能。

当然，在竞争中必要的限制是合理的，无任何准入门槛的竞争只会导致竞争的无序和资源的浪费。当下，我国社会主义市场经济尚未完全成熟，各市场主体的地位与作用各不相同，如完全依照市场去配置资源，会导致市场出现过度竞争，招投标领域更是如此。计划与市场是资源配置的两种重要方式，二者相辅相成，缺一不可。在招投标市场中，国家、社会包括招标单位应充分创造条件，确保所有资质相符的潜在投标人都可同时获知同样的招标信息，共同博弈。

市场不能完全适用丛林法则。竞争者因各种因素影响，如年龄、性别、智力、个人所受教育、所处社会地位等要素差异，会产生个体之间竞争的落差,如果完全无视这些差异,同样会导致竞争起点不一。因此,为努力避免类似现象,尤应设立配套的保障措施,予特殊群体以适当的区别对待,对弱势群体适用一定的特殊保护政策与措施。

第三,规则公平。竞争规则对所有竞争者在适用上一律平等。具体而言,在招投标市场则是指招投标竞争制度对不同所有制、规模、地区、资本来源的市场参与主体应平等适用,政府应对国有与民营企业、大与小企业、强与弱企业、本地与外地企业、内资与外资企业均应平等相待。政府应成为遵守公平竞争原则与维护竞争秩序的称职"守夜人",强化竞争政策的基础性地位。

第四,结果平等。过程公平与机会的公平,主要强调规则公平,而结果平等中,结果与努力成正向联系,付出与回报成对应关系,它以起点公平与过程公平作为必要前提和重要保障。招投标活动的开展,不仅要求整个招标环节程序正义,更要求实体正义,招标人与中标人最终依法、依照招标合同完成交易。

公平价值践行的好坏是衡量招投标法律制度优劣的标杆,缺乏公平内核,招投标法律制度毫无意义。《招标投标法》及《政府采购法》倡导公平竞争理念,并设置了相关法律条文,规定公开招标是我国最主要的招标采购方式,目的在于突出公平。

(二)自由价值

所谓自由,在法的范畴中是指法定的权利和边际。法律作为规范人们日常行为的最高和最严规则,设置了各种权利义务。对招投标行为予以法律规制,基本的价值追求应包括自由,即招投标法的内容应符合自然和社会客观规律。招投标主要属于合同行为,合同行为是最重要的民事行为之一,其最大特征在于双方法律地位平等,签订自由。招标人有依法开展招标的自由,符合条件的招标人既可以自己编制招标文件,也可以依法选择招标代理公司编制招标文件。此外,招标人还享有依法确定招标方式、选择评标机构以及与中标人签约的自主权。同样,投标人既可以投标,也可以投标后撤标,甚至可以在中标后自愿承担民事责任的前提下放弃签订合同。总之,招投标属于交易双方自觉自愿行为,任何机关、团体和个人不得非法干涉、限制和剥夺。

规制招投标行为的法律应切实保障招投标当事人自主招投标权的享有。首先,自主招投标权具体表现为招投标参与人依法独立自主地参与招投标事务,不受任何外来非法干预。其次,对严重侵害招投标自主权的非法行为予以严惩,给予权利受损的招投标参与人救济。再次,为保障自由权的合理实现,应将相关条文内容具体化,增强可操作性。最后,确保招投标法律体系内的法律,包括行政法规、部门规章、地方法规和相关法律解释保障自由价值实现。

一切有权力的人都容易滥用权力,有权力的人往往使用权力直至遇有边界才停止。招投标如果完全依赖市场调节,丧失法律规制,就会受到严重干扰,甚至失败。如果没有法律牵制,占有优势地位的招投标人就可能利用自己的自由权去侵害他人的自由,实施垄断行为或欺压行为,从而损害其他招投标参与人的自由。处于弱势地位的投标人为了自救,则实施串标、欺骗、非法挂靠、行贿等手段,或采取投诉、质疑、诉讼等自救行为。这样,将会导致整个招投标市场参与人深受其害,各自享有的自由权最终都会遭受不同程度的侵犯。

(三)秩序价值

秩序是法的基础价值,法作为强制性社会规范,与秩序有着天然的联系。建构和巩固平稳的社会秩序是法律秩序价值的初衷,践行与维护法律秩序价值的基础前提是秩序守护者自身需要具备法律秩序价值的理念。法律就是秩序,好的法律才有好的秩序。法既有阶级性,又有社会性。维护统治阶级的统治秩序是阶级性。同时,法律是客观规律的反映,因而法律具有社会性,法律是社会公共管理的手段,承担维护社会管理秩序的属性。总体而言,法对秩序的维护作用主要表现在以下四个方面:维护阶级统治秩序、维护权力运行秩序、维护经济秩序、维护社会正常的生活秩序。

招投标行为的依法规制是法维护社会经济秩序价值的鲜明体现。法维护经济秩序方面的价值主要体现于对财产所有权的保护、经济主体资格的适度限制、经济活动的调控和劳动者生存条件的保障四个方面。招投标主要为民事合同行为,但与普通民事行为有较大区别。其一,招投标法律行为中参与主体是不特定多数人,普通民事行为主体为冲突双方。其二,招投标环节较为复杂,环环相扣,普通民事行为过程相对简单,彼此衔接性较弱。

当今,我国招投标市场总体呈现稳定,但不正当竞争问题十分突出。量身招标、虚假应标、倾向评标、故意流标、考察定标、异地中标等违法行为时有发生。我国招投标法必须将建构稳定有序的市场环境作为自己重要使命,特别要对违法行为设置精准的法律责任,让违法者受到应有的惩罚,只有这样,招投标公平竞争才有可能。

(四)效益价值

效益包括经济效益和社会效益。法对效率的促进作用主要表现为确认和保护人权,激发生产者的积极性,推动生产力的发展,确认和保护财产关系和知识产权、创制经济运行最佳模式等方面。法体现了统治阶级意志,同时,任何法都有其社会属性和社会作用,例如,秩序与安全以及效益。对招投标行为实行有效的法律规制,有利于法的效益价值在招投标领域的积极实现。

首先,利于社会效益的提升。一方面,有利于维护社会公平公正,营造诚实守信的社会风尚;另一方面,有利于维护政府公信力。政府采购是招投标市场主力军,依法有序进行招投标采购,有助于采购市场风清气正,增强政府公信力,提升社会效益。

其次,推动竞争,保障市场竞争的充分性,实现市场资源的合理有效配置。招标人通过公共媒体发布招标信息,最大限度地吸引潜在投标人竞标,之后通过全面权衡,从众多投标对象中选择最优投标者,以求自身利益最大化。投标方要在众多竞争者之中竞标成功,必须依赖自身的技术、资金、服务等综合实力。因此,招投标实质是发挥市场建设性作用实行优胜劣汰。招投标市场,多数情形为买方市场,竞争一般仅发生于卖方之间(只有稀缺产品才是卖方市场)。因此,为保证市场健康运行,招投标方及其他参与人应依法公平竞争,招标单位及管理部门应创造条件充分保障这种竞争。

最后,有利于改进生产技术,提高效率。在正常情形下,招投标市场出价最低者为中标人。这将使其他投标人改进生产技术,缩短个别劳动时间,从而带动整个社会生产技术提高。另外,由于投标人中标,为其自身发展提供了资金与效益,促进了企业的良性发展。对招标人而言,则获得了优质的工程、货物或服务。立法实践表明,良法能保障与促进效益价值的有效实现。只有依法科学设置招投标步骤,构建完善的招投标程序,确保招投标的公平竞争,进而提升整个社会效率。

第二节　公 开 招 标

公开招标是政府采购最主要的采购方式,它能够使所有符合资格的供应商都可以参与投标,供应商数量越多,它们之间的竞争就越激烈,政府采购就越能达到最佳的效果。评标是公开招标中最关键的环节,评标过程是否合理,评标方法是否科学,这些都直接关系评标结果的客观公正性和公开招标的实际效果。

一、公开招标概述

公开招标是政府采购的主要采购方式,是指采购人按照法定程序,通过发布招标公告,接收所有潜在的不特定的供应商参加投标。采购人通过招标文件确定的标准,从所有投标单位中择优评选出中标单位,并与之签订政府采购合同的一种采购方式。它是一种有利于买方的不完全信息下的静态博弈,众多投标人同一时间一次性秘密报价,任何虚假的信息在激烈竞争之下都有可能使其丧失交易机会,投标人不得不进行成本核算,充分体现其综合竞争力。公开招标的这种有利于竞争的机制和其招投标程序的科学合理性使其成为政府采购最主要的采购方式。

二、公开招标的特点

(一)公开招标的组织性

招标投标是一种有组织的交易方式,具有组织性特征。主要表现为以下几点。

1. 固定的组织机构

目前,国际机构及世界各国的招标,一般在数额比较大的情况下均委托招标代理机构,进行招标全过程的代理。公开招标的决策过程,是由招标代理机构依据招标人的意志及投标人的报价与其他综合因素,通过专业技术人员组成的专家作出技术评价与商务评价。

2. 固定的场所

招标场所一般在招标机构所在地或招标机构固定的场所进行。招标过程中各阶段进行的开标地点、投标地点、技术咨询等地点,也在招标机构所在地或其规定场所进行。

3. 固定的时间

招标的时间是相对固定的。招标开始的时间与结束的时间、各阶段招标活动开始与结束的时间,除特殊情况外都应按照招标预定的日程进行。

4. 固定的程序与条件

通用的招标程序包括招标、投标、开标、评标、中标和签订合同六个环节。招标的实质是订立合同的过程:采购人发布招标公告、招标文件,对应订立合同的要约邀请;供应商投标,对应订立合同的要约;采购人发出中标通知书,对应订立合同的承诺。招标过程成交的交易条件,一般由招标代理机构事先拟定，投标人按照招标文件规定进行报价投标。违背招标文件规定的投标，则被视为无效投标。

（二）公开招标的公开性、透明性

招标程序的公开性、透明性是指整个采购程序都在公开情况下进行。招标目的是在尽可能大的范围内寻找合乎要求的投标人。招标人要在指定或选定的媒体上公开刊登招标通告，邀请所有潜在的投标人参加投标；提供给供应商的招标文件必须对拟采购的工程、货物或服务做出详细的说明，使供应商有共同的依据来编写投标文件；投标人资格审查标准要事先公布。招标采购的公开性是对投标人最具吸引力的特点。

（三）公开招标的竞争性

招标是一种竞争性的采购程序，招标的竞争性充分体现了现代竞争的平等、信誉、正当和合法等基本原则。采购人通过招标程序，可以最大限度地吸引和扩大投标人的竞争，从而使采购人可能以更合适的价格采购所需的工程、货物或服务，有利于政府采购经济效益目标的实现。

（四）公开招标的公平性、公正性

公平性是招标程序的首要条件。其主要指对各投标人一视同仁，遵守非歧视性原则并维护其各自权益；在追求利润最大化原则下，以群体性、科学性为前提进行择优选定；招标的组织性、公开性和程序固定规范性，是公平竞争的重要保证。招标的公正性原则充分体现于招标的全过程。这主要表现为：招标过程实行公开公证方式；参与组织开标、评标活动的所有人员必须各司其职。

三、招标

（一）采购意向公开

1. 概念和目的

采购意向公开是指采购人在开始政府采购活动前，按照有关规定将采购项目名称、采购需求概况、采购预算等主要采购内容，在指定的媒介上进行公开的行为。

推进采购意向公开是优化政府采购营销环境的重要举措。做好采购意向公开工作有助于提高政府采购透明度,方便供应商提前了解政府采购信息,对于保障各类市场主体平等参与政府采购活动,提升采购绩效,防范抑制腐败具有重要作用。

2. 媒介发布要求

采购人应当在发布资格预审公告或者招标公告前公开招标意向。中央预算单位的招标意向在中国政府采购网公开;地方预算单位的招标意可在省级以上财政部门指定的其他媒体同步公开。

3. 内容要求

采购意向包括政府采购项目名称、采购需求概况、预算金额和预计采购时间等。采购意向应当尽可能清晰完整,便于供应商提前做好采购前的相关准备。采购意向仅作为供应商了解采购人初步招标安排的参考,招标采购项目实际采购需求、预算金额和执行时间以采购人最终发布的招标公告招标文件为准。

4. 时间要求

采购意向公开时间应当尽量提前,原则上不得晚于采购活动开始前 30 日公开采购意向。因预算单位不可预见的原因急需开展的采购项目,可不公开采购意向。

(二)招标文件

1. 招标文件概述

(1)概念

招标文件,是采购人采用招标文件进行采购,向供应商发出并告知采购需求、竞争规则和合同条件等信息的要约邀请文件。

(2)编制原则和要点

①体现采购项目需求和特点

采购人应当认真研究采购需求和采购实施计划,并根据政府采购政策、采购预算科学编制招标文件，充分体现采购项目的需求和特点，采购需求和采购实施计划的内容。

②使用标准文本

采购人应当按照财政部门制定的招标文件标准文本编制招标文件。

③合法合理

招标文件应当依法确定供应商资格条件、实质性要求、评审因素和合同条款等。招标文件的内容不得违反法律、行政法规、强制性标准、政府采购政策，或者违反公开透明、公平竞争、公正和诚实信用原则。

对于不允许偏离的实质性要求和条件，即决定供应商是否通过资格审查、符合性审查的条款，采购人应当在招标文件中规定，并以醒目的方式标明。

(3)招标文件的主要内容

招标文件应当包括采购项目的采购需求、供应商资格条件、实质性要求、评标标准和方法以及拟订立的合同文本等。具体应当包括以下主要内容。

①招标公告(资格后审)/投标邀请书(资格预审、邀请招标)；

②供应商应当提交的资格材料，以及资格审查方法和标准；

③为落实政府采购政策，采购标准需满足的要求以及供应商须提供的材料；

④采购项目预算金额、设定的最高限价；

⑤采购项目的技术规格、数量、服务标准等要求，包括附件、图纸等；

⑥投标有效期；

⑦货物、服务提供的时间、地点、方式；

⑧评标方法、评标标准和投标无效情形；

⑨拟订立的政府采购合同文本；

⑩投标文件编制要求、投标报价要求和投标保证金的提交、退还方式以及不予退还投标保证金的情形；供应商信用信息查询渠道及截止时间、信用信息查询记录和证据留存的具体方式、信用信息的使用规则等；中标供应商向采购代理机构支付采购代理服务费用的，采购代理服务费的具体金额或者计算方法和支付方式；省级以上财政部门规定的其他事项。

（4）招标文件目录

为方便供应商阅读招标文件，充分响应招标文件规定的实质性要求和要件，采购人通常将招标文件应当包括的主要内容进行归纳，一般按照如下的目录展开编制。

①招标公告（资格后审）/投标邀请书（资格预审、邀请招标）；

②供应商须知；

③评标方法和评标标准；

④采购需求；

⑤政府采购合同；

⑥招标文件格式；

⑦附件。

（5）招标终止

除采购项目取消外，采购人不得擅自终止招标。

终止招标的，采购人应当及时在原公告发布媒体上发布终止公告，以书面形式通知相关供应商，将项目实施情况报告本级财政部门。已经收取招标文件费用或者投标保证金的，采购人应当在终止招标后5个工作日内，退还所收取的招标文件费用和投标保证金及其产生的孳息。

2. 招标文件要素

（1）提供招标文件

采购人应当按照投标邀请书或者招标公告规定的方式、时间提供招标文件,提供期限自招标文件开始发出之日起计算不得少于 5 个工作日。

采用电子化招标的,采购人应当向供应商免费提供电子招标文件。暂未实现电子化招标采购的,采购人可以以发售的形式提供招标文件,鼓励采购人向供应商免费提供招标文件。

在实务中,采用资格后审方法的,提供招标文件期限届满后,获取招标文件的供应商不足 3 家的,采购人可以顺延提供期限,并予公告。

(2)政府采购政策

政府采购应当有助于实现国家的经济和社会发展的政策目标,通过制定采购需求标准、预留采购份额、价格评审优惠、优先采购、绿色采购等措施,实现节约能源、保护环境、扶持不发达地区和少数民族地区、促进中小企业发展,支持科技创新等目标。其包括但不限于:采购国货、扶持中小企业发展、保护环境、支持科技创新等。

(3)最高限价

政府采购的最高限价,在招标领域通常也称最高投标限价、招标控制价。

是否设定最高限价是采购人的权利,在开展采购活动前,采购人再次进行价格测算,如果发现市场价格变化较大,较上次价格测算、上报采购预算有一定事实上的降幅,特别是信息技术类等更新迭代较快的产品,采购人通常会设定最高限价。

(4)联合体

①定义

联合体是指两个以上的自然人、法人或者其他组织组成联合体并签订联合体协议,以一个供应商的身份共同参加政府采购活动。

②身份性质

联合体在性质上不属于自然人、法人、其他组织,其是政府采购活动中一种特殊的供应商形式,属于身份特殊的供应商。

对采购人而言，一个联合体就是一个身份特殊的供应商，与联合体中的成员数量无关。联合体成员再多，也只能以一个供应商的身份对外作出意思表示。

③采购人的权利

是否接受联合体投标是采购人的权利。采购人应根据采购项目的实际情况，并结合市场竞争状况调查情况，以及是否需要落实政府采购政策等因素充分考虑，确定是否接受联合体投标，采购人可以对联合体成员的数量提出要求。

对于一个市场主体难以独立完成的大型复杂项目，或者需要由不同行业、不同专业的市场主体强强联合共同完成的特殊项目，采购人一般接受联合体投标。

采购人可以对联合体的数量提出要求。

④采购人权利的边界

采购人是否接受联合体投标应当在资格预审公告或者招标公告中载明，以便市场主体根据采购项目的具体要求和自身能力，决定是否组成联合体投标。如果没有载明，采购人该权利消灭，采购人不得拒绝联合体投标。

采购人不得对联合体成员的所有制形式、组织形式进行限定。例如，要求联合体所有成员的所有制形式是国有企业；要求联合体所有成员的组织形式是法人，均属于以不合理的投机倒把限制或者排斥供应商。

在采购人接受联合体投标的前提下，任何市场主体有权自行决定单独参加投标，或者选择任何其他市场主体一起组成联合体投标。采购人不得为市场主体指定具体的联合体成员；不得强制市场主体组成联合体投标。

⑤联合协议

联合协议通常被称为联合体投标协议或者联合体共同投标协议。

联合体投标协议应当由联合体全部成员法定代表人、主要负责人或者其授权代表签订并加盖公章。联合体投标协议应当包括如下内容:联合体的牵头人和成员名称,牵头人的职责、权利及义务,各成员的专业分工和应当承担的义务。

联合体应当按照资格预审文件或者招标文件提供的联合体投标协议格式签订联合体投标协议。联合体投标协议属于资格预审申请文件或者投标文件的组成部分,联合体应当将联合体投标协议与资格预审申请文件或者投标文件一并提交采购人。否则,该联合体将被认定为不满足资格预审文件或者招标文件规定的资格条件。

需要特别指出的是,采用资格预审办法的,通过资格预审的联合体,仍然需要在其投标文件中附上联合体投标协议。

⑥联合体的资格条件、实质性要求响应的认定和评审因素评审得分判定

联合体中有同类资质的成员按照联合体分工承担相同工作的,应当按照资质等级最低的成员确定资质等级。此即联合体投标协议中承担同一专业工作的成员不止一家的,应按照承担该专业工作的成员中最低资质资格认定联合体在该专业工作的资质及等级,无须考虑不承担该专业工作的联合体成员的资质。

联合体是否响应招标文件规定的实质性要求,以及评审因素评审得分判定按此类推。

联合体投标的,可以由联合体中的一方或者多方共同交纳保证金,其交纳的保证金对联合体各方均具有约束力。

⑦联合体成员投标受限制

为避免市场主体滥用联合体,以多重身份参与投标,导致不公平竞争和串通投标,损害采购人合法权益,法律法规规定联合体各方不得再单独参加或者与其他市场主体另外组成联合体参加同一政府采购活动,否则投标均无效。

⑧联合体组成不得更改

通过资格预审后的联合体不得增减、更换成员，否则，其投标无效。

⑨提出质疑

联合体进行质疑的，如果联合体投标协议书中明确由牵头人向采购人质疑的，牵头人在提交质疑函的同时应附上联合体协议书，以证明质疑函是联合体的真实意思表示；如果没有附上联合体协议书，质疑函应当有全体成员的签字或者盖章。此即联合体进行质疑必须是联合体全部成员，联合体任何成员无权单独进行质疑，因为任何联合体成员均不是质疑供应商，不具备质疑的资格条件。

⑩连带责任

联合体中标后，联合体各方应当共同与采购人签订采购合同，在合同履行中就采购合同约定的事项，对采购人承担连带责任。

(5)现场考察或者标前答疑会

采购人根据采购项目特点，可以邀请已获取招标文件的供应商进行现场考察或者参加开标前答疑会。

①采购人权利

是否组织供应商现场考察或者召开村前答疑会是采购人的权利。现场考察或者开标前答疑会，并不是招标必经程序，是否组织由采购人根据采购项目的特点和需要自行决定。采购人可以组织多次，也可以不组织。如果采购人组织，为提高工作效率，减轻供应商的投标成本，鼓励采购人采用线上方式进行。

②采购人权利的边界

采购人决定组织现场考察或者召开标前答疑会的，应当在招标文件中载明，或者在招标文件提供截止期限后以书面形式通知所有获取招标文件的供应商。

采购人不得组织单个或者部分获取招标文件的供应商进行上述活动，否则将被认定为就同一采购项目向供应商提供有差别的项目信息，属于以不合理的条件对供应商实行差别待遇或者歧视待遇。

采购人不得要求供应商必须参加上述活动,是否参加采购人组织的现场考察或者开标前答疑会是供应商的权利。

(6)投标截止时间

投标截止时间是指供应商按照招标文件要求提交投标文件的截止时间。采购人应当在招标文件中规定投标截止时间。投标截止时间应当为具体的时间点。

采购人设定投标截止时间时,应当先确定供应商编制投标文件所需要的合理时间,法律规定的时间应当予以保证。

投标截止时间是招标文件和投标文件生效,产生法律约束力的时间点。在投标截止时间前,采购人可以对已发出的招标文件进行修改,甚至终止招标,且无须承担任何法律责任;供应商已提交投标文件的,可以撤回、修改投标文件,也可以放弃投标,无须承担任何法律责任。反之,采购人不得修改招标文件,采购人终止招标的,应当承担法律责任;供应商不得修改投标文件,不得撤销投标文件,否则应当承担法律责任。

(7)投标有效期

①定义

投标有效期是指从投标截止时间起,投标文件保持有效、约束力的期限。投标有效期为采购人对供应商发出的要约作出承诺的期限,也是供应商就其提交的投标文件承担相应义务的期限。

②作用

一方面,约束供应商在投标有效期内不能随意更改和撤销投标,否则,供应商应当承担缔约过失责任,采购人可以不退还其提交的投标保证金;另一方面,也约束采购人应当在投标有效期内完成开标、评标、定标(中标)和订立书面合同工作。投标有效期届满,投标文件失去约束力。

③合理设定投标有效期

采购人应当根据采购项目的规律和复杂性，以及开标、评标、中标和订立书面合同等工作所需要的时间，在各环节满足法定和实际必需时间的前提下，合理设定投标有效期。

投标有效期过短，采购人可能无法完成开标、评标、中标和订立书面合同等工作，导致招标失败。投标有效期过长，会提高供应商面临的市场价格波动风险和经营风险，供应商可能会通过提高投标报价转移风险，导致采购人的采购成本提高。

④投标有效期为实质性要求

采购人应当在招标文件中载明投标有效期，投标有效期是招标文件的实质性要求，供应商应当响应。投标文件中承诺的投标有效期应当不少于招标文件中载明的投标有效期，否则，认定投标没有能够实质性响应招标文件要求，投标无效。

⑤投标有效期的延长

在政府采购法体系，对采购人延长投标有效期并没有作出相关规定。

在实务中，在投标有效期届满前，确因采购人特殊情况需要，可以通过书面形式要求供应商延长投标有效期。供应商同意延长投标有效期的，应相应延长投标保证金的有效期。但不得修改其投标文件的实质性内容。供应商拒绝延长投标有效期的，投标文件在原投标有效期届满时失效，供应商届时有权收回投标保证金。招标文件规定对有效投标进行补偿的，拒绝延长投标有效期的供应商也有权获得相应补偿。

(8)对招标文件的澄清或者修改

对招标文件的澄清或者修改，是指在招标文件发出后，由于部分内容存在模糊、遗漏、错误、矛盾，甚至出现违反法律、行政法规、强制性标准、政府采购政策，或者违反公开透明、公平竞争、公正和诚实信用原则等情形，而对招标文件作出的书面补充、澄清或者修改。

(9)投标保证金

①性质

投标保证金是供应商向采购人提供的投标担保,其法律本质是缔约过失责任的承担。

②作用

用于约束和规范供应商的投标行为:一是保证供应商在投标有效期内不得修改或者撤销其投标文件;二是保证供应商在中标后按照招标文件和投标文件与采购人订立书面合同。

③采购人的权利

是否要求供应商提交投标保证金是采购人的权利,采购人可以根据采购项目和市场的实际情况决定是否要求供应商提交投标保证金。

为充分发挥政府采购的政策功能,促进中小企业健康发展,鼓励采购人允许中小企业引入信用担保手段,为中小企业在投标担保等方面提供专业化服务。为优化营商环境,减轻供应商参加政府采购活动的成本,鼓励采购人不要求供应商提交投标保证金。

④采购人的权利边界

投标保证金不得超过采购项目预算金额的20%,采购人设定最高限价的,建议不超过最高限价的2%;采购人应当允许供应商自主选择以支票、汇票、本票或者金融机构、担保机构出具的保函等非现金形式提交投标保证金;采购人应当在招标文件中明确投标保证金的银行同期存款利息计算办法,以及退还的时间、程序和方法,不予退还的情形等;采购人不得为供应商指定特定的金融机构、担保机构出具投标保证金。

⑤投标保证金的有效期

投标保证金的有效期应当与投标有效期一致。如果采购人要求延长投标有效期,供应商同意延长的,其投标保证金有效期也相应延长。

⑥投标保证金的提交

投标保证金是投标文件的组成部分,所以采购人收取投标保证金的到账截止时间应当与投标截止时间一致。此即采购人不得要求供应商在投标截止时间前提交投标保证金。

投标联合体应当按照招标文件的规定提交投标保证金，无论以联合体各方共同提交或者以联合体一方名义单独提交的投标保证金，均对联合体各方具有约束力。

⑦供应商的义务

供应商应当按照招标文件规定的金额、形式和时间提交投标保证金，否则，其投标无效。

⑧投标保证金的退还

在投标截止时间前供应商撤回投标文件的，采购人应当自收到供应商书面撤回通知之日起 5 个工作日内，退还已收取的投标保证金。

采购人应当自中标通知书发出之日起 5 个工作日内退还没有中标供应商的投标保证金，自政府采购合同订立之日起 5 个工作日内退还中标供应商的投标保证金。

在招标过程中废标或者招标终止的，采购人应当自确定废标之日起 5 个工作日内退还已收取的投标保证金。招标终止的，采购人还应当退还其在银行产生的孳息。

采购人逾期退还投标保证金的，除应当退还投标保证金本金外，还应当按照中国人民银行同期贷款基准利率上浮 20% 后的利率支付超期资金占用率。

⑨不予退还投标保证金

采购人可以在招标文件中规定不予退还投标保证金的情形。第一，在投标截止时间后供应商撤销投标文件的；第二，中标供应商无正当理由不与采购人订立书面合同的，或者在订立书面合同时向采购人提出附加条件，或者不按照招标文件要求提交履约保证金的；三是被认定为存在串通投标、弄虚作假投标、以他人名义投标等违法行为的。

(10)技术标准规范

技术标准规范包括:国际技术标准、国家技术标准、行业技术标准和采购人自行制定的技术标准四类。前三类是公开发布的,可以从相关网站和出版物查询,因此,在使用标准规范时采购人在招标文件中说明技术标准规范的名称、编号和颁布时间等信息即可。采购人如果采用自行制定的技术标准规范,则需要在招标文件中提供技术标准规范的各项具体内容。

技术参数按照采购需求可以分为必须满足的参数和允许偏离的参数两种。必须满足的参数是指该参数对于采购项目具有决定性意义,对于该参数的任何偏离都将影响采购项目的效果。在实务中,必须满足的参数也称为关键参数、重要参数、实质性参数、实质性条款、实质性指标,也可称为“星号条款”。

允许偏离的参数是指该参数对于采购项目不具有决定性意义,一定程度的偏离不会对采购项目造成大的影响的参数。

(11)投标样品

采购人一般不得要求供应商提供样品,仅凭书面方式不能准确描述采购需求或者需要对样品进行主观判断以确认是否满足采购需求等特殊情况的除外。

需要对样品进行主观判断的,通常采购人或者评标委员会的主观感官判断成分较大或者较为重要,这类标的的技术要求无法通过书面方式准确描述。

采购人要求供应商提供样品的,应当在招标文件规定样品制作、样品评审的要求和标准。需要随样品提交相关检测报告的,还应当在招标文件中规定对检测机构的要求、检测内容等。采购人不得为供应商指定特定的检测机构。检测和提供检测报告需要花费较长时间的,采购人应当考虑预留必要时间。

采购人要求供应商提供样品的,应当考虑给予供应商适当的样品制作费或者合理补偿,可以包含在供应商投标报价内。

采购人应当按照招标文件规定对中标供应商提供的样品进行保管、封存,并作为履约验收的参考。采购人应当自中标通知书发出之日起5个工作日内退还没有中标供应商提供的样品。

(12)相同品牌产品投标

提供相同品牌产品的不同供应商参加同一合同项下投标的,按一家供应商计算。

在提供相同品牌产品的不同供应商中,以通过资格审查、符合性审查且报价最低或者评审得分最高的供应商获得中标人候选人推荐资格,最低报价或者最高评审得分相同的,由评标委员会按照招标文件规定的方法确定。

非单一产品采购项目,采购人应当根据采购项目技术构成、产品价格比重等合理确定核心产品,并在招标文件中载明。

(13)投标文件签署

采购人要求供应商在投标文件上盖章或者签字,目的是证明投标文件是该供应商编制提交的,其内容具体确定,对该供应商有法律约束力,如果其中标,采购人将向其发出中标通知书。

采购人要求供应商签署投标文件,应当从鼓励交易的角度出发,通常要求在开标一览表、投标函、承诺函和声明函等投标文件最重要部分盖章或者(和)签字即可,不应该泛化到投标文件的各个部分。采购人不得要求投标文件应由供应商的法定代表人、主要负责人或者其授权的代理人逐页签署。

如果投标文件没有盖章和签字,或者供应商没有按照招标文件的要求签署投标文件的,投标无效。

采用电子招标的,鼓励采购人仅要求供应商使用CA数字证书在投标文件封面加盖供应商单位电子印章即可。如果是联合体投标,投标文件封面中供应商落款处需要填写联合体所有成员的名称,投标文件封面仅需要由联合体牵头人使用CA数字证书加盖牵头人单位电子印章即可。

(14)拒收投标文件

从充分竞争的角度看,采购人应当鼓励更多的供应商提交投标文件参与竞争,但为了维护公平竞争和提高效率,法律法规赋予采购人拒收符合以下三种情形的投标文件的权利。

①没有通过资格预审的供应商提交的投标文件

没通过资格预审的供应商不具备投标资格。没有通过资格预审的供应商包括两种情形:一是参加资格预审没有通过;二是没有参加资格预审。

②没有按照招标文件要求密封的投标文件

为了防止供应商招标报价等投标文件信息泄露,保护采购人和供应商的合法权益,采购人应当在招标文件中要求供应商按照规定对投标文件进行密封。

在保证密封的前提下,招标文件对投标文件的密封要求应当尽量简化,不适宜过于烦琐严格,不适宜增加供应商的投标成本。如果采用电子投标的,供应商应当使用CA数字证书进行加密。

③被逾期送达的投标文件

逾期送达是供应商没有在招标文件规定的时间前将投标文件送到指定的地点并且成功提交,送达的时间已超过投标截止时间。

(15)评标方法

政府采购招标评标方法分为最低评标方法和综合评分法。

①最低评标方法是将价格作为评标时考虑的唯一重要因素,在所有满足招标文件要求的同时又低于预算价的招标人中,以报价最低的投标人作为中标人。如果评标委员会一致认为最低投标价或某些分项报价明显不合理,有降低质量、不能诚信履约的可能,评标委员会有权通知投标人限期作出相应解释。如果投标人没有在规定期限内做出解

释,或所出的解释不合理,评标委员会可以确定该投标人不能中标。评标委员会可以将第二个最低投标价的投标人作为最低的投标。如第二个投标人有上述情况,则以此类推。

在采取最低评标方法时,投标价不能低于成本。这里的成本是指投标人自己的个别成本,而不是社会平均成本。由于投标人技术和管理方面的原因,其个别成本可能低于社会平均成本。投标人以低于社会平均成本但不会低于其个别成本的价格时,是应该受到保护的行为。如果投标人价格低于自己的个别成本,则有可能投标人中标后,为了节约开支,从而偷工减料、粗制滥造,给招标人造成巨大的损失。如果投标人以排挤其他竞争对手为目的,以低于个别成本的价格投标,则构成低价倾销的不正当竞争行为,违反《价格法》和《反不正当竞争法》的相关规定,投标人不得中标。

在一般情况下,招标人采购简单的商品、设备、原材料、或性能、质量相同或比较容易进行比较的货物时,价格可以作为评时的唯一考虑因素,在这种情况下,投标报价最低的投标人中标。如果是较为复杂的项目,或者招标人招标时考虑的不是价格而是投标人的个人技术和专门知识及能力,那么就应该用综合评分法。

②综合评分法是按照招标文件规定的评标标准,就供应商投标的价格、技术和商务部分进行量化赋分,在满足招标文件全部实质性要求的情况下,评审得分最高的投标人为排名第一中标候选人的评标方法。

技术复杂、专业性强的采购项目,以及实行双信封投标的采购项目,应当采用综合评分法。

(16)串通投标

①视为串通投标的情形。

串通投标隐蔽性强,认定难。为提高采购工作效率,有效遏制串通投标行为,在资格审查或者评标时发现供应商存在下列情形之一的,视为供应商串通投标,其投标行为无效。

其一,不同供应商的投标文件由同一单位或者个人编制。

其二,不同供应商委托同一单位或者个人办理投标事宜。

其三,不同供应商的投标文件载明的项目管理成员或者联系人为同一人。

其四,不同供应商的投标文件异常一致或者投标报价呈规律性差异。

其五,不同供应商的投标文件相互混装。

其六,不同供应商的投标保证金从同一单位或者个人的账户转出。

②视为一种将具有不同客观外在表现的形象等同视之的立法技术,是法律上的拟制。

其一,采购人应当在招标文件中载明。

其二,采购人可以在招标文件中对每一项视为串通投标的客观外在表现进行细化,客观外在表现与上述规定情形相似、相当的,可以视为串通投标。采购人不得在招标文件中新增视为串通投标的其他情形。

其三,在资格审查或者评标时,一旦发现供应商存在上述情形,采购人或者评标委员会不需要也不允许供应商进行澄清、说明,直接视为串通投标、投标无效。

其四,视为串通投标的法律后果,仅限于投标无效,其法律后果不能等同于恶意串通投标。此即采购人不得以供应商被视为串通投标而不予退还其已提交的投标保证金;财政部门不得以视为串通投标对供应商直接作出行政处罚。

其五,采购项目出现供应商视为串通投标情况的,采购人应当以书面形式报告财政部门,财政部门应将此类情况列入监督检查工作的重点。

(17)异常低价投标

供应商恶意低价投标的行为严重扰乱政府采购秩序,损害采购人合法权益，为遏制这种行为，《政府采购货物和服务招标投标管理办法》（财政部令第 87 号）规定，评标委员会认为供应商的报价明显低于其他通过符合性审查供应商的报价，有可能影响产品质量或者不能诚信履约的，应当要求其在评标现场合理的时间内提供书面说明，必要时提交相关证明材料；供应商不能证明其报价合理性的，评标委员会应当将其作为无效投标处理。

（18）价格评审优惠

①定义

价格评审优惠是对符合条件供应商的投标报价给予价格优惠，以价格优惠后的评标价参加评标。

②常见情形的价格评审优惠

经主管预算单位统筹后未预留份额专门面向中小企业采购的采购项目，以及预留份额项目中的非预留部分采购包，按照《政府采购促进中小企业发展管理办法》和《关于进一步加大政府采购支持中小企业力度的通知》的规定，采购人应当对符合条件的供应商给予价格评审优惠。

③其他情形的价格评审优惠

政府采购节能产品、环境标志产品实施品目清单管理。采购的产品如果属于《节能产品政府采购品目清单》《环境标志产品政府采购品目清单》范围中优先采购产品的，在实务中通常设为加分项，采购人也可以在招标文件中规定对提供优先采购产品的供应商的投标报价予以一定的价格评审优惠。

为了支持创新发展，采购人可以在招标文件中规定优先采购被认定为首台套产品和“制造精品”的自主创新产品，对于符合规定的供应商予以价格评审优惠。

（19）履约保证金

①履约保证金的性质及作用

履约保证金是中标供应商向采购人提供的用于保障、约束其履行政府采购合同义务的担保。

中标供应商不履行政府采购合同义务，给采购人造成经济损失的，采购人按照政府采购合同约定扣除全部或者部分履约保证金，或者由担保人承担担保责任。履约保证金制度对于预防和遏制弄虚作假行为和恶意低价投标的恶性竞争，防范政府采购合同履行风险，保护采购人的合法权益，具有积极作用。

②采购人的权利

是否要求中标供应商提交履约保证金是采购人的权利。为优化营商环境，减轻中标供应商履行政府采购合同的成本，鼓励采购人不要求中标供应商提交履约保证金，采用信用担保。

③采购人权利边界

采购人应当在政府采购合同中约定履约保证金退还的方式、时间、条件和不予退还的情形，明确逾期退还履约金的违约责任。

履约保证金的数额不超过政府采购合同金额的10%。采购人应当允许供应商自主选择以支票、汇票、本票或者金融机构、担保机构出具的保函等非现金形式提交履约保证金。

采购人不得为中标供应商指定特定的金融机构、担保机构出具履约保证金；采购人不得将履约保证金挪作他用。

④时间要求

履约保证金作为订立书面合同的条件，应当在订立政府采购合同前提交。履约保证金的有效期自政府采购书面合同订立之日起至合同约定的中标供应商主要义务履行完毕时止。

中标供应商将政府采购合同约定的主要义务履行完毕，采购人应当按照政府采购合同约定及时退还履约保证金。履约保证金是担保形式的，保函自动失效。

⑤中标供应商的义务

中标供应商应当按照招标文件的规定，在订立政府采购合同前，向采购人提交履约保证金,否则取消其中标资格,投标保证金不予退还。

(20)采购代理服务费

采购代理服务费是指采购代理机构受采购人委托办理政府采购事宜所收取的费用。按照“谁委托,谁付费”的原则,采购代理机构完成委托事务的,采购人应当按照约定向其支付采购代理服务费,采购代理服务费实行市场调节价,由双方协商确定。

采购人和采购代理机构可以订立“由第三人履行的合同”,即在委托合同或代理协议中约定采购代理服务费由中标供应商支付。但中标供应商作为“第三人”不因该合同的订立而负给付义务,“由第三人履行的合同”只能在合同当事人之间有其相应效力,中标供应商并非该合同当事人,不能因此直接负担义务。相应地,采购代理机构不享有直接对中标供应商的履行请求权,这需要通过另一合同关系,即采购人与中标供应商之间缔约的“向第三人履行的合同”实现。

(21)双信封投标法

双信封投标是招标文件规定按两部分编制和提交投标文件的方式,采购人根据采购项目需求和优质优价等要求,在招标文件中要求供应商提交商务技术文件与投标报价的双信封式投标文件。

双信封投标是一种特殊的综合评分法。其类似“有限数量制”的资格后审办法,供应商将投标报价和商务技术文件分别装订密封在两个不同的投标文件信封中,并在投标截止时间前同时提交。开标和评标分两步进行:第一步,采购人首先对商务技术文件开标,采购人进行资格审查,评标委员会完成商务技术文件评审,选定一定数量的合格供应商进入下一环节;第二步,采购人再组织对进入第二阶段的供应商投标报价的开标和评标。

双信封投标程序相对复杂,时间较长,一般适合技术复杂、专业性强的采购项目。我国政府采购法律法规没有对双信封投标做出明确规定,建议采购人在实务过程中慎重使用。

四、公开招标在实践中存在的主要问题及解决办法

(一)公开招标中信息不对称问题

在公开招标过程中,作为采购人的政府不可能对全部供应商进行了解,存在采购人与供应商之间的信息不对称,这将影响对供应商的资格审查和后期中标后的合同履行。

政府采购制度实施后,一方面,政府必须及时将采购的全部信息公布于众,让所有感兴趣的供应商都参与采购,政府的信息不存在信息不对称问题;另一方面,尽管制定了资格预审制度,但政府对供应商的部分信息仍然不能全部掌握。因此,在政府采购过程中,信息表现为单项不对称。在这种情况下,政府必须设计出一套制度让供应商讲真话。公开招标的机制就解决了这一问题。其中,密封投标的做法,为了避免自己被淘汰,使供应商不能把价格报的太高,同时为了避免亏损,又不能把价格报的太低。

然而,即使公开招标能够解决信息不对称问题,也只能让供应商在报价方面能够讲真话,至于供应商其他方面的综合信息,采购人仍然比较难以获得,而这些信息又是非常重要的。在公开招标过程中,采购人不能只关注合理的价格或最低的价格,最重要的还是要关注供应商的财务、业绩、注册资金、参保人数、股权架构等信息,如果对供应商这些方面的信息不了解,就有可能选出的成交供应商不能正常履约,不能达到预期的采购效果。

1. 公开招标中信息不对称的几种情形

在公开招标中,由于现实情况的复杂性,采购人不可能掌握全部信息,即使实行了供应商的资格预审制度,供应商的部分信息采购人依然难以掌握。在公开招标中,信息的不对称主要表现如下。

(1)政府部门内部的信息不对称

具体包括需求单位与政府采购管理部门之间以及各地政府采购管

理部门之间的信息不对称。例如,同一时间内采购一台相同型号的空调冷水机组,不同采购人会因为信息不对称,最后支付供应商不同的合同价格。

(2)政府采购部门与供应商之间的信息不对称

采购人对供应商的部分私有信息不了解,是当前采购制度中存在的最主要的信息不对称。如果采购人对供应商非常了解,就不存在与不诚信的供应商签订合同的行为。

在政府采购过程中,采购人由于自身的局限性,无法对所有参与投标的供应商都非常了解。或者由于自身条件所限制,没有能力对供应商的所有情况都进行调查了解,或者因为供应商采取措施故意隐瞒其有关信息,致使采购人无法了解到这些重要的信息。

2. 如何消除信息不对称对公开招标的影响

采购人要想通过公开招标获得物美价廉的工程、货物或服务,真正发挥公开招标采购方式的优越性,就要消除信息不对称对公开招标的影响。

(1)建立政府部门之间的信息共享机制

政府采购中的采购人、采购中心、采购管理部门同属于政府采购中的代表政府一方,应进一步加强信息之间的交流。作为采购人,应该将不履行合同义务的供应商及时报告给采购管理部门。采购管理部门对违约的供应商应及时调查,并作出处理,避免损失的进一步扩大。

(2)加大对供应商的资格审查力度

采购人主要通过资格审查了解供应商的信息,以达到降低信息不对称的风险。采购人要严格按照《政府采购法》相关规定对供应商的资格进行审查,对供应商的财务、业绩、资金、技术和内部管理进行全面综合评定。在签订合同前,可以对供应商的履约资格进一步复审,进一步确定供应商履行合同的能力。

(二)高价围标和低价抢标问题

1. 高价围标含义

高价围标也称串通投标,指一些投标人在投标前暗中达成协议,以高价投标,并保证互不竞争,迫使招标人以较高的价格达成交易。其做法是所有投标人商议确定一个投标高价,并推举其中某甲投标公司以该价格投标。其他投标人则按约定投报更高的价格,即所谓“陪标”。开标后,甲公司价格相对较低而获得合同。

高价围标的另一做法是,在使用上述方法的基础上,再添一个“护标”人乙报出一个极低的价格,使其开标后成为最低标。乙中标后以价格算错等理由不接受合同,迫使招标人将合同转授次低标的甲公司。甲得到合同后,按照协议或给予高价围标的陪标人、护标人好处费,或将合同分包给陪标人,分享利益。

高价围标使得卖主之间的激烈竞争不能发挥作用。招标人不能以低价进行采购,相反,其采购成本还可能高于其他采购方式。招标机构开标后发现这一问题,唯一的处理方法是宣布废标。而重新招标不仅费用大,还可能遇到更高价围标。在急需得到货物或等待开工的情况下,招标人只好以高价买进,使公开招标无法实现其目的。高价围标极大地损害了采购人的利益。

2. 高价围标的防范措施

避免高价围标的措施如下。

(1)细致审查投标供应商

在一般情况下,投标的供应商分散范围越少,越容易造成围标机会。例如,当采购的货物或工程要求的技术条件或规格特殊,仅有两三家投标公司有意参加竞争,或者能够生产或承包的公司仅集中在某一国家、地区,投标商就会设法组成联盟。出现这种情况时,招标人首先要对招标项目的潜在供货商的数量和分散的范围进行全面了解。如果数量少且过分集中在一个地方,就用常规方式采购。其次,在招标开始后发现高价围标时，应及时采取措施抵制，有效地破坏围标联盟。

（2）招标规则、条款应具有普遍适应性

如果招标项目潜在投标人的数量和分散的范围很大，响应供应商很少或集中在某个区域，究其原因可能是招标规则有问题。例如，招标文件对投标人资格规定过于苛刻，招标项目的规格仅以某个厂家或某一区域的规格为样本制定，符合招标人要求的供应商不满足三家，此时高价围标将成必然。所以，招标文件的制定应规范，对投标人能力的要求要有普遍性，使有条件的供应商敢于响应招标文件；招标项目规格制定要标准化和规范化，使潜在的投标人保持在三家以上，从而有效地防止个别供应商对投标价格的垄断。

（3）避免紧急招标采购

紧急招标采购使采购人及时获得所需要的工程、货物或服务，但容易造成高价围标。原因如：第一，招标公告时间短，供应商没有充分时间准备投标，参加投标的人数过少，无法形成相互竞争的局面；第二，投标人利用紧急招标进行高价围标。因此，公开招标采购时，应尽量将公告时间延续至一个较为合理的阶段。

（4）坚持保密原则

开标前对投标人名单、报价和评标过程等的保密十分重要。对投标人名单和其报价保密，是为了防止投标人之间相互串通；对评标过程保密，可预防投标人针对评标情况采取新的围标手段。

3. 低价抢标的含义

低价抢标是指供货商以不正常的低价投标，谋取采购合同。低价抢标是一种不正常的竞争手段。高价围标对招标人造成巨大威胁，低价抢标同样也会严重影响公开招标的效果。极低的投标价格似乎可以使招标人节约大量采购成本。事实上，企业有自己的运行规则，讲究投入产出，靠盈利生存发展。低价抢标人以极低的报价中标后，招标人的利益常常就会被低价抢标人用偷工减料、以次充好、延迟交工或交货等方法损害。由于公开招标采购量大，招标人在发现上述情况时，不论是另行采购，还是诉诸法律要求索赔，都会造成难以弥补的损失。

4. 低价抢标的防范措施

要成功防范公开招标中低价抢标的情况发生，需要做好下面的工作。

(1)加强资格预审，提高投标人素质

有效预防低价抢标的办法之一是做好供应商的资格审查。部分供应商或生产企业在投标时可能面临开工不足、资金缺乏的情况。这类投标人在报价时不顾项目成本，以极低的价格签订中标合同。采购人与其签订合同后，成交供应商有可能因生产能力不足或破产致使合同无法履行，造成公开招标采购失败。因此，要通过严格的审查制度掌握投标人的真实能力。

(2)明确细化标准，严格评标制度

部分投标人在报价上名义是低价，他们往往在标书的其他条件，特别是质量规格条件上打折扣，或者利用招标人编制标书时的疏忽，有意漏掉一些项目，造成低价的假象。如果招标机构不能全面综合评审标书，就可能只看到表面上的低价，使低劣产品的供应商占上风。

为防止这种情况，招标人应尤其重视品质规格确定的方法，严防招标条件规定的疏漏。若标书发出后发现问题，应及时通知更正。严格评标制度是各项招标条件真正得以执行的保证。评标时不但要审查价格，而且要审查其他投标条件。

(3)定好标底价格，尽量使之精确

标底价格应准确，应能表现买方所需项目的质量水平。标底价如定得过高，易受高价围标；如果过低，就无法用合理的价格水平衡量出不合理的低价，使多数正常竞争的投标人在以价格条件为主的第一轮评标中遭到筛除，而留下个别低价抢标人扰乱招标活动的进行。招标人不可忽视标底价格的确定，应通过专业化的调查、计算，使之比较精确和合理。

（三）评标过程中出现的问题

评标过程是最关键环节。由于公开招标评审专家实际评标能力不强或是实际工作经验不丰富，评标过程不规范以及评标过程中采用的评标方法不科学、不合理等主观或客观方面的原因，都会使评标过程出现不同程度的问题，主要表现如下。

1. 评审专家评审能力不强的问题

在实际工作中，部分招标人为了提高招标采购活动的评审效果，满足其特定的目的和需要，在聘请评审专家时，往往考虑专家的一些特殊身份和地位，很少考虑他们对招标采购项目的实际评审能力，使公开招标采购活动的评审工作失去了目的性、严肃性和客观公正性。例如，部分招标人为了扩大招标采购社会影响力，聘请缺乏评审能力的行政公务人员作为评审专家；有些地方为显示招标采购工作清正廉洁，聘请部分非本专业的纪检人员作为评审专家。

2. 制定的评标标准和评标办法不公正、不规范

部分招标人在制定评标标准和评标办法时，在评标标准和办法中设置不合理条款，在采取“打分法”评标中，分值设定不清晰，弹性较大。

3. 评标方法主观性太强，难以量化

评标方法主要是由评审专家对投标人的标书进行评议，靠的是专家的专业技术和工作经验。评审专家对被评定的标书做出定性的分析主要集中于投标报价最低的供应商上，即使综合考虑供应商的其他各个方面指标，也难以用定量的方法做出科学的评价，使评标过程过于主观化、定性化，很难对投标人做出公正合理的评价，也难以评选出真正合乎条件的供应商，使公开招标无法达到最佳的效果。

4. 招标代理机构业务素质水平参次不齐

招标代理机构的职业性质和从业人员的业务素质的高低是评标过程公正与否的保证。招标工作人员的工作方法、业务水平、提出问题和

解决问题的能力因人而异,但不能因与投标人有亲近关系而避重就轻,回避关键问题,人为地影响评标结果,也不能人为主观地小题大做,故意难为投标人或有失公平地否定投标人。

(四)评审过程中的制度完善

招投标制度最初建立目的是通过这一竞争方式促进市场资源的合理配置。竞争有公平与非公平之分,公平竞争在招投标市场能否充分实现,完善的招投标制度十分关键。我们必须坚持以习近平新时代中国特色社会主义思想为指导,以党的二十大精神作指引,落实中共中央、国务院《关于建设全国统一大市场的意见》的指示精神,严格遵循国家对“放管服”改革和优化营商环境的政策要求。同时,对招投标具体制度修改时,要紧密围绕“公平”与“竞争”两方面着力,既要确保招投标的充分竞争性,又要保障竞争的公平性。

第三节　投　　标

投标是指供应商按照招标文件规定的资格条件、实质性要求和合同条件等要求,编制投标文件并在投标截止时间前提交采购人以参与竞争的行为。

一、编制投标文件

投标文件是反映供应商技术、经济、商务等方面实力和对招标文件响应程度的重要文件,是采购人、评标委员会评价供应商的重要依据,也是决定投标成败的关键。

二、提交投标文件

供应商应当在投标截止时间前,将投标文件密封送达投标地点或者加密后传输提交到招标文件要求的电子招标投标交易系统。采购人或者电子招投标系统在收到投标文件后，应当如实记载投标文件的送达时间和密封或者加密情况，签收保存，并向供应商出具签收回执。任何组织和个人不得在开标前开启或者解密投标文件。

没有通过资格预审的供应商提交的投标文件，以及逾期送达或者没有按照招标文件要求密封或者加密的投标文件，采购人或者电子招标投标交易系统应当拒收并提示。

三、撤回与撤销投标文件

（一）撤回投标文件

在投标截止时间前，供应商有权以书面形式通知采购人撤回已提交的投标文件。撤回投标文件的供应商可以选择不再参加投标竞争，也可以对投标文件进行补充、修改后再次提交参与投标竞争。

（二）撤销投标文件

在投标截止时间后，投标文件已生效，对供应商有约束力，供应商不得撤销投标文件。供应商撤销投标文件的，投标文件失效，失去中标资格，采购人可以不予退还其已提交的投标保证金，还可以拒绝其参加该采购项目重新开展的采购活动。

（三）撤回与撤销的区别

（1）投标文件的撤回发生在投标截止时间之前；投标文件的撤销发生在投标截止时间之后。

（2）投标文件的撤回是使一个还没有发生、将要发生法律效力的投标文件不发生法律效力；投标文件的撤销是使一个已经发生法律效力的投标文件失去法律效力。

（3）供应商撤回投标文件，无须承担投标保证金不被退还的风险；撤销投标文件，供应商承担投标保证金不被退还的风险。

四、供应商投标禁止性行为

供应商应当遵循公平竞争的原则,不得存在招标文件规定的限制性情形,不得存在如下行为:

(1)恶意串通投标;

(2)采取不正当手段诋毁、排挤其他供应商,妨碍其他供应商的竞争行为;

(3)以他人名义投标;

(4)弄虚作假或者提供假冒伪劣产品;

(5)向采购人或者评标委员会行贿或者提供其他不正当利益;

(6)捏造事实、提供虚假材料或者以非法手段取得证明材料提出质疑或者提起投诉;

(7)损害采购人或者其他供应商的合法权益;

(8)法律法规或者招标文件规定的其他禁止性行为。

第四节　开　　标

开标是招标活动的必经程度,是招标采购活动遵循公开透明原则的体现,是确保供应商提交的投标文件与采购人资格审查、评标委员会评审的投标文件是同一份文件的重要环节。开标环节加强了采购人与供应商之间,以及供应商与供应商之间的监督。

一、开标准备

开标准备是指开标前采购人为依法开标而准备的前期工作,通常包括接收或者拒收投标文件、确认已成功提交投标文件的供应商数量、布置开标现场和相关人员到位等。

(一)接收投标文件

1. 供应商应当按照招标文件要求的方式提交投标文件

招标文件要求提交纸质版投标文件的,供应商提交投标文件的方式可以是直接送达,即供应商派授权代表按照规定的时间和地点直接将投标文件送达。除招标文件载明不接受邮寄方式提交以外,供应商可以采用邮寄方式提交投标文件,但应谨慎使用。

采用电子招标的,供应商使用 CA 数字证书对投标文件进行加密后,登录招标文件载明的电子招标投标交易系统,使用 CA 数字证书上传已加密的投标文件。

2. 接收投标文件的过程要求

供应商采用直接送达方式提交投标文件的,采购人应当安排专人在招标文件指定地点接收投标文件,并详细记录投标文件送达人、送达时间、份数、包装密封、标识等查验情况,经供应商确认后,向其出具接收投标文件的凭证。

投标文件存在招标文件规定拒收情形之一的,采购人或者电子招标投标交易系统应当予以拒收。

在保证达到密封目的的前提下,采购人应接受密封细微偏差的投标文件。投标文件没有按招标文件要求密封的,在投标截止时间前,采购人应当允许供应商自行更正补救。

在投标截止时间前,供应商书面通知采购人撤回其已提交的投标文件的,采购人应当核实撤回投标书面通知的真实性。

(二)确认供应商数量

在投标截止后,采购人应当确认成功提交投标文件的供应商数量。供应商少于 3 家的,不得开标,采购人或者电子招标投标交易系统应将接收的投标文件原封退回供应商。

(三)其他准备工作

采购人应当将在投标截止时间前接收的所有投标文件等运送至开

标地点。采购人应当提前布置好开标会议室,准备好开标需要的录音、录像设备等。采购人应当准备好开标资料和相关国家法律法规汇编、招标文件等以备必要时使用。

采购人应当通知与开标会议有关的工作人员按时到达开标现场,包括主持人、开标人、唱标人、记录人等。

采用电子招标的,采购人应当保证电力供应、通信网络、交易系统服务器和数据库等正常运行。

二、开标程序

(一)纸质招标开标程序

1. 宣布开标纪律

主持人宣布开标纪律,对参与开标会议的人员提出在开标过程中不得喧哗,将通信工具调整到静音状态,按规定的方式提问等。

2. 宣布有关人员姓名

主持人介绍采购人代表,依次宣布开标人、唱标人、记录人、监标人(如有)等有关人员。

3. 公布在投标截止时间前接收投标文件的情况

采购人当场公布投标截止时间前提交投标文件的供应商名称、标包、提交时间以及供应商抽回投标文件等情况。

4. 检查投标文件的密封情况

供应商检查各自提交的投标文件密封状况是否与投标文件接收时的密封状况一致,确认是否存在被提前开启的情况。确认已经被提前开启的,供应商有权要求责任人赔偿损失。

在密封检查前,采购人应当当场核验参加开标会议的供应商授权代表的授权委托书和有效身份证件。

5. 宣布投标文件开标顺序

主持人宣布开标顺序。采购人一般应在招标文件中事先规定开标顺序。例如,规定按照"先到后开、后到先开"的顺序进行开标,或者规定按照"供应商提交投标文件的顺序"进行开标。

6. 公布标底

采购项目设有标底的,采购人应当在开标时公布标底。

7. 唱标

唱标人应当根据招标文件规定的内容和要求进行唱标,宣读供应商名称、投标报价和招标文件规定的需要宣布的其他内容。在投标截止时间前收到的所有投标文件,在开标时都应当当众予以拆封、宣读、没有经开标唱标公布的投标文件不得进入下一环节。

唱标人唱标时,重要的内容宜宣读两遍,以便记录人、供应商记录。在投标截止时间前撤回投标文件的,应宣读其撤回投标文件的书面通知。

8. 确认开标记录

开标会议应当做好书面记录和录音录像。开标工作人员应认真核验并如实记录招标文件的密封检查、投标报价、投标保证金等开标、唱标情况,以及开标时间、地点、程序信息。采购人代表、唱标人、记录人、监标人(若有)、供应商代表等应在开标记录上签字确认。

9. 开标结束

开标程序完成后,主持人宣布开标结束。

(二)电子招标开标程序

第一,系统进入倒计时,电子招标投标交易系统自动提醒已成功上传(提交)投标文件的供应商参加开标,到达开标时间时,电子招标投标交易系统公布开标时间到,并进行开标。

第二,电子招标投标交易平台自动提取所有投标文件,公布在投标截止时间前成功上传(提交)投标文件的供应商名称和数量。

第三,按照招标文件规定的解密方式,由供应商使用CA数字证书或者采购人使用公钥集中对已加密的投标文件进行解密。

第四，在解密完成后，电子招标投标交易系统统计已解密投标文件的供应商数量，如果已解密的投标文件（供应商数量）不足 3 家，除采取招标文件规定的补救措施之外，电子招标投标交易系统应当宣布因已解密投标文件的供应商不足 3 家而予以废标，不得公布已解密投标文件的供应商名称、投标报价等内容，即不再继续开标，所有投标文件原路退还供应商。反之，公布所有已解密投标文件的供应商名称、投标报价和招标文件规定的应当公布的其他内容。

第五，已解密并公开的供应商使用 CA 数字证书加盖单位电子印章确认自身开标记录，同时，电子招标投标交易系统生成采购项目的开标记录。

第六，电子招标投标交易系统宣布开标结束。

第五节 评 标

一、评标的含义

评标是指在政府采购招投标工作中由招标人组织法定的临时机构，依据采购文件要求的评标标准和方法，对供应商的投标材料实施整体评标与对比，并向招标人推荐中标候选供应商或提出确定中标人的法定流程。

二、评标的程序及其基本原则

（一）评标工作程序

1. 评委熟悉评标标准

评审委员会成员按照《评标委员会和评标方法暂行规定》第 17 条的规定，制定评标工作所需要的各种材料，仔细阅读招标文件，并理解熟知几方面规定：招标目标；招标项目的范围和性质；招标材料要求的相关资格条件、专业指标等；文件中明确要求的评标标准和评标方法等多方面。

2. 投标文件初审

（1）资格性审查。评标委员会严格按照相关法律的要求，针对供应商提供材料的资格条件、投标保函等各项因素实施审查，进一步明确投标人所应体现的资格条件。

（2）符合性审查。按照招标材料的要求，审查供应商提交材料的准确性以及对招标文件所起的作用，从而明确投标材料对招标文件的实质性规定影响程度。当供应商的提交文件存在需要提交但没有给保证金；没有严格根据采购文件的说明封闭、签字等；投标文件本身不符合相应文件要求的资格条件；未满足招投标法规及相关法律规定的其他实质性要求。只要供应商材料满足以上情形，原则上就应当将投标文件判定为没有响应的投标结果。

3. 澄清有关问题

政府采购评标过程中若发现供应商资料存在语意不清、书写和数据不正确，评标委员会应当让供应商进行澄清，解释、说明原则上需要采用书面形式，并让他们委托的代理人签字，不可逾越投标材料的范围限制或调整其材料的相关实质性内容。

4. 比较与评价

严格依照招标采购文件中要求的评标方法，对资格性检查与符合性检查通过的供应商提交的材料开展商务和技术的评审。

5. 推荐中标候选供应商名单

评标最终的结果是选出符合条件的中标人，其中，最终候选的投标人的个数必须按照招标人的要求确定，同时将其排列成相应的顺序挑选最后中标人。

（1）招标采购最低评标价法。严格依照投标人的投标报价从较低报价到高报价的序列，当投标人的投标报价一致时，依照投标文件的技术相关因素进行排列。

(2)招标采购综合评分法。严格依照投标人的综合评比,分数从高分至低分的序列,当分数相同时,按投标供应商的投标报价从较低至高的顺序排列。投标人最终分数和投标报价均一致,根据技术指标优劣进行排列。

(3)招标采购性价比法。严格依照投标人的商数得分从高至较低的序列。投标供应商所得的商数分一致时,按投标供应商的投标报价从较低至高的顺序排列。投标人最终商数分数和投标报价均一致,根据技术方面因素的优劣进行排序。

6. 整理评审报告

评审委员会依照所有评委签署的最初评审记录整理而成,包括以下方面:

(1)招标公告发出时的媒体名称;

(2)参与的供应商名称与参与评委的名字;

(3)开标环节的记录存档以及评标环节的情形;

(4)评标工作结论以及中标候选人的顺序列表;

(5)评标委员会作出的中标供应商意见。

(二)评标原则

评标应遵循“依法评标,公平公正,整体考评,分清主次,相似合并,量化评审,简明扼要,前后一致”的原则。

1. 依法评标。严格依照政府采购招投标相关法律法规进行评标工作,法律法规是评标工作的基础。设置评标方法时,也应该同时遵守相关法律法规的规定。例如,杜绝招标人随意改变资格预审条件;政府采购招投标标准的设定上与当前该领域标准相同;等等。

2. 公平公正。政府采购招投标的评标环节要保证所有投标人是平等的,中标机会也是均等的。政府采购招投标评标工作的评标方法必须科学、合理,评标考核指标应清晰列在招标材料中,不应带有倾向性因素，在评标过程中必须将采购人的责任权利明确，设置招投标评标方法必须保证其公平性。

3. 整体考评。在整个评标环节应当进行全面的考核，覆盖评标所需的各项要素。考评的指标关键是技术标和商务标部分，技术标主要评审投标人的各项技术实力，包含技术方案、技术资料、图纸设计说明、施工技术措施、工期计划、文明施工管理措施、人员和设备等方面。商务标通常是投标报价的价格，包含企业信誉度、价格合理性、企业信誉度、企业资金、企业资质、营业执照、安全生产许可证等多方面对投标文件进行全面评审。

4. 分清主次。政府采购招投标中要摸清具体的评标项目，提取招标项目的明显特质，加深对这些指标的评审。每一个招投标项目都有其相应的评审关键指标，如技术方案、工期计划、企业资金、质量管理措施等，这些指标往往会对招标项目进展产生一定制约影响。在评标的具体实践中，要按照招标项目本身抓住其最重要影响因素，明确分清主次，保障评标工作的质量。

5. 相似合并。首先，商务标和技术标完全分开，独立进行评审。其次，就是把这两方面评标过程中类别趋于相似、特征差异不大的要素合并，使评标委员会对相关相似因素整体评审。这样，使政府采购评标工作简单化、明确化和精细化，减少反复性评审。

6. 量化评审。政府采购工作需要明确的采购结果。将评标过程中所需的各项指标量化，定性地评价各因素，往往导致评审存在误差。在实务工作中要加强评标的客观性，利用定量化评审各指标而不是定性化，从而促使政府采购评标结果的公平。

7. 简明扼要。评标环节设置相应的评标方法不能够复杂，要突出重点。评标工作中各指标的分值、档次应当严谨、准确。评审工作的指标设置，词语应当简洁、清晰，相关界定准确易懂。

8. 前后一致。评标工作应当保证其采用的标准与招标材料中相应的规定对应。评标方法还应当与招标公告中的供应商须知事项对应。避免评标工作中改变所需要的评审标准,要保证前后的一致性。

总之,政府采购评标环节的评标原则之间是相互依存、相互关联的,在具体评标实践中应当充分满足以上所有原则。

三、评标方法

(一)综合评分法

综合评分法是评标委员会在充分考量供应商是否符合采购文件实质性要求基础上,依照采购文件中详细说明的各方面指标开展评审,评审数据名列第一的供应商被选为最终中标人。综合评分法评价内容包括投标文件的商务、技术、价格、服务等方面。

综合评分法中的价格分统一采用低价优先法计算,即满足招标文件要求且投标价格最低的投标报价为评标基准价,其价格分为满分。其他投标人的价格分统一按照下列公式计算:

投标报价得分 =(评标基准价/投标报价)×100

评标总得分 = $F1 \times A1 + F2 \times A2 + \cdots\cdots + Fn \times An$

F1、F2……Fn 分别为各项评审因素的得分;

A1、A2……An 分别为各项评审因素所占的权重($A1 + A2 + \cdots\cdots + An = 1$)。

在评标过程中,不得去掉报价中的最高报价和最低报价。

此方法适用于货物类、服务类、工程类项目。

这种计算方法是最常用的,也是最简单的一种计算方法。

《政府采购货物和服务招标投标管理办法》(财政部令第 87 号)第 55 条货物项目的价格分值占总分值的比重不得低于 30%;服务项目的价格分值占总分值的比重不得低于 10%。

执行国家统一定价标准和采用固定价格采购的项目,其价格不列为评审因素。

1. 综合评分法的优点

综合评分法的灵活性、综合性和直观性是其运用中的重要优势。评标工作中采用这种方法法评标，可以依照招标项目的具体需要来合理制定评标因素，灵活便利；这种方法可以整体评价供应商各方面的资质，综合性较强；评委根据分数多少排列供应商，整个政府采购评标工作直观、科学。

2. 综合评分法的缺点

首先，在具体的评标实践中采用综合评分法会破坏评标公平性。其次，采用综合评分法需要主观性与客观性评分有机结合，评标的整个过程各专家的自由裁量会致使评标工作质量大打折扣。

3. 综合评分法适用范围

综合评分法适用于政府采购招投标项目规模较大、合同时间较长、要求的专业技能相对复杂和采购人对采购项目的专业、品质有较高标准的项目。

（二）最低评标价法

最低评标价法是一种评标方法，适用于投标文件满足招标文件全部实质性要求且投标报价最低的供应商为中标候选人的情况。这种方法要求投标文件必须完全符合招标文件中的所有要求，并且，报价最低的供应商将被选为中标候选人。

1. 最低评标价法的优点

最低评标价法被各国广泛使用。一方面，最低评标价法可以为招标人省去部分资金投入，不断提升招标项目资金的利用功效。另一方面，在政府采购评标工作中使用该方法可以对提交的材料进行定量化评审，杜绝任何人为的影响，促进政府采购评标的科学性。

2. 最低评标价法的缺点

采用最低评标价法进行评标虽然要求的价格非常低，然而却并非使评标最终的结果达到最佳。采用这种方法评标只评审价格指标，其他指标几乎不评审,使招标项目的成本价难以明确。

3. 最低评标价法的适用范围

最低评标价法主要适用于技术、服务标准明确、统一的通用类项目。这类项目通常对技术或性能没有特殊要求,所以可以通过价格竞争来选择合适的供应商。例如,一些具有通用技术、性能标准的招标项目,或者招标人对技术、性能没有特殊要求的招标项目,都适合采用最低评标价法。

四、评标组织

(一)评标专家库

根据《招标投标法》《评标委员会和评标方法暂行规定》《评标专家和评标专家库管理办法》的相关内容,评标专家库是指各类工程管理和工程技术、经济及相关专业有较高理论水平和丰富实践经验的人员组成的人才数据库,建立专家库的目的是向交易主体提供合适的评标专家。评标专家库管理的日常工作包括评标专家的资格认定、入库及评标专家库的建设、使用和管理活动。

1. 评标专家库的建设

评标专家库由省级以上人民政府有关部门或者依法成立的招标代理机构根据《招标投标法》以及我国其他法律法规关于评标专家相关管理办法的要求自主建立。评标专家库的建立过程必须公开,并接受社会公众的监督。

省级以上人民政府有关部门、招标代理机构等应当提升对评标专家库和所有评委的规范,杜绝利用不合理方式控制、干扰评标委员会的整个评标工作。省级人民政府、省级以上人民政府有关部门设立的评审专家库,应当打破各省市各行业范围内限制,保证评委的评标资源共享。省级以上人民政府有关部门必须设立包含各领域、各地区评标专家的综合评标专家库。

2. 评标专家库的管理

（1）资格评审。设立评标专家库的省级以上人民政府、招标代理机构等，应当对拟进入评标专家库的申请人实施资格审查，对满足资格评审的申请人颁发评标专家证书。

（2）专家培训。省级以上人民政府、招标代理机构在制定评标专家库时，应当对评标专家申请人开展政府采购招投标专业与相关法律的业务培训。

（3）专家档案。设置专家库的政府部门，原则上应当为所有纳入评标专家库的评标专家建立专家档案，并认真记录每一位专家在评标工作中的相关信息。

（4）专家考核。设置评标专家库的省级人民政府、招标代理机构原则上应当设立专家的年度考核制度，针对所有纳入评标专家库的评委实施考核评审。

（二）评标委员会

评标委员会是指在招标投标和政府采购活动中，依法由招标人（采购人）代表和有关技术、经济等方面的专家组建，负责对投标文件进行评审并提出评审意见的临时性权威机构。

1. 评标委员会的职责

评标委员会独立履行以下职责。

（1）审查投标文件。评标委员会负责审查投标文件，确保所有投标文件符合招标文件的要求。

（2）评审和比较投标文件。根据招标文件确定的评标标准和方法，对投标文件进行评审和比较，确保评标的公平性和公正性。

（3）编写评标报告。评标委员会需要编写评标报告，详细记录评标过程和结果，包括中标候选人和中标人的决定。

（4）回答相关问题。评标委员会需要回答有关投标文件和评审过程的问题，确保透明度和可追溯性。

(5)保密工作。评标委员会成员和有关工作人员需对评标情况保密,防止信息泄露影响评标的公正性。

2. 评标委员会的组成

评标委员会由采购方代表、有关的技术、经济、法律等方面的专家组成,其人数为5人以上的单数,评标专家的数量不允许少于评标委员会成员总数量的2/3;采购项目符合下列情形之一的,评标委员会成员人数应当为7人以上单数:

(1)采购预算金额在1000万元以上;

(2)技术复杂;

(3)社会影响较大。

3. 评标专家的资格要求

(1)从事相关专业领域工作满8年并具有高级职称或者同等专业水平;

(2)熟悉有关招标投标的法律法规,并具有与招标项目相关的实践经验;

(3)能够认真、公正、诚实、廉洁地履行职责。

评标专家应当深入了解政府采购招投标工作的相关法律规定,熟悉招投标交易市场情况,具备较高的专业素养、道德素质和法律素质,从事相关行业工作满8年并具有高级职称或者具备同等专业水平,可以认真、公正、诚实、廉洁地履行职责。

4. 评标专家的选取

评标专家的选取是确保招标公正性与权威性的关键环节。原则上,评标专家由招标人在相关专家库名单中确定,确保其专业性与公正性。选择方式与程序根据不同情况进行调整。一般招标项目通常采取随机抽取方式确定评标专家,而特殊招标项目则可能由招标人直接确定。

评标专家在评标委员会中人数达到总人数的2/3以上,以提高评标委员会的整体水平。为避免招标人主观随意性,评标专家应从相关专家库中选出,确保评标过程的公正性与权威性。

对于一般招标项目,应采用随机抽取方式选择评标专家。特殊招标项目的评标专家选择则较为灵活,招标人可根据项目性质和需求,依法直接确定。对于特定项目的界定与招标人如何直接确定评标专家,不同类别项目可能存在差异,需具体规定。

依法必须招标项目和政府采购项目在特殊情况下允许招标人直接确定评标专家。例如,技术特别复杂或专业性要求极高的项目,随机抽取的专家可能难以胜任,此时,招标人可直接从相关专家名单中确定。在政府采购项目中,如专家库无法满足需求,采购人可按相关规定自行确定专家人选,但需向财政部门备案。对于技术复杂、专业性强的采购项目,招标人若通过随机方式难以确定合适专家,经财政部门同意后,可通过选择性方式确定评标专家。

在确定中标结果前,评标委员会的专家名单应当保密。此保密措施旨在确保评标过程的公正性与透明度,防止信息泄露可能导致的不当影响。所有进入评标委员会的专家、招标人与招标代理机构的代表,其名单在中标结果确定前应当严格保密,以维护招标流程的公平与公正。

5. 评标委员会成员应当履行的义务

(1)遵纪守法,客观、公正、廉洁地履行职责。评标委员会成员应当遵守法律法规,保持客观、公正的态度,廉洁自律,确保评标过程的公正性。

(2)按照招标文件规定的评标方法和标准进行评标。评标委员会成员应当依据招标文件明确的方法和标准进行评标,并对自己的评审意见负责。

(3)保密义务。评标委员会成员应当对评标过程和结果,以及供应商的商业秘密保密。

(4)参与评标报告的起草。评标委员会成员需要参与评标报告的起草工作。

(5)配合招标采购人和财政部门的相关工作。其包括配合招标采购人答复投标供应商提出的质疑,以及配合财政部门的投诉处理工作。

五、评标过程中存在的问题

政府采购招投标评标制度形成了相对自主的系统,收获了良好的成效,但是在招投标评标环节存在部分不规范,影响了招标投标制度的效率。

(一)评标组织制度设计规范化程度低

1. 评标委员会成员结构不合理

(1)采购人代表容易成为被"腐败"的对象。在政府采购招投标中,采购人代表与相关领域的专家组成评委会,部分采购人代表在市场考察过程中和投标人相识,因此,投标人就会进行前期的公关工作,成为其腐败的目标。

(2)评标委员会结构比例不是很合理。采购人代表容易制约评审委员会,《政府采购法》规定采购人代表占评委会1/3,在政府采购实务过程中对于最初有明确意向安排的采购人容易制约评审委员会其他评标专家。体现在两个方面:其一,评标工作开始之初,采购人代表会重点给评委会介绍某些项目;其二,在评标过程中针对意向供应商,采购人代表会不时进行表扬,同时,针对其他投标人严格进行审查。

2. 评标专家职业道德、基本素养不足

(1)部分专家职业道德、法制观念淡薄

部分评标专家道德品质有所欠缺,在评标过程中违反诚信原则。这表现在以下四个方面。其一,某些评标专家和采购人、供应商串标,干扰评委会中其他专家打分,使评标缺失公正性。采购人作为评委也可能与投标人串通,并干扰其他评标专家独立评标,致使结果公平性丧失。其二,在评标过程中有倾向性,对意向供应商打分过高,其他供应商打分过低,以保障意向供应商顺利中标。其三,评标专家不认真评分,不仔细阅读招标文件,没有依据打分细则执行。其四,部分专家保密意识不强,当自己被选为某个项目的专家时,为了自身的利益会与某些供应商联系,告知其评标消息,使不合法供应商中标。

(2)评标专家中立性、独立意识不强

政府采购招投标专家评标的中立性与严谨性影响着政府采购的公平、公正。

其一,部分专家中立性缺乏,部分专家所做的工作都是按照采购人的想法进行的。并且,很多的评标专家会跟随大多数评委的意见,不自主打分。部分评标专家不认真表明自己的观点。中立性的缺乏致使招投标的结果是按照采购人的意向进行,失去了其公平、公正的特质。

其二,某些评标专家认为评标委员会应当为招标人负责,经常帮助招标人进行调研、考察,将专家自身观点舍弃,完全迎合招标人的主张,严重影响评标工作的质量。

其三,评标专家素质较难把握。在政府采购招投标评标环节,专家职业素质各有差异。一方面,部分评标专家职业素养偏低,在评标过程中不能够按照专业水准进行打分,导致评标结果不够理想。部分评标专家只对于本身所熟悉的种类非常专业,对于其他种类评标专业性不足,政府采购中评标专家多数是由某些机关、企业、事业单位兼职专家构成,由此也致使很多的评标专家在专业性方面也不足。另一方面,部分专家虽然有很高的职业素养,但是不熟悉政府采购评标工作中的相关法律法规和相关规章等,严重制约评标结果的公正性。

3. 评标专家库管理不完善

国务院发展改革部门指导和协调全国评标专家和评标专家库管理工作。国务院有关招标投标行政监督部门按照职责分工,对评标专家的评标活动和评标专家库的组建、使用、共享实施行政监督。地方各级人民政府有关部门在各自职责范围内负责评标专家和评标专家库的监督管理工作。

国家实行统一的评标专家专业分类标准和评标专家库共享技术标准，推动专家资源跨区域、跨行业、跨评标专家库共享，应用数智技术提高评标专家管理水平，推广远程异地评标等评标组织形式。在评标的实际工作中却产生了组建的专家库未满足不同项目的抽取方式、专业限制等方面的需求，甚至某些评标专家针对专业性项目“不懂装懂”进行评审，造成专家的公平性缺失，评标工作趋于形式化。

4. 评标委员会自由裁量权过大，缺乏有效监管

自由裁量权是评标专家在法律授权范围内，依据其专业水准自由做出评标的权利。但是在评标工作中存在自由裁量权的任意使用情况，责任权利失衡的现象发生。

其一，随意打分导致公平性缺失。在实务工作中，采购项目的评标工作在权重的设置上将一半以上的分数由专家进行自由裁量，结果导致一致的供应商得分差距较大。甚至很多需要严格依照客观评标方法评审的行业，在评标过程中也允许专家自主评判。评标方法规定专家的自主评审权利有严格的范围，但是自由裁量权的滥用也使供应商失去应有的中标机会。

其二，组织架构监督不完善。在招投标评标工作中，评标委员会按照法律规定自主评标，任何人都不允许干扰。财政部《关于进一步规范政府采购评审工作有关问题的通知》只是规定了一些评审事后的监督措施，只有存在资格条件检查疏漏、评标数据不正确、评标定性分数差距过大等情况时，招标代理机构才可以提请评标委员会再次评标。这些标后监督导致评标专家在评标工作中除非产生严重的违法行为，否则就不会被惩罚。

其三，政府采购政策约束性缺失，评委评标倾向性过大。《实施条例》第 75 条规定了评委的违法行为，包括未依据招标文件评标、与供应

商有相关关系却故意不回避、获取非法利益等。以上都没有提到政府采购招投标评标环节评委裁量权过大的问题。在政府采购招投标活动中，相关政策的漏洞导致评标委员会缺乏监督管理，出现随意评审、滥用权力的现象。

（二）评标流程设置不合理

1. 评标专家的抽取存在漏洞

随着我国网络信息化飞速发展，政府采购招投标评标工作中大部分区域已通过互联网平台专家库进行专家的选取，然后系统利用网络通知评标专家。由于业内的专家人数有限且经常在一起进行评标，互相之间非常熟悉，会产生相互利用的现象，评标结果可靠性遭到怀疑。

2. 评标期限较短，评标过于形式化

政府采购招投标评标工作时间一般由采购人确定，在实务过程中的评标工作仅 12 小时甚至更少，评标专家必须在规定的时间完成整个评标工作。评标专家在有限的时间里通过较少的投标信息进行评审，在这样的情况下，多数专家不会有充分的时间对所有投标人进行比较和判断，严格遵守评标的情形形同虚设。

3. 评标专家时间与评标时间相矛盾

在评标工作中，大部分评标专家有自己的本职工作，评标活动与其本职工作单位的关系不大。评标工作在时间方面的限制，导致部分评标专家不仔细通读材料便评审，评标环节在时间上的不均衡破坏了评标工作的公正性。

4. 评估机制及责任追究机缺失

首先，在评标工作过程中，评标委员会自主进行评审并提交评标结果，评标结果如何没有专门的评估机构或人员进行考核与评价。长此以往，评标专家不仅随意性加强，职业素养和专业能力也会逐渐下降，与最初设定的专家利用自身专业性选出最优供应商的目的相违背。其次，在政府采购招投标中评标专家违反法律开展评标工作，关于其责任追究机制规定,《招标投标法》《评标委员会和评标方法暂行规定》等法律政策都对警告、罚款等制定惩罚措施。在整个评标工作中,最终评标结论评标委员会全体专家共同进行确认,出现问题就由评标委员会集体负责任,该制度导致在实务工作中很难追究个人责任。

(三)评标方法科学化程度低

1. 部分投标供应商诚信品质缺失

政府采购过程要求供应商对文件的真实性负责,然而在实务评标过程中欺骗行为比较难调查,导致部分投标文件真实性较低。并且,在评标过程中,部分供应商文件真实性有待于进一步评判,专家依据响应文件进行评审,导致结果的准确性受到质疑。同时,在中标后的公示环节非中标的企业可能会进行举报,供应商比较少的欺骗方式不能够及时被发现,致使部分供应商缺少诚信,这也是欺骗行为始终持续的原因之一。

2. 评审指标不明确

在政府招投标过程中,投标人的资格条件、信誉、业绩、参保人数、注册资金和售后等都是供应商的评价指标。投标人的业绩、资质等是客观性较强的指标,目前,相关法律政策针对各种不能量化的指标没有设置一致性评价等级。例如,可以对供应商的资金实力的财务报表进行参考打分,然而部分供应商为了中标制造假的报表,在评标工作中往往不容易调查,导致招投标项目不能够按时完成评标任务,延误采购人整体评审时间。

3. 投标成本价难以评估

政府招投标采购评标工作中投标报价是评价的关键,在评标实务中成本价往往不容易明确,主要影响因素如下。

其一,在招投标中供应商对于成本的投入存在差异,正是各种不同的差异成本,才使供应商之间形成有力的竞争对比。

其二,在评标环节没有设置投标人成本测算体系,造成供应商的报价与成本价差距多少不容易测算。例如，在政府采购工程项目中，成本价的计算和市场价格浮动程度存在较大影响，导致工程项目成本价无法轻易评估。在政府采购货物项目中，部分不通用的产品价格未公开并带有一定的模糊性，部分通用产品价格变化过快。这些因素都将导致成本价难以评估。

六、完善政府采购招投标中评标的对策

政府采购招投标评标工作是一项系统的工作，需要政府部门、监督机构与社会公众密切配合。

（一）调整现行评标委员会制度

1. 调整评标委员会成员的结构比例

首先，借鉴国外优秀经验，在评标工作中设置政府采购评标方面的全职采购专员职位，让这些全职采购专员长期进行评标。评标委员会由这些全职采购专员和相应专家共同组建，其中，全职采购专员占整个评委会的2/3，尝试取消当前评标委员会由专家和采购人组建的形式。其次，投标人容易将招标人作为腐败的目标，评标委员会也容易被招标人施加影响，尝试取消招标人进行评审的资格，将招标人的评标资格转变为对整个评标环节标准的制定，具体细节的设置，包括最终按照评标委员会意见确定中标人。

2. 加强对评标专家的教育管理

（1）加强评标专家教育培训，提升专业素质和道德水平。在政府采购招投标工作中，专家缺乏专业素质和基本职业道德，要加强对专家的培训管理。首先，要增强培训和考核力度，每年至少组织1～2次集中学习培训，着重加强计算机操作技能培训，加强法律知识的培训等，提升评标专家的专业素质和职业道德，深化法律思维。其次，要制定学习和培训制度，并且将学习和培训制度固定化。通过这些方式将评标专家的专业技能与诚信品质逐步提升，将那些职业素养低下、品质缺失

的成员从专家队伍中剔除。

(2)加大优秀专业人才的引进和培养力度。政府采购招投标评标是一项专业性、政策性和技术性都很强的工作,对评标人员的业务素质和政治素质要求都比较高。目前,我国从事评标的工作人员综合素质还有待提高,需要不断提升人员的素质,有条件的高校应增设招投标相关课程,加大人才的培养力度。

3. 评标专家分工评审

评标专家应当从事相关领域工作满八年并具有高级职称或者具有同等专业水平,了解本专业的前沿情况,在专业领域内有一定的话语权。但是评标专家对《政府采购法》及相关法律法规等不够了解,在实务工作中,专家应利用其掌握的专业技能,在政府采购招投标评标工作中对价格部分和技术部分进行评分,资格审查商务部分由监督管理部门评审。

4. 规范评标专家库管理制度

(1)严格规范评标专家入选评标专家库的资格

评标工作是整个政府采购招投标的关键环节,评标专家又是评标环节的核心。评标专家纳入专家库应当遵循"个人申报、组织推荐、专业审核入库"的原则。在评委的考核过程中应进一步加强指标的考核,考核情况要与各行业性质、职业要求相符,将专业水准与诚信品质优质的专家纳入专家库。要求对进入评标专家库的评委开展相关政策、法律、诚信的教育培养,同时按照各行业的要求区分评委的具体考核。

(2)严格管理进入评标专家库的专家

政府采购监管机构需要对评标专家在道德、法律等方面展开定期的教育培训和考核,然后根据具体的工作表现情况定期进行调整,对不认真评标的专家及时剔除评标专家库。在招投标活动中对于评标专家库中专业性强、声誉高的评标专家关于评标异常情况赋予少数异议的权利。评标专家异议权是在充分考虑平等观念的基础上重点突出了资深评标专家的建议,并且在整个评标过程中如果出现了与优秀专家评审观点相违背,或者产生了与以往不同的情况,优秀专家即使并不能完全转变评标结论,但能够提出异议。异议与举报有很多差别,政府采购监管机构依照评标现场状态决定是否进行调查。

5. 减少评标委员会的自由裁量

完善政府采购招投标评标专家管理规定,在立法层面对评标人员的违法行为进行法律条文的详细规定,进一步增加腐败惩罚措施,加大社会媒体和公众对专家的监督力度,规范评标专家在日常评标工作的行为。加强采购文件评分因素和评标标准的客观性,增加评分因素中客观分数比例,严格主观分数方面的评审规范,充分利用客观因素限制专家的倾向性评审,不允许评标专家利用自身经验随意评审,最大限度减少不能量化的指标。依照法律规定使用最低评标价法,在具体政府采购评标实践工作中应当充分使用最低评标价法,供应商提供的材料符合招标文件的实质性要求并报价最低,投标人就会最后中标。最低评标价方法极大制约了自由裁量权的使用。

6. 基于不同项目进行评标委员会分类管理

通用类采购项目需要评审的客观因素较多,评标工作相对简单,要提升通用类采购项目评标流程的公平性,不断提升采购质量,评标委员会成员要熟悉评标指标的各项基础数据资料,利用细致的评标标准,最大限度减少专家自由裁量权。

复杂类采购项目需要评审的客观性因素较少,评标工作相对复杂,对于评标专家的要求也相对较高,专家起关键性专业指导与评审的作用,做到权责平衡。混合类项目的难易水平处于通用类和复杂类采购项目之中,在实务过程中可以利用评定分离方式处理混合类项目面临的实际问题,评标委员会的主要任务是在评标工作中选出 2 ~ 3 名满足招标文件的中标候选供应商,然后由采购人进行最终中标的供应商的决定。

(二)完善评标流程,科学选择评标方法

1. 规范评标流程,强化监督管理

专家在评标环节中起主要作用,他们的评标工作决定着评标的质量。我们需要对采购专家深入探讨分析,总结出适当可行的抽取方法。要实行全面网络化抽取专家,相应的部门进行监管,语音自动通知。综合考量各专家的职业素质、行业布局、工作性质等方面,让专家充分施展其专业素质,不断提升评标效果。要合理设定评标所需时间,避免因时间不充分出现匆忙打分的情况,监督管理机构要对评标活动进行必要的监管,加强制度的执行力度。

2. 合理运用评标方法,提高评标工作效果

评委根据评标方法对供应商进行科学评审,从而确定最终供应商。

(1)加强评审指标体系建设,规范技术部分评标流程

技术标可以制定多种评标办法。第一,符合性评审,例如,资格限制、工程范围、授权委托书等,在相关材料的基础上,对其提供的各种文件与采购文件能否响应进行评审;第二,客观性指标评审,例如,企业业绩、获奖情况等,需要严格制定其打分明细以及权重,要求评标专家依据相关法规权限定量化评审,同时考量要素之间的权衡关系;第三,对评标质量产生重要影响的指标,这种指标可分为信用和质量两方面进行相应的评审工作。

(2)科学制定评标标准

科学设置评标标准,评标内容相对简单。首先需要明确采用的指标,然后依照每一个指标与评标结果的关系程度划分等级,赋予各指标权重,对评审结果相关关系较小的指标赋予过低分数比例。有效减少采购过程中专家的随意性,杜绝过于强调其中一项因素覆盖剩余重要因素,保证评标工作高效运行。

(3)深化市场调研,熟知市场交易

在政府采购活动中需要对市场进行充分调查研究,摸清项目的基

本情况，熟悉采购项目在市场中所需要的资格条件、特征、平均价格、供应商的基本情形、意向和信誉等。充分熟悉投标人的技术、档次等因素，清晰认识该领域整个产品的价格，科学设置控制价格，保证评标工作的科学性、公正性。

（三）全面建立电子评标系统

国外发达国家在政府采购招投标工作中都采用了电子招投标监督系统，最大限度保障了招投标工作的公平性。我们在全面建立电子评标技术的同时，需要将网络招投标与监管有机配合，设置政府采购招投标评标工作的电子评分、预警系统。

政府采购招投标评标工作中，评标专家起到核心作用，是招投标评标工作中决定最终中标人的关键因素，同时也导致招投标评标的整体工作失去了内审。评标专家的自由裁量权过大使政府采购评标的公正性受到质疑，因此，应该杜绝各种人为因素对系统操作尤其是评标过程的干扰。应当在评标工作开始之前把所有评标需要的关键指标设置相应的分数，要求每一个评标委员会成员按照规定进行勾选，杜绝评标委员会中成员的主观性评审。

全面建立电子评标，使评标委员会成员的工作质量和效率提升。政府采购评标过程所需要的数据利用计算机统计各项指标，并进行数据分析，远程异地评标可以在全国不同区域利用网络进行打分评审，进行指标因素权值的衡量。远程异地电子招投标系统不仅减少了评标环节的贿赂现象，也使评标工作更加公平、透明。

七、完善评标监管机制

（一）建立评标质量考核制度

政府采购招投标评标监督机构应当建立评标专家日常考核和年度考核有机结合的考核制度，评标委员会成员在政府采购中的不同表现安排在考核当中。建设所有专家诚信档案，包括考勤状况、评标过程中的表现、评标结果的评估等相关信息。将那些屡次触犯法规纪律的评标专家阻止其再次进行评标的机会，将其拉入专家黑名单。要逐步加强专家考核的可操作性。在政府采购评标工作中需要具备细致、严谨的实用的考核方式，可以通过积分方式将评委会成员的德、才、学多个角度展开评标工作的考核。把这种积分的方式用作对评委综合素质、专业水准、道德品质等方面考核的基础，能够促进评标委员会成员工作的积极性，加强专家考核的可操作性。

（二）完善评标体系组织架构监督

评标工作评标委员会专家根据招标文件中规定的各项评标标准，对投标材料实施打分评判，评标委员会专家应当按照采购人的要求独立进行评审。政府采购应当加强外部监督机制，将监察、审计等监管方式有机结合，互相配合，互相监督，不断提升对招投标结果的评价与反馈。监督管理机构应该定期对政府采购评标相关的法律法规实施多领域、全行业的调查，加强评标工作的监督，严格惩罚评标工作中违反法律的情形。

（三）推进评标的评估机制

推进评标的评估机制，通过一定的方式检验评标项目是否取得好的效果，评估结论向监督管理机构进行同步反馈。第三方将评标委员会成员的实际工作进行评估，如果发现在评标过程中有违法表现要问责。建立第三方评估专家库，将专业技能、道德素质高的资深专家纳入其中，在评估工作过程中将评标环节可能出现的重大难题察觉并处理。这种机制不仅促进评标委员会专家严谨、仔细的评标行为，提高评标委员会专家的综合水平，也能够不断提升评标委员会专家的法律、责任意识。

（四）完善评标责任追究机制，加大惩罚力度

评标专家的专业水准、道德素养等多方面决定着整个评标质量。监管评委会专家的评标行为，遏制分数差异过大，政府采购评标实践中

应当严谨、科学分析过高或过低的评分,并对其进行监督管理。整个政府采购评标工作的各个细节落实到具体监管责任人,不断提升监管人员的责任意识,保障监管环节落到实处,对于在评标工作中发现的违反法律法规规定的行为,加大惩罚力度,不断提升政府采购违法的成本。完善企业的信誉档案。政府采购监管部门出台相应政策,把评标委员会专家的成绩、信誉、违法行为等计入诚信档案,收录在政府采购工作当中。

(五)促进社会监督市场化

加大社会和市场对评标工作的制约效应。政府采购评标工作要将权利给予社会公众,使社会监督达到最大影响,以保障社会监督机制的效能。公开倾听社会公众的声音,包括设置投诉信箱、举报网址、上访电话等多种形式来拓宽社会公众的投诉渠道。设置第三方评价机制对政府采购评标活动提出相应的对策,将评标工作中所产生的违法事例及时公之于众,不断提升政府采购招投标评标工作的透明度。

第六节 中 标

一、确定中标供应商

评标委员会完成评标后,应当向招标人提出书面评标报告,并推荐合格的中标候选人。招标人根据评标委员会提出的书面评标报告和推荐的中标候选人确定中标人。招标人也可以授权评标委员会直接确定中标人。

二、发出中标通知书和中标结果公告

中标供应商确定后,采购人应当向中标供应商发出中标通知书,并同时将中标结果通知所有未中标的投标人。

（一）中标通知书

中标通知书采用发信形式，一旦发出，即对采购人和中标供应商均具有法律效力。中标通知书发出后，采购人不得违法改变中标结果；中标供应商无正当理由不得放弃中标，否则，应当依法承担法律责任。

（二）中标结果公告

1. 中标结果公告应当包括以下主要内容：

（1）采购人及其委托的采购代理机构的名称、地址、联系方式；

（2）项目名称和项目编号；

（3）中标供应商名称、地址和中标价格，主要中标标的名称、规格型号、数量、单价、服务要求；

（4）因落实政府采购政策等进行价格评审优惠后中标供应商的评标价；

（5）采用最低评标价法，公告中标结果时应当同时公告因落实政府采购政策等进行价格扣除后中标供应商的评审报价；采用综合评分法，公告中标结果时应当同时公告中标供应商的评审总得分；

（6）中标公告期限；

（7）评标委员会成员名单；

（8）省级以上财政部门或者招标文件规定的其他内容。

招标文件应当随中标结果同时公告，招标文件已公告的，不再重复公告。

在公告中标结果的同时，采购人应当向未中标的供应商发出评标结果通知书，并告知其未通过资格审查、符合性审查或者评审得分及未中标的原因。

2. 中标公告内容应注意事项：

（1）采购人与采购代理机构约定采购代理服务费由中标供应商支付的，应当公告本次采购服务费具体金额；

（2）中标供应商享受中小企业扶持政策的，应当公开中标供应商的《中小企业声明函》；

(3)采用邀请招标方式，采购人采用书面推荐方式产生符合资格条件供应商的，应当将所有被推荐供应商名单和推荐理由随中标结果同时公告。

第七节　签订书面合同

一、概述

政府采购合同应当采用书面形式，应当使用财政部门制定的政府采购合同标准文本。

政府采购合同适用《民法典》合同编。采购人和供应商之间的权利和义务，应当按照平等、自愿的原则以合同方式约定。

政府采购合同应当包括采购人与中标供应商的名称和住所、标的、数量、质量、价款或者报酬、履行期限及地点和方式、验收要求、违约责任、解决争议的方法等内容。

对于通过预留采购项目、预留专门采购包、要求以联合体形式参加或者合同分包等措施签订的政府采购合同，应当明确标注本合同为中小企业预留合同。其中，要求以联合体形式参加政府采购活动或者合同分包的，应当将联合协议或者分包意向协议作为政府采购合同的组成部分。

需要指出的是，合同标准文本并非合同示范文本，前者具有强制性，应当使用；后者不具有强制性，仅示范使用。

二、前提条件

签订书面合同前，应满足以下几点前提条件。

第一，中标通知书已发出；

第二，招标文件要求中标供应商提交履约保证金的，中标供应商已按照招标文件要求提交；

第三，时间要求在投标有效期内；

第四，不存在影响合同无效的情形。

存在以下行为的，即使已签订书面合同，仍然被认定合同无效，自始无效、当然无效、绝对无效。所以，在订立书面合同前，采购人与中标供应商不得存在以下情形。

第一，虚假的意思表示。

《民法典》第 146 条规定，行为人与相对人以虚假的意思表示实施的民事法律行为无效。在招标活动中，具体表现为中标供应商存在以他人名义投标、弄虚作假等行为。

第二，违反效力性强制性规定。

《民法典》第 150 条规定，违反法律、行政法规的强制性规定的民事法律行为无效。但是，强制性规定不导致民事法律行为无效的除外。违背公序良俗的民事法律行为无效。

第三，恶意串通，损害他人合法权益。

《民法典》第 154 条规定，行为人与相对人恶意串通，损害他人合法权益的民事法律行为无效。在招标活动中具体表现为中标供应商与采购人或者其他供应商恶意串通投标。

三、采购人的权利和义务

采购人应当自中标通知书发出之日起 30 日内，按照招标文件和中标供应商招标文件的规定，与中标供应商签订书面合同。采购人因不可抗力原因迟延签订书面合同的，应当自不可抗力事由消除之日起 7 日内完成书面合同签订事宜。

所签订的书面合同不得对招标文件确定的事项和中标供应商投标文件作实质性修改。采购人不得向中标供应商提出任何不合理的要求作为签订书面合同的条件。

采购人可以委托采购代理机构代表其与中标供应商签订政府采购合同。由采购代理机构以采购人名义签订合同的,应当提交采购人的授权委托书,作为合同附件。

中标供应商拒绝与采购人签订政府采购合同的,采购人可以按评标报告推荐的中标候选人名单排序,确定下一候选人为中标供应商,也可以重新开展政府采购活动。

四、公告和备案

采购人应当自合同签订之日起 2 个工作日内,将合同在指定的媒体上公告,合同中涉及国家秘密、商业秘密的内容除外。

五、变更合同

政府采购合同的双方当事人不得擅自变更合同,依照《政府采购法》确需要变更政府采购合同内容的,采购人应当自合同变更之日起 2 个工作日内在相应的财政部门指定的媒体上发布政府采购合同变更公告,但涉及国家秘密、商业秘密的信息和其他依法不得公开的信息除外。政府采购合同变更公告应当包括原合同编号、名称和文本,原合同变量的条款号,变更后作为原合同组成部分的补充合同文本,合同变更时间,变更公告日期等。

第八节 邀请招标方式

邀请招标与公开招标除适用条件、确定受邀请供应商产生方式和中标结果公告方面有实质性区别之外,其余环节完全一致。因此,本书将适用条件、确定受邀请供应商产生方式和中标结果公告单独编成一节进行阐述。

一、定义

邀请招标也称选择性招标,是由采购人根据供应商或承包商的资信和业绩,选择一定数目的法人或其他组织(不能少于3家),向其发出投标邀请书,邀请他们参加投标竞争,从中选定中标供应商的一种采购方式。

二、适用条件

第一,涉及国家安全、国家秘密或者抢险救灾,适宜招标但不宜公开招标的。

第二,项目技术复杂或有特殊要求,或者受自然地域环境限制,只有少量潜在投标人可供选择的。

第三,采用公开招标方式的费用占项目合同金额的比例过大的。

国家重点建设项目的邀请招标,应当经国务院发展计划部门批准;地方重点建设项目的邀请招标,应当经各省、自治区、直辖市人民政府批准。

全部使用国有资金投资或者国有资金投资占控股或者主导地位的并需要审批的工程建设项目的邀请招标,应当经项目审批部门批准,但项目审批部门只审批立项的,由有关行政监督部门审批。

政府投资小规模工程采用邀请招标适用条件:对于各级政府预算管理的资金直接投资或者资本金注入方式投资的,未达到国家规定的依法必须招标规模标准的小规模工程,建设单位可以按照《招标投标法实施条例》等规定,自由选择公开招标、邀请招标或者非招标方式采购。

三、确定受邀请供应商

《政府采购货物和服务招标投标管理办法》(财政部令第87号)第

14 条规定，采用邀请招标方式的，采购人应当通过发布资格预审公告征集，从省级以上人民政府财政部门建立的供应商库中选取或者采购人书面推荐的方式产生符合资格条件的供应商名单，并从中随机抽取3 家以上供应商向其发出投标邀请书。

（一）产生符合资格条件供应商的方式

邀请招标产生符合资格条件供应商名单的方式有以下三种。

1. 发布资格预审公告征集。

通过征集方式产生符合资格条件供应商名单的，采购人或者采购代理机构应当按照资格预审文件载明的标准和方法，对供应商进行资格预审。

2. 从省级以上人民政府财政部门建立的供应商库中选取。

3. 采购人书面推荐。

采购人采用选取或者推荐方式产生符合资格条件供应商名单的，备选的符合资格条件供应商总数不得少于拟随机抽取供应商总数的两倍。

随机抽取是指通过抽签等能够保证所有符合资格条件的供应商被以机会均等的方式选定。随机抽取供应商时，应当有不少于两名采购人工作人员在场监督，并形成书面记录，随采购文件一并存档。

（二）确定受邀请供应商的基本程序

确定受邀请供应商的产生程序分解为以下三步。

1. 产生

按照资格预审文件规定的方式依法产生符合资格条件的供应商，又可进一步细分为“征集、选取、推荐”三种方式。

2. 抽取

随机抽取，是在第一步框定的符合资格条件的供应商范围内，通过随机抽取确定受邀请供应商。

3. 发出

同时向受邀请供应商发出投标邀请书。

（三）实务要点

1. 采用征集方式的，在特殊情况下无须随机抽取

如果资格预审文件规定从符合资格条件的供应商中随机抽取3家受邀请的供应商，采购人按照资格预审文件规定的审查标准对供应商进行资格审查后，恰好只有3家供应商符合资格条件，或者资格预审文件规定符合资格条件的供应商达到3家以上的，符合资格条件的供应商均获得投标邀请书。在以上两种情形下，采购人无须随机抽取，因为第一步不仅产生了符合资格条件的供应商，也确定了受邀请的供应商，可以理解为“两步并一步”，效率更高。

2. 资格预审适用“合格制”和“有限数量制”

邀请招标采用“征集”方式的，也存在“合格制”和“有限数量制”两种方法。资格预审文件规定符合资格条件的供应商为3家以下的，这些供应商均获得投标邀请书，其实质就是“合格制”；资格预审文件规定从符合资格条件的供应商中随机抽取5家并向其发出投标邀请书的，其实质就是“有限数量制”。采用“有限数量制”的，采购人应当在资格预审文件中明确受邀请的供应商数量大于等于3家，同时规定当实际符合资格条件的供应商数量在3家以上或少于3家的，不再进行随机抽取。

3. 灵活组合使用“征集、选取、推荐”三种方式

在实践中，经常存在“征集”后只有两家供应商符合资格条件，或者采用“选取”方式的，省级以上财政部门建立的供应商库中只有4家供应商等情形。为避免上述情况，提高采购效率，可以灵活组合使用“征集、选取、推荐”三种方式，同时选择两种以上方式产生符合资格条件的供应商名单。

4. 库内供应商有权放弃投标资格

供应商虽然进入相应的供应商库，但并不代表其有义务参加每一次政府活动，即被选取甚至被随机抽取选中的供应商，有权按照自己的

意愿放弃投标资格。

5. 规范随机抽取行为

(1)监督。应当有不少于两名采购人内部的工作人员现场监督。

(2)记录。要求以书面记录。有条件的,可以进行全程录音录像。

(3)存档。档案属于采购文件的一部分,按规定至少保存15年。

6. 注意做好保密工作

在实务操作过程中,随机抽取受邀供应商时,有的采购人为了彰显公平,邀请所有符合资格条件的供应商一起参加随机抽取活动,点名确认各供应商的身份后让其各自抽取;在发放投标邀请书时,为做到"同时"向所有受邀请的供应商发出,有的采购人通知所有受邀请供应商在规定时间集中上门,面对面点名确认身份后,同时向受邀请供应商发放纸质投标邀请书,以上做法泄露了各受邀请供应商名单,违反了《政府采购货物和服务招标投标管理办法》第28条关于投标信息保密的相关规定。

第五章 非招标采购

随着我国政府采购范围的逐渐扩大,政府采购日趋复杂多样。政府采购的非招标采购方式较之招标方式采购周期短、供应商选择方式和评审程序更加灵活。非招标采购制度作为公开招标的重要补充,尽管相关法律法规对政府采购的非招标采购方式也作出一些规定,但是在实践中仍然存在不少程序性问题以及适用性问题。

科学合理、可操作性强的非招标采购制度的建立需要经历不断完善的过程。目前,我国非招标采购中存在“天价采购”“质次价高”“围标”“串标”等违法违规现象。为规制非招标采购的违法、违规行为,完善非招标采购制度的法律体系、监督体系、管理体系势在必行。

第一节 政府非招标采购方式的基础理论

一、政府非招标采购的含义及特征

(一)政府非招标采购的含义

非招标采购作为政府采购的一部分,其理论包含在政府采购的理论中。非招标采购首先是一种采购行为,是采购人对货物与服务的需要。采购人与货物或服务供应商通过谈判或者以其他方式达成意见一致的交易条件,签订合同并发出订单,最后采购人接受货物或服务并支付货款给供应商的过程。

《政府采购法》自2003年1月1日起开始施行,至今已二十多年。《政府采购法》第2条对我国的政府采购进行了定义。非招标采购是根据采购方式的不同,对政府采购进行的一种分类,是指《政府采购法》规定的使用除公开招标与邀请招标两种招标方式以外的其他法定采购方式进行的采购活动。从目前实行中的法律法规来看,我国现阶段允许使用的非招标采购方式主要为竞争性谈判、竞争性磋商、询价、单一来源采购和框架协议采购五种。

(二)政府非招标采购的特征

非招标采购具有政府采购的普遍特征和独有特征。

1. 政府采购的普遍特征

(1)采购资金的公共性。非招标采购项目所使用的资金为财政性资金以及与财政性资金相配套的单位自筹资金,资金主要来源于纳税人缴纳的税收,政府公共服务收费也占一定比例。资金的来源是非招标采购与私人采购的根本区别。资金来源决定了非招标采购要关注社会公众的利益与需求,要运用科学的采购方式,要公开、公正、透明地进行采购。

(2)非招标采购的非营利性。非招标采购目的通过采购实现政府的公共职能与利益分配。

(3)非招标采购的法律管理性。非招标采购活动制定了配套的法律法规和条例,有完整的适用制度,私人采购限制较少。

(4)非招标采购信息的公开性。非招标采购信息必须公开,信息内容包括适用的法律法规、采购程序、采购项目基本信息等,这是非招标采购公开、公正、透明原则的内在要求。

(5)政策工具性。非招标采购是国家财政支出管理制度的组成部分,财政支出管理制度通过各种政策对经济进行调节,是国家实施经济管理的重要制度,具有协调经济发展的政策性工具的属性。

(6)广泛性。非招标采购项目涉及的内容十分广泛,采购对象涉及货物、工程以及服务等多个领域。

(7)非招标采购行为是市场交易行为。在非招标采购活动中,政府与其他经济主体同为市场交易的参与者,双方属于平等的民事法律关系,进行资金与货物、工程和服务的等价交换。非招标采购必须依循效率原则,需要以尽可能少的资金费用获得尽可能多且质量优的货物、工程和服务。

2. 政府非招标采购的独有特征

非招标采购方式进行的政府采购项目专业性远远强于招标采购。因为这一独有的特征,就使非招标采购与招标采购在使用中有了比较明显的区别,具有特别性。《政府采购法》及《政府采购非招标采购方式管理办法》(以下简称《管理条例》)规定使用非招标采购方式的条件之一是采购项目专业性强。非招标采购方式进行采购的项目技术参数具有很强的专业性。

二、政府非招标采购的原则

在实务中,非招标采购的原则可以概括为五项。

(一)竞争原则

非招标采购目标的实现,需要实现在供商之间最大化的竞争程度。非招标采购五种方式中的竞争性谈判与竞争性磋商,关键在于竞争性。

(二)公开透明原则

非招标采购项目基础信息都必须进行公开。通过信息公开,供应商可以获取采购信息并提出优良的竞争方案,还可以对采购代理机构及采购人进行监督,防止权力腐败。

(三)公平竞争原则

公平竞争除了促进供应商之间价格与质量的博弈,还有利于中小企业获得一定份额的采购合同。通过促进中小企业的发展而促进市场经济的良好运行。

（四）公正原则

采购信息必须在指定媒体上发布采购公告，随机抽取评审专家及监督员，独立进行评审，结果必须在指定媒体上公告，供应商可以就招标文件结果进行质疑和投诉。

（五）诚实信用原则

诚实信用原则要求采购主体在采购活动中要诚实守信，采购人不做虚假采购文件，供应商不提交虚假投标文件参与竞争，评审专家实事求是评价投标供应商提供的文件及样本，采购人及成交供应商双方按照合同进行交易和款项支付。

三、政府非招标采购目的和目标

（一）政府非招标采购目的

《政府采购法》第1条规定："为了规范政府采购行为，提高政府采购资金的使用效益，维护国家利益和社会公共利益，保护政府采购当事人的合法权益，促进廉政建设。"政府采购制度实施以来，媒体报道的"天价采购事件"屡见不鲜，引起社会极大关注。非招标采购实际上关注度较低，大家对非招标采购的认识片面，但是内幕交易等腐败现象是存在的。协议采购制度曾经也属于被允许使用的非招标采购方式，《管理条例》出台后，协议采购制度不再继续被使用。因为协议采购在使用的过程中屡屡被发现存在内幕交易等不法行为。协议采购的取消和非招标采购制度不断推出完善措施是防止腐败、促进廉政建设和有效管理财政资金使用。

（二）政府非招标采购实施目标

1. 经济性目标。非招标采购行为通常与政府施政方针、经济发展、城市规划等政策相适应。

2. 采购价格合理性。在非招标采购活动中，采购项目招标文件的制定及采购对象价格的确定非常重要。采购人在采购时需要制定合乎标准的采购文件,才能用合理的价格获得合适的货物、工程和服务。

3. 鼓励竞争。竞争促进采购价格降低,质量提高。鼓励竞争要求采购信息公开透明,潜在的供应商可以获取采购信息,要有专门的信息公布平台及机构发布采购信息。

4. 资金使用有效性。非招标采购目标必须符合公共利益,要求有效的使用财政资金。但是在非招标采购设定中,促进中小企业发展,促进本国企业及技术发展等对资金使用有效性带来不利影响。

四、政府非招标采购的基本构成

(一)当事人组成

非招标采购涉及的当事人包括采购人、供应商、采购代理机构等。

1. 采购人

采购人是指依法利用国家财政性资金和政府借款购买货物、工程或服务的国家机关、事业单位、团体组织。比如,民政局、体育局、卫生局等国家机关及医院等事业单位,大学类科研机构也是实行非招标采购的采购人。

2. 供应商

供应商是指参加政府采购市场的合法供应主体,具体是指向采购人提供货物、工程或者服务的法人、其他组织或者自然人。

3. 采购代理机构

采购代理机构通常是指省、市等的集中采购机构,作为代理机构代理采购人的非招标采购项目,集中采购机构基本与公共资源交易服务中心进行合并。根据法律规定,采购代理机构也包括社会采购代理机构。

4. 监管部门

非招标采购的监管部门主要是财政部门和纪检部门。财政部门与集中采购机构分离,互不隶属,实现政府采购的"采管分离"。

（二）非政府采购主要为以下五种

1. 竞争性谈判

竞争性谈判是指谈判小组与符合资格要件的供应商就采购货物、工程和服务事宜进行谈判，供应商按照谈判文件的要求提交响应文件和最后报价，采购人从谈判小组提出的成交候选人中确定成交供应商的采购方式。采用竞争性谈判方式采购的项目，采购人应当按照《政府采购法》第38条和《政府采购非招标采购方式管理办法》的规定实施采购。

（1）特点

竞争性谈判是一种竞争性采购方式。在竞争性谈判采购中，采购人成立谈判小组，由谈判小组与供应商进行谈判，通过谈判确定采购需求和合同条款的具体要求。供应商按照谈判确定的最终需求和合同条件提交最后报价。谈判小组根据供应商最后报价向采购人推荐成交候选人。

竞争性谈判的特点是采购需求和合同条件可以在采购过程中进行调整。由于具有这样的特点，采购人在制定采购（谈判）文件时，不需要像招标和询价等采购方式那样必须在采购需求中明确采购标的具体技术规格和要求。

（2）适用情形

竞争性谈判方式适用以下五种情形：

一是招标后没有供应商投标或者没有合格标的，或者重新招标未能成立的；

二是技术复杂或者性质特殊，不能确定详细规格或者具体要求的；

三是非采购人所能预见的原因或者非采购人拖延造成采用招标所需时间不能满足用户紧急需要的；

四是因艺术品采购、专利、专有技术或者服务的时间、数量事先不能确定等原因不能事先计算出价格总额的；

五是政府采购工程不进行招标的。

以上第二种和第四种情形,都可以通过谈判确定详细规格或者具体要求,适合技术复杂、专业性强的大型装备,咨询服务等采购项目。

(3)程序概述

第一,成立谈判小组;

第二,制定谈判文件;

第三,确定参加谈判的供应商;

第四,发售谈判文件;

第五,澄清谈判文件;

第六,接收响应文件;

第七,评审响应文件;

第八,谈判;

第九,接收供应商最后报价;

第十,确定成交候选人及排序;

第十一,确定成交供应商;

第十二,公告成交结果和发出成交通知书;

第十三,签订采购合同。

2. 竞争性磋商

竞争性磋商是指采购人通过成立竞争性磋商小组与符合条件的供应商就采购货物、工程和服务事宜进行磋商,供应商按照磋商文件的要求提交响应文件和报价,采购人从磋商小组评审后提出的成交候选人中确定成交供应商的采购方式。采用竞争性磋商方式的采购项目,采购人应当按照《政府采购竞争性磋商采购方式管理暂行办法》规定实施。

(1)特点

竞争性磋商与竞争性谈判的特点基本相同,即采购需求和合同条件可以在磋商过程中进行调整。其主要区别在于竞争性磋商使用综合评分法，竞争性谈判使用最低价法。

由于具有这样的特点，采购人在制定采购(磋商)文件时，不需要像招标和询价等采购方式那样必须在采购需求中明确采购标的具体的技术规格和要求。

(2)适用情形

竞争性磋商方式适用于以下五种情形：

第一，政府采购服务项目；

第二，技术复杂或者性质特殊、不能确定详细规格或者具体要求的；

第三，因艺术品采购、专利、专有技术或者服务的时间、数量事先不能确定等原因不能事先计算出价格总额的；

第四，市场竞争不充分的科研项目，以及需要扶持的科技成果转化项目；

第五，按照《招标投标法》及其实施条例必须进行招标的工程建设项目以外的工程建设项目。

(3)程序概述

第一，成立磋商小组；

第二，制定磋商文件；

第三，确定参加磋商的供应商；

第四，发售磋商文件；

第五，澄清磋商文件(必要时)；

第六，接收(开启)响应文件；

第七，评审响应文件；

第八，磋商谈判；

第九，接收供应商最后报价；

第十，确定成交候选人及排序；

第十一，确定成交供应商；

第十二,公告成交结果和发出成交通知书;

第十三,签订采购合同。

3. 询价

询价是指询价小组向符合资格条件的供应商发出采购货物询价通知书、要求供应商一次报出不得更改的价格,采购人从询价小组提出的成交候选人中确定成交供应商的采购方式。询价采购程序应按照《政府采购法》第 40 条和财政部第 74 号令的规定实施。

(1)特点

询价采购方式的特点是供应商只有一次报价机会,且采购人以报价作为选择成交供应商的标准。为了使供应商能够一次性提出准确和有竞争性的报价,询价通知书的采购需求商业、报价要求、评审标准、合同条款等内容应该尽可能详细、准确。

(2)适用情形

询价采购只适用于采购的货物规格、标准统一、现货货源充足且价格变化幅度小的货物采购项目。

工程施工和服务项目都不应采用询价方式,需要专门定制的货物通常也不采用询价方式。

(3)程序概述

第一,成立询价小组;

第二,制定询价通知书;

第三,确定参加询价的供应商;

第四,发售询价通知书;

第五,澄清询价通知书(必要时);

第六,接收响应文件;

第七,评审响应文件;

第八,确定成交候选人及排序;

第九,确定成交供应商;

第十,公告成交结果和发成交通知书;

第十一,签订采购合同。

4. 单一来源采购

单一来源是指采购人从某一特定供应商处采购货物、工程和服务的采购方式。单一来源采购程序应当按照《政府采购法》第 39 条和财政部 74 号令的规定实施。

(1)特点

单一来源采购方式是政府采购方式中唯一没有供应商竞争的采购方式。单一来源采购时,采购人往往处于被动和弱势地位,供应商反而经常处于主动和强势地位。采用单一来源方式采购的,采购人与供应商应当遵循公平和诚实信用的原则,在保证采购项目质量和双方商定合理价格的基础上进行采购。

(2)适用情形

单一来源采购方式适用于以下三种情形。

第一,只能从唯一供应商处采购的;

第二,发生了不可预见的紧急情况不能从其他供应商处采购的;

第三,必须保证原有采购项目一致性或者服务配套的要求,需要继续从原供应商处添购,且添购资金总额不超过原合同采购金额 10% 的。

(3)程序概述

单一来源采购的程序在相关法律法规中并没有类似公开招标、竞争性谈判、竞争性磋商等方式的详细规定,其程序限定主要集中于如何确定单一来源的供应商以及与此相关的公示活动。在实践中,采购人出于程序正义及廉政风险等考量,通常采用较为周密的组织程序实施单一来源采购。

单一来源采购主要包括以下程序。

第一,确定单一来源供应商;

第二,成立谈判小组;

第三,编制单一来源采购文件;

第四,供应商提交响应文件;

第五,评审;

第六,协商;

第七,确定成交;

第八,公告成交结果;

第九,签订采购合同。

5. 框架协议采购

框架协议采购作为我国政府采购的采购方式,分为两个阶段实施:第一阶段是征集确定入围供应商阶段,征集人通过公开征集程序确定一定数量的入围供应商,与入围供应商订立框架协议;第二阶段是确定成交阶段,采购人或者服务对象按照框架协议约定的规则从入围供应商中确定成交供应商,与其签订采购合同。

(1)适用情形

框架协议采购方式竞争性较弱,因此,其适用情形受到严格限制,财政部门对框架协议采购方式实行审核备案管理:集中采购机构采用框架协议采购的,应当拟定采购方案,报本级财政部门审核后实施;主管预算单位采用框架协议采购的,应当在采购活动开始前将采购方案报本级财政部门备案。

符合下列情形之一的政府采购项目,可以采用框架协议采购方式采购:

第一,集中采购目录以内品目,以及与之配套的必要耗材、配件等,属于小额零星采购的;

第二,集中采购目录以外,采购限额标准以上,本部门、本系统行政管理所需的法律、评估、会计、审计等签证咨询服务,属于小额零星采购的;

第三,集中采购目录以外,采购限额标准以上,为本部门、本系统以

外的服务对象提供服务的政府购买服务项目,需要确定二家以上供应商由服务对象自主选择的;

第四,国务院财政部门规定的其他情形。

采购限额标准以上,是指同一品目或者同一类别的货物、服务年度采购预算达到采购限额标准以上。采购限额标准以下(不含本数)货物和服务项目不属于政府采购范围,采购人可以参照《政府采购框架协议采购方式管理暂行办法》(以下简称财政部 110 号令)采用框架协议采购方式,也可以采用其他方式采购。

属于第二项情形,主管预算单位能够归集需求形成单一项目进行采购,通过签订时间、地点、数量不确定的采购合同满足需求的,不得采用框架协议采购方式。

(2)框架协议采购的征集人

集中采购机构,主管预算单位及其委托的采购代理机构是框架协议采购的征集人。集中采购目录以内的品目以及与之配套的必要耗材、配件等,采用框架协议采购的,由集中采购机构负责征集程序和签订框架协议。

集中采购目录以外品目采用框架协议采购的,由主管预算单位负责征集程序和订立框架协议。其他预算单位确有需要的,经其主管预算单位批准,可以采用框架协议采购方式采购,其他预算单位采用框架协议采购方式采购的,应当遵守财政部 110 号令关于主管预算单位的规定。

(3)框架协议采购的分类

框架协议采购分为封闭式框架协议采购和开放式框架协议采购两种。

封闭式框架协议采购是指在框架协议有效期内,除框架协议约定的情形外,征集人不得增加入围供应商的框架协议。开放式框架协议采购是指在框架协议有效期内,愿意接受框架协议条件的供应商可以随时申请加入框架协议成为入围供应商或者退出并放弃入围供应商资格的框架协议。

封闭式框架协议采购是框架协议采购的主要形式。除法律、行政法规或者财政部 110 号令另有规定外,框架协议采购应当采用封闭式框架协议采购,财政部 110 号令规定的可以采用开放式框架协议采购的情形。

第一,集中采购目录以内品目,以及与之配套的必要耗材、配件等,属于小额零星采购,因执行政府采购政策不宜淘汰供应商的,或者受基础设施、行政许可、知识产权等限制,供应商数量在 3 家以下且不宜淘汰供应商的。例如,通信网络租用服务,供热、供水、供气、供电服务,金融服务等。

第二,集中采购目录以外,采购限额标准以上,为本部门、本系统以外的服务对象提供服务的政府购买服务项目中,能够确定统一付费标准,因地域等服务便利性要求,需要接纳所有愿意接受协议条件的供应商加入框架协议,以供服务对象自主选择的。例如,家政服务、养老服务、医疗服务、体检服务等。

6. 合作创新采购

合作创新采购是指采购人邀请供应商合作研发,共担研发风险,并按研发合同约定的数量或者金额购买研发成功的创新产品的采购方式。合作创新采购方式分为订购和首购两个阶段。

首购是指采购人对于研发成功的创新产品,按照研发合同约定采购一定数量或者一定金额相应产品的活动。

前款所称创新产品,应当具有实质性的技术创新,包含新的技术原理、技术思想或者技术方法。对现有产品的改型以及对既有技术成果的验证、测试和使用等没有实质性技术创新的,不属于合作创新规定的创新产品范围。

(1)特点

第一,两给两共。既对供应商的研发成本“给补偿”,又以承诺购买一定量创新产品的方式“给订单”。通过“共同分担研发风险”“共同培育初始市场”,激发企业创新活力。

第二,合作创新采购与其他采购方式只买最终产品不同。合作创新分为两个阶段,第一阶段是先购买研发服务(订购),第二阶段再购买研发产品(首购)。

第三,创新产品。合作创新采购主要用于采购目前市场上无法提供的、需要研究开发的创新产品,是政府采购领域应用部门和供应商合作研发创新产品的一种方式。创新产品应当具有实质性的技术创新,包含新的技术原理、技术思想或者技术方法。对现有产品的发行以及对既有技术成果的验证、测试和使用等没有实质性技术创新的,不属于本办法规定的创新产品范围。从正反两方面明确创新产品的核心特征,强调创新产品要有实质性的技术创新,应当聚焦硬创新,避免合作创新采购方式的滥用。在实践中,是否具有实质性的技术创新要结合具体情况来判断,要注意将创新产品与简单的定制产品作区分。

(2)适用情形

采购项目符合国家科技和相关产业发展规划,有利于落实国家重大战略目标任务,并且具有下列情形之一的,可以采用合作创新采购方式采购:

第一,市场现有产品或者技术不能满足要求,需要进行技术突破的;

第二,以研发创新产品为基础,形成新范式或者新的解决方案,能够显著改善功能性能,明显提高绩效的;

第三,国务院财政部门规定的其他情形。

(3)合作创新采购的实施机制

中央和省级主管预算单位符合规定情形的采购项目,可以采用合作创新采购方式。中央和省级主管预算单位可以开展合作创新采购,也可以授权所属预算单位开展合作创新采购。设区的市级主管预算单位经省级主管部门批准,可以采用合作创新采购方式。实施合作创新采购的,应当在部门预算中列明研发经费。

采购人可以委托采购代理机构代理合作创新采购,采购代理机构应当在委托的范围内依法开展采购活动。

(4)采购方案概述

采购人开展合作创新采购前,应当制定采购方案。采购方案包括以下内容:

第一,创新产品的最低研发目标、最高研发费用、应用场景和研发期限;

第二,供应商邀请方式;

第三,谈判小组组成,评审专家选取办法,评审方法以及初步的评审标准;

第四,给予研发成本补偿的成本范围及该项目用于研发成本补偿的费用限额;

第五,是否开展研发中期谈判;

第六,关于知识产权权属、利益分配、使用方式的初步意见;

第七,创新产品的迭代升级服务要求;

第八,研发合同应当包括的主要条款;

第九,研发风险分析和风险管控措施;

第十,需要确定的其他事项。

采购人应当对采购方案的科学性、可行性、合规性等开展咨询论证,并按照《政府采购需求管理办法》有关规定履行内部审查、核准程序后实施。

第二节　政府非招标采购方式的问题分析

非招标采购制度虽然已经施行二十多年,实际上对于采购人仍然是新生事物，真正完全实施需要一个较长的过程。政府采购需要实现多重目标，例如，减少腐败、压缩“寻租”空间、支持中小微企业发展等。

非招标政府采购项目主要集中在以下三类：一是指令性购买服务；二是必须要从社会中购买，无法采取公开招标方式；三是中央、省级布置的任务，采购人已有的系统、设备无法完成的。此外，还涉及临时性任务，时间紧迫，没有充足的时间也没有必要通过公开招标进行比选、竞价的项目。

一、存在的问题及分析

（一）竞争性谈判在适用中的问题

竞争性谈判与公开招标和邀请招标相比最大优势是谈判灵活程度高，能够在允许的范围内通过谈判获得相对物美价廉的货物、工程或服务。但是在实操过程中，竞争性谈判仍具有十分明显的缺陷。

1.竞争性减弱问题

竞争性谈判在实践中出现的竞争性减弱问题，主要表现在以下两方面。

第一，在实际采购过程中，竞争性谈判只要达到程序开启要求的供应商数量最低标准就进行谈判的情况，忽视了促使供应商之间竞争性最大化的主要目的。特定的谈判对象容易限制供应商之间的竞争，引起供应商的垄断、随意抬价等问题，也容易出现权力“寻租”的行为。

第二，竞争性谈判存在“陪标”的现象，投标人“自找对手”。例如，在谈判开始前，受邀请的四家供应商仅有两家前往参加谈判，为了避免此次竞争性谈判因供应商不足三家而流标，采购人要求参加采购的甲和乙两家供应商各自找其他供应商参与谈判活动。甲和乙两家供应商随即各自找了一家供应商参加谈判活动，最后乙供应商中标。然而，甲供应商反悔要求取消此次采购结果。采购人代表不愿意取消，甲供应商就向财政部门投诉。采购结果最终被取消，这是典型的“陪标”

行为。

2. 评审专家存在的问题

(1)评审专家专业性不够

评审专家在进行项目评估时,对于文件中存在的问题,比如,设计上有缺陷、参数有问题,或者在谈判过程中,采购人、供应商对招标文件或者投标文件需要进行实质性变更时,评审专家对变更的内容需要形成一致的意见,评审专家在这个环节扮演重要角色。评审专家对实质性变更的内容意见一致后,出具意见书,采购人代表确认意见书,然后书面通知参加谈判的供应商,供应商在通知书上签字。因此,竞争性谈判对评审专家的专业技术水平要求非常高。一般来说,专家库抽取专家是按照专业分类的,但是专业分类下还有更细的分类。在专家库中对专家进行抽取时,按专业范围抽到的专家可能会出现对项目涉及的专业领域不熟悉的情况,尽管采购项目也属于该专家专业领域。

(2)法律专家受重视程度不够

在竞争性谈判中,谈判后期出现的问题往往是法律问题。非招标采购后期验收的问题往往牵涉程序的合法性,有法律专家参与采购可以保证程序的合法性,在程序变动的问题上能够提出合法合理的处理意见。目前,《政府采购需求管理办法》只规定技术复杂、专业性强的评审专家小组中必须包括一位法律专家,但是在其他环节没有进行规定。

3. 供应商中途退出谈判

根据法律规定,竞争性谈判最后参与报价的供应商必须至少有三家,供应商不足三家则不能进入报价程序。竞争性谈判发布公告时限要求是三个工作日。在一般情况下,供应商不会出现中途退出的情况,除非是采购人提出的采购需求发生较大变化,供应商认为其中标概率太小才会退出。如果最后参与报价的供应商不足三家,此次使用竞争性谈判方式进行的采购项目则流标，必须重新按照流程开始进行新一轮的竞争性谈判。如果采购项目是从公开招标变更为竞争性谈判的，在实践中，普遍允许供应商只剩下两家也可以继续进行谈判，但是这种情况则需要财政监管部门批准。

（二）询价在适用中的问题

价格是询价采购方式使用中的重要评价因素。通常在采购活动中只需要比较同类货物的价格，就能够确定哪家供应商提供的货物是符合采购要求的。实践中如何界定标准化货物成为难以量化掌控的标准，成为询价采购方式是否满足合法使用条件的不确定性因素。标准的模糊性导致询价这种非招标采购方式“在一定程度上成为公开招标的避风港”。

通用类的货物使用询价采购在实践中是相对比较多的，询价采购方式与其他非招标采购方式相比也更方便快捷。在实际采购中询价采购方式在各地的使用情况并不一样，使用标准也不相同。询价采购在市县一级的采购活动中使用频率相对较高，普遍呈现项目数量较多，单价不高的特点。《管理办法》规定的“采购的货物规格、标准统一、现货货源充足且价格变化幅度小”，价格变化幅度在多少百分比内属于“价格变化幅度小”，也是存在很大争议。

（三）单一来源采购在适用中的问题

单一来源采购方式最大的特点是没有竞争性，采购人在单一来源采购方式的适用上都持谨慎态度，轻易不使用。实践中一般认为在发生不可预见的紧急情况下，采购人应当遵循就近、即时采购的原则对急需物资进行采购，这时就可以使用单一来源采购方式进行。比如发生地震时，时间上不允许从其他供应商处采购的，才会使用单一来源采购。单一来源采购方式的适用条件必须制定的更加细致和便于操作，比如采购某些必须产品因为其具有的专利性、特殊性等方面没有替代的产品时，单一来源采购才被允许申请，如果有可以替代的产品，单一来源采购则不被允许申请。

(四)竞争性磋商在适用中的问题

竞争性磋商是财政部 2014 年设立的非招标采购方式。在竞争性磋商文件范本的设置中,如何划分标准流程,每个流程中各个采购主体的职责如何需要不断完善。竞争性磋商使用综合评分法进行项目评价。综合评分法是指在非招标采购项目的评审环节,评审小组对供应商提交的参与非招标采购的投标文件中的每个有关指标进行评分以后,再对提交报价的供应商的响应文件以及供应商的最后报价进行综合评分,最后由评审小组根据综合评分的情况,按照从高至低的评审分数的序向采购人推荐成交候选供应商,评审专家在竞争性磋商的评审环节拥有很大权力,限制专家自由裁量权是必然要求。

(五)框架协议采购在适用中的问题

实务过程中,要加强对框架协议采购方案的审核。第一,实施范围审核。要认真落实"适用于小额零星采购"以及"以封闭式框架协议为主"的基本原则,严格把控相应实施范围。第二,竞争机制审核。要严格执行"需求明确、竞争价格"的评审要求,把握对各品目分级、分类、分包的合理性,防止品目拆分过细带来的竞争不充分等问题。对专用设备采购,要严格控制质量优先法的适用,加强对需求标准、最高限制单价以及竞争淘汰率的匹配性审核。第三,其他重要问题审核。包括落实政府采购政策,防止政府采购"专供"、高价专用耗材捆绑问题的措施等。

在落实绿色采购政策方面,对实施强制采购或者执行强制性绿色采购标准的品目,应当将符合绿色采购政策作为实质性要求,对实施优先采购或者执行推荐性绿色采购标准的品目,应当在评审时给予相关供应商评审优惠;在支持中小企业政策方面,对符合条件的小微企业,应当按照《政府采购促进中小企业发展管理办法》的规定给予价格扣除优惠政策;在进口产品管理方面,对检测、实验、医疗等专用仪器设备，确有采购进口产品需求的，在采购方案中可以就相应的进口产品设置采购包，但第二阶段采购人在采购入围进口产品前，应该按规定履行相关核准程序。

（六）合作创新采购在适用中的问题

进行持续的科技创新，并将其积极地运用到解决现实问题中，是我国宏观经济实现质量变革、效率变革和动力变革的必要条件。习近平总书记强调，“我国经济社会发展和民生改善比过去任何时候都更加需要科学技术解决方案，都更加需要增强创新这个第一动力”。2024年4月，财政部《政府采购合作创新采购方式管理暂行办法》正式出台。

合作创新采购通过采用“创新产品”这一统称替代原来的新技术与新产品的列举表述，但创新产品这一概念能否完全覆盖《政府采购法》规定的货物、工程、服务三大类别，目前尚存在不确定性。这种不确定性可能导致在实践层面产生分歧，影响采购活动的顺利进行。合作创新采购的主体在中央和省级主管预算单位，补充了“含计划单列市”的表述，然而，仍然存在一些未被明确纳入的特殊主体，如国家级新区、城市群以及高校国家实验室等。

合作创新采购在划分采购包时，应当结合采购项目的具体情况以及中小企业的实际承接能力。这一调整不仅体现了对中小企业实际状况的深入考虑，也显示出政策制定者对于政策落地的科学性和精准性的追求。然而，中小企业在研发实力、资金储备等方面的限制仍然存在，且无法在短期内解决，这在一定程度上限制了其在合作创新采购中的参与度和影响力。由此，如何让上述扶持政策真正发挥作用，确保中小企业主体在参与过程中能够充分发挥自身优势的同时，也能满足合作创新采购要求，仍然是亟待关注的问题。

合作创新采购要求知识产权归属应当按照《知识产权法》相关规定执行，但该条款内容较为笼统。对于合作创新采购涉及的知识产权问题,应充分考虑合作创新采购的特殊性和复杂性,进一步完善保护措施,即在维护供应商权益的同时,综合考量公共利益。知识产权自身的例外机制难以解决合作创新采购领域所面临的知识产权困境,应当出台配套文件与措施,对其加以调整和优化。

二、典型案例

(一)某单位布展服务采购项目投诉案

1. 案件关键词

差别待遇、歧视待遇、限制、排斥。

2. 案情概要

2021 年 12 月,某单位委托代理机构就该单位布展服务采购项目进行竞争性磋商。磋商结束后,财政部门收到投诉,反映该项目设定特定资格要求为“供应商具备某协会颁发的陈列展览施工壹级资质”,涉嫌以不合理条件对供应商实行差别待遇或歧视待遇。财政部门依法调查后,认定投诉事项成立。

3. 案情分析

经核实,该项目主要采购布展服务,涉及场景复原及展览、音视频系统、雕塑、复制品采购等内容。采购需求中明确该项目涉及展厅主体建筑已完成基建工作,不涉及建筑、结构改造。

经查阅相关资质管理办法,核实该资质认证单位为某协会,申请主体为从事相关陈列展览设计施工活动的该协会会员单位,其中,获得壹级资质需要具备企业注册资金不少于 1000 万元、从事陈列展览施工业务不少于 8 年、具备相关专业的高级技术职称人员不少于 3 人、中级技术职称人员不少于 8 人等条件。该资质申请条件对企业注册资金、从业人员等规模条件作出限制,按照政府采购法律法规规定,属于以不合理条件对供应商实行差别待遇或者歧视待遇,财政部门认定投诉事项成立。

4. 案例要点

公平竞争是政府采购应当遵循的基本原则，在当前建设全国统一大市场的背景下，无论在法律层面还是实操层面都应始终坚持对各类市场主体平等对待，不得将与供应商经营年限、经营规模、财务指标、股权结构等挂钩的条件或证书设为资格要求或者评审因素，不得变相对供应商实行差别待遇或者歧视待遇。

采购人、采购代理机构应当对采购文件严格把关，在设定有关资格许可或认证证书时需要同时满足以下要求：

第一，不在国务院取消的行政审批项目目录内；

第二，申请条件未对企业的注册资本、资产总额、营业收入、从业人员、利润、纳税额等规模条件作出限制；

第三，与项目的特殊要求存在实质上的关联性；

第四，满足该资格许可或认证证书要求的供应商数量具有市场竞争性。

（二）某学校餐厅装备采购项目投诉案

1. 案件关键词

货物采购、评审因素设定、专利证书、限制、排斥。

2. 案情概要

2022 年 8 月，某学校委托代理机构就该学校餐厅装备采购项目进行公开招标。招标结束后，财政部门收到供应商投诉，反映该项目招标文件评标办法商务部分评分标准规定“所投核心产品生产厂家具有专利证书得 2 分”，构成以不合理条件排斥潜在投标人或倾向于某特定投标人（投标产品）。财政部门经依法调查，认定投诉事项成立。

3. 案情分析

经调查核实，该项目采购若干厨房设备，其中将“电磁大锅灶”设置为核心产品与投标人所提供货物质量及合同履行无关，财政部门认定投诉事项成立。

4. 案例要点

采购人、采购代理机构可以在采购公告和采购文件中要求潜在供应商具备相应的资格、技术和商务条件,但评审因素和评分标准的设定,既要与项目的采购需求、具体特点以及供应商提供的货物质量、服务能力、合同履行能力等相关,也要符合政府采购相关法律法规的要求,不得违背政府采购公平竞争原则,也不得随意、盲目和出于不正当利益设定特定的资格、技术、商务条件,排斥合格的潜在供应商。

该项目采购人表示,将具有专利证书设为评审因素,是为了保证所采购产品的质量。该项目核心产品为电磁大锅灶,属于通用类的货物采购,采购文件可以通过明确技术参数、履约要求、售后服务等条件,对供应商提出一定的要求,而生产厂家是否具有专利证书与供应商所投货物质量及履约能力并没有直接关系。

(三)某单位设备采购项目投诉案

1. 案件关键词

评审因素、量化指标、分值设置、评审标准。

2. 案情概要

某单位委托代理机构就该单位设备采购项目进行公开招标。招标结束后,财政部门收到投诉,反映该项目评委打分有倾向性,影响了政府采购活动的公正性和严肃性。财政部门经依法调查,认为采购文件部分评审因素量化指标设定不合规,可能影响采购结果,责令采购人废标,重新开展采购活动。

3. 案情分析

经核实,该项目采购文件部分的评审因素设置量化指标设定不合规,没有客观明确的评审标准,可能影响采购结果。例如,“验收、培训、售后服务方案”部分的评审因素设置为“方案完整的得 4 分”“较为完整的得 2 分”“不够完整的得 1 分”。

该项目尚未签订政府采购合同。采购文件部分评审因素量化指标设定不合规，可能影响采购结果，根据《政府采购法》第36条、《政府采购质疑和投诉办法》（财政部令第94号）第32条的规定予以处理。

4. 案例要点

采购文件是政府采购活动的重要文件，评标委员会按照采购文件规定的评审程序、评审方法和评审标准进行独立评审，确定中标候选人名单或中标人。因此，采购人和代理机构在编制采购文件时应认真、细致，对采购文件中评审标准的设置应该清楚、准确、详细，以便评标委员会能够按照统一明确的标准对供应商进行评价。

在政府采购评审中采取综合评分法的，评审标准中的分值设置应当与评审因素的量化指标相对应。一方面，评审因素的指标应当是可以量化的，不能量化的指标不能作为评审因素。评审因素在细化和量化时，一般不宜使用“优”“良”“中”“一般”等没有明确判断标准、容易引起歧义的表述。另一方面，评审标准的分值也应当量化，评审因素的指标量化为区间的，评审标准的分值也必须量化到区间。

第三节　政府非招标采购规制的完善

一、提升政府非招标采购公信力

非招标采购制度实施是通过增加财政支出的透明度减少财政支出中的腐败现象。目前，非招标采购陷入政府公信力不足、采购目的无法较好实现的困境。

（一）政府非招标采购公信力不足

1. 节约财政资金

采购人使用非招标采购方式采购的工程、货物和服务存在质次价高的问题。在非招标采购方式进行多次改革后，质次价高等问题仍然不能被解决，非招标采购设立的节约财政支出的意图没有完全被社会公众认可。

2. 防范腐败

在实践中，非招标采购多次发生干预采购、供应商“串标”或者“围标”等现象。政府普遍对非招标采购资源进行集中整合，设立了公共资源交易中心（政府采购中心）对非招标采购的内部程序控制以及监督管理进行不断完善。但是在采购的过程中仍然存在权力寻租现象。非招标采购设置的防范腐败的功能及目的难以完全实现。

3. 提高行政效率

非招标采购程序繁杂，一项采购项目需要经历数项中间程序。各省建立的电子平台在使用中也存在不少的问题，行政效率提高的目的并未完全得到实现。

4. 政策作用

非招标采购所承载的目的，由于配套措施不完善、相关主体不作为、社会监督力量不够等原因，并没有得到充分发挥。尽管中央及地方政府集中采购目录、绿色采购清单和节能采购清单不断进行更新，仍然存在不少问题。

（二）“互联网＋”技术对提升公信力的作用

“互联网＋”技术的发展，为非招标采购制度的完善提供新的改进方向。首先，从技术角度方面，建立全国统一的政府采购电子平台的条件已经成熟。淘宝、京东商城等主流电商都有其成熟的技术支持，可以为政府采购电子平台的建立提供一定的技术支持。

其次，搭载“互联网＋”功能的政府采购电子平台透明度高，公开程度高，非招标采购中的权利“寻租”及腐败现象也会减少。“互联网＋”的政府采购电子平台在防范非招标采购领域中权力“寻租”的腐败问题、提高非招标采购的效率等方面起到重要的作用。

最后，政府采购电子平台有利于精简机构，简化程序，节约非招标采购时间。在现行的政府采购制度下，非招标采购制度层级非常多，程序非常复杂。在实践中，采购人对集中采购机构代理采购的项目满意度较低。在非招标采购中，政府采购中心的运行费用以及采购人通过社会采购代理机构进行非招标采购的费用，实际上都属于非招标采购的成本。通过采购电子平台采购后，采购人通过社会代理机构进行采购的费用可以被节约，非招标采购的成本也会随之降低。

二、程序性问题和完善处罚制度

（一）完善变更采购方式程序

公开招标和邀请招标变更为其他非招标采购方式的具体规定很模糊。《政府采购法》没有明确规定公开招标或者邀请招标流标几次后变更为竞争性谈判、询价、单一来源采购或者竞争性磋商等非招标采购方式。在实践中存在由公开招标启动，然后变更为竞争性谈判，最后使用单一来源采购方式采购的项目。一般是经过 3 次公开招标流标后，启动变更为非招标采购方式的程序，这样对有些采购时限要求比较短的项目显得比较浪费时间，采购人和使用人等待时间比较长。

因此，需要完善变更采购方式的程序，规定经过几次公开招标流标后变更为非招标采购方式，如果 3 次时间太长，是否改为可以 1 次至 2 次，或者在供应商不足的情况下，省略部分前期程序直接变更为非招标采购方式。

（二）完善处罚制度

非招标采购处罚制度主要是针对采购主体的违规违法行为进行处罚。政府采购制度建构对供应商的诚信体系建立不完善，没有自成体系的诚信制度。企业是否违规的认定、记录制度不完善。供应商违规处罚也相对较轻，在很多情况下只是公告通报，没有太多实质性的惩罚措施。供应商违规成本低，其违规可能性就大。在现有企业制度中，企业成立、运行成本比较低，供应商进入非招标采购门槛设置比较低，即使违规，供应商实际控制人完全可以重新出资注册公司。供应商处罚制度的完善问题亟待解决。

第六章　政府采购合同

政府采购是政府公共支出的重要组成部分和国家调控经济的重要手段。在市场经济条件下,政府与供应商之间的交易通过签订合同来明确双方之间的权利义务关系。因此,政府采购合同是政府采购制度的核心。《政府采购法》就是一部政府采购合同法,所有的环节都是为了采购合同而服务的。无论是《政府采购法》还是《实施条例》的内容,都单独编章节规定了政府采购合同的相关问题。政府采购合同是在政府采购的过程中,最终确定双方权利、义务以及其他细节性的协议,也是采购方与最终供应商达成意愿的成果。

在实务界,鉴于《政府采购法》第 43 条的规定,政府采购合同适用合同法",一般认为政府采购合同属于民事合同的范畴。但是,江苏省地方立法以及一些地方的司法实践中认为其属于行政协议。在理论界,由于政府采购合同的特殊性,其法律性质在理论界也引发强烈的争议,出现了民事合同说、行政协议说、混合合同说和双阶理论说 4 种学说,至今争论不休。

第一节　政府采购合同概述

一、政府采购合同的概念

合同,是当事人之间设立、变更和终止民事权利义务关系的协议。

合同有广义和狭义之分。广义的合同是指以确定权利、义务为内容的协议,包括民法上的债权合同、物权合同和身份合同,行政法上的行政合同和劳动法上的劳动合同等。狭义的合同仅仅是指民事合同,即指平等主体之间确立、变更和终止民事权利和民事义务的协议。

政府采购合同是指采购人为实现采购任务,而利用财政资金依法定形式、程序与供应商之间签订的以货物、工程和服务为主要内容的,明确相互的权利、义务关系的协议。

二、政府采购合同的特征

政府采购最初用于改革财政支出,是政府向公众提供公共服务的重要手段。同时,政府采购合同也是现代市场经济发展的产物,是市场竞争机制下的交易活动。采购行为应当遵循市场交易规则,所以政府采购合同天然地具有民事特性。政府采购合同符合一般民事合同的特征,即合同双方当事人的地位平等,合同当事人双方意思表示一致,以合同当事人双方权利义务关系的设立、变更、和解除为内容。政府采购是国家宏观调控的一种重要手段,是行政机关为了实现其行政管理职能的一种行政行为。政府采购合同的最终归宿不是采购行为本身,而是其背后所蕴含的巨大公益性甚至整个社会经济运行计划的确立,政府采购合同只是实现这个目的的一种方式。所以,政府采购合同与一般的平等主体之间所达成的民事合同相比具有特殊性。

(一)政府采购合同主体的特殊性

根据《政府采购法》等相关法律规定,采购人身份是由法律法规所赋予的,即政府部门或其他具有公共职能的组织、社会团体和事业单位。只有具备这些身份,依照采购流程签订的采购合同才是政府采购合同。民事合同对缔约方的身份没有特殊要求。

虽然《政府采购法》规定了政府采购合同当事人双方应当平等,但由于政府采购合同中采购主体是行政机关,使当事人地位实质上不平等,采购人享有一定的特殊权力。例如,对供应商的资格审查权。在政府采购中,行政机关具有审查供应商的相关资格证书的权利,同时也能审查供应商的相关税务与财务报告,或者要求供应商提供相关证明,证明供应商具备良好信誉或没有重大违法行为,这是行政机关所具备的单方权利。根据《政府采购法》第77条的规定,行政机关在供应商存在不良行为可以对其进行行政处罚。这是一般民事合同不具备的。

（二）政府采购合同资金来源的特殊性

政府采购合同的资金源于国家财政。国家财政资金主要来源于政府公权力如税收、提供公共服务所收取的资金等途径,或是依据政府信誉所取得的诸如国债、政府贷款等公共借款。政府采购的支出往往占据财政预算的主要部分,因此,政府采购资金的使用有着严格的限制,并附带严格的审计程序。我国财政性资金一般指预算内资金,几乎强制排除了非预算内的政府采购行为。基于资金来源的特殊属性,政府采购行为的计划和方式完全区别于私人的采购行为。

（三）政府采购合同的特殊性

政府采购合同不仅完成采购任务,同时还蕴含着采购人行使国家管理职能和维护公共利益等多个方面。

首先,提供公共产品。与私人企业所追求的自身利益最大化不同,政府采购具有许多社会目标的价值追求。提供公共产品是政府所应实现的社会目标,这种不获取利益的特性使提供公共产品的适格主体只有政府。正是由于公共产品的特殊性,想要有效的供给便只能由政府部门来提供。在政府采购合同中,政府的目的往往是直接或间接地向不特定公众提供公共产品,最终满足社会的需求和利益,所以,政府采购合同与追求赢利的一般民事合同不同。

其次,调节国家经济运行。政府在市场经济中扮演的角色如下:提供公共产品,保证市场的竞争性,减少污染;利用税收杠杆和财政支出有针对性的调整再分配,促进平等;从宏观上利用财政和货币保证经济的平稳增长与运行。政府采购是现代国家行使财政管理职能的重要手段,也是调控国家经济运行的工具,同时也是市场上最大的消费主体。作为一种调节经济的手段,采购结果会带来很高的社会关注度,起到“风向标”的作用,在国家经济运行中发挥着重要作用。公共工程和公共服务中的政府采购可以将公共需求转化为市场需求,并通过乘数效应扩大总需求,促进内需扩张,实现对国家经济的宏观调控。

最后,节约财政支出。政府采购合同是国家财政支出的重要途径,在加强财务管理、提高财政使用效率、节约公共资源等方面发挥着重要作用。随着政府采购规模的不断上升,2023 年全国政府采购规模为 33,929.6 亿元。其中,货物、工程、服务政府采购规模分别为 7738.1 亿元、14,486.8 亿元和 11,704.8 亿元,占全国政府采购规模比例为 22.8%、42.7%和 34.5%。从组织形式看,政府集中采购、部门集中采购、分散采购规模分别为 8038.3 亿元、1522.4 亿元和 24,369.0 亿元,占全国政府采购规模的 23.7%、4.5%和 71.8%。从采购方式看,公开招标、邀请招标、竞争性谈判、竞争性磋商、询价、单一来源、框架协议采购规模分别占全国政府采购规模的 76.3%、0.6%、1.8%、12.3%、0.6%、3.1%和 1.5%。对如此庞大的资金,作为采购人主体应当在法律范围内做到最大限度的合理利用,同时在采购过程中应当建立对供应商的激励约束机制,避免政府浪费财政资金,防止腐败与浪费。

三、政府采购合同的性质

《政府采购法》规定:“政府采购合同适用合同法。采购人和供应商之间的权利和义务,应当按照平等、自愿的原则以合同的方式约定。”这种规定似乎给长期争论不休的政府采购合同性质在立法层面上做了一个定论,即政府采购合同是完全的民事合同,政府采购行为是纯粹的民事行为。然而,立法上的定论不是检验某一学术观点正确与否的终极标准,况且,这样规定的初衷也是不得已而为之。《政府采购法》规定了政府采购合同适用合同法,并没有明确说政府采购合同就是民事合同。法律将政府采购合同定性为民事合同,要求适用合同法,是考虑我国现行的行政合同理论尚不成熟、现有的行政诉讼制度也尚不完善,还没有行政合同的一席之地,规定也是基于现实情况的不得已而为之。

虽然《政府采购法》的规定对政府采购合同的性质进行了界定,但是并没有终止各界对于政府采购合同属性的争议。理论上,关于政府采购合同性质的界定归纳起来主要有三种学说:民事合同说、行政合同说与混合合同说。

（一）民事合同说及其理由

该学说将政府采购合同完全视为民事合同。

1. 政府采购合同具备民事合同的根本特征

政府采购合同具备民事合同的根本特征,即主体平等和意思自治。从合同本身来说,政府采购并不取决于公权力的属性,不属于行政范畴,是私法行为。政府采购合同中的当事人,一方主体是作为采购人的行政机关,另一方是普通主体供应商,从主体来说,因为行政机关的存在此合同应当视为行政合同。但是,行政机关在采购过程中并没有行使公共权力,是以平等主体身份与供应商在意思表示一致的前提下签订的合同。与一般的民事合同相同,二者在合同中具有平等的法律地位。因此,二者签订的采购合同属于民事合同。

2. 政府采购合同中当事人双方权利义务基本对等

虽然政府采购合同的主体存在一定特殊性,但是合同的本质仍然是一种市场行为,合同双方在合同中的权利义务基本对等,合同内容也是符合市场规律。政府采购合同是行政机关运用公共资金购买具有公益属性的货物、工程和服务而与供应商进行交易的民事法律行为。供应商的义务是按照合同提供产品或服务,权利是获得合理报酬,作为采购人的行政机关应当按照合同约定履约,一旦违约要赔偿或补偿供应商。双方权利义务基本对等。

3. 救济方式有利于保障供应商的权益

将政府采购合同的性质界定为民事合同更有利于保障供应商的权益。一切合理的制度都应当能够保护相关当事人的合法权益,并能保持自身的正常运转。我国行政合同的相关制度建设并不完善,运用行政合同制度规制政府采购合同明显不足。政府采购合同认定为民事合同,运用私法去规制与救济更容易保护供应商,更有助于激发他们积极参与政府采购,促进我国政府采购体系的快速发展。基于此,政府采购合同应当纳入民事合同的框架下,参与制定我国政府采购法的专家大多持此观点。

(二)行政合同说及其理由

行政合同说认为,政府采购合同就是作为采购人的行政机关与作为供应商之间签订的行政合同。虽然政府采购具有某些民事行为的特征,但根本上是一种行政行为,具有行政行为的诸多特征,政府采购合同实质上是一种行政合同行为。

1. 政府采购合同的目的具有公益性

政府采购合同是政府使用公共资金购买必要的货物、工程或服务,最终目标是为公众服务。在签订政府采购合同时,不仅要关注采购项目的价格与实用性,而且要考虑采购活动对国家经济的运行与政策目标实现的影响,考虑如何促进中小企业发展,保护环境和支持欠发达地区和少数民族地区等公共目标,以实现社会利益的最大化。将政府采购合同归属行政合同能促进公益性目标的实现。

2. 政府采购合同的签订和履行均存在行政权的运用

政府采购合同基于其资金性质、责任分配、采购管理和程序的特性,与一般民事合同不同。采购人在合同取消、合同修改、供应商资格限制等方面都有主动权,这与民事合同的签订和履行不同。

3. 合同当事人地位实质不平等

虽然《政府采购法》规定了政府采购合同适用平等原则，但是实质上采购人仍处于主导地位，享有一定的优益权。大部分合同是由采购人起草的格式条款，供应商基本上没有谈判的余地，意思表示受到一定程度的限制。合同一旦达成，任何一方都没有自由解除或终止履行的权利，除非继续履行会损害公共利益。受限于公共利益，供应商享有的意思表达自由是不完整的。

（三）混合合同说及其理由

混合合同说认为，无论是民事合同还是行政合同，都不能完全反映政府采购合同的特征。

政府采购合同本质上是一种混合合同，具有公法和私法性质，公法和私法都对其进行共同约束。政府采购合同具有二元性：既有民事属性，受到某些民事法律规范的规制；也有行政属性，受到某些行政法律规范的规制。政府采购合同在形式上适用私法的合同模式，但也要根据公法原理对其进行修正，是兼具公法与私法性质的特殊合同。政府要在市场经济中履行宏观调控的职能，弥补市场机制固有的缺陷，促进市场内部的活力与良性竞争，赋予政府采购合同双方公法上的权力或义务，是为了更好地发挥政府在市场经济中的作用。两种救济方式各有不同的功能，兼具民事和行政性质，有利于发挥两种救济方式的不同功能，更加充分、有效地保护合同当事人的利益。

四、有关政府采购合同性质的理论分析

民事合同说、行政合同说与混合合同说三种理论学说各有其合理性，但也存在不足之处。

（一）对民事合同说的理论分析

民事合同说体现了政府采购合同当事人之间具有民事合同平等、自愿、合意的本质特征。同时，民事合同说对当前我国不完善的行政合

同救济机制不理想的现实予以考量。但是,该学说却对政府采购合同中存在强大的行政权视而不见,无法全面覆盖政府采购合同的各个方面。这使得民事合同说在理论上难以实现,在实践中也无法有效保障当事人合法权益。

1. 当事人地位不平等

由于行政机关作为采购人,使得政府采购合同中的双方并不是实质上的平等。虽然理论上政府采购合同遵循平等的原则,在实际中,采购人在政府采购中处于主导地位。采购人对权力的使用将对合同签订与履行带来巨大的影响。如果运用得当,这种影响将促进中小企业的竞争和发展,如果使用不当将导致地方保护主义和行政垄断。相比较采购人,供应商作为民事主体实力明显较弱。采购人自身性质和力量的强大,使供应商很难在寻求救济时寻找到有力的证据。

2. 政府采购的政策目的与民事合同的冲突

物有所值是政府采购合同所追求的目标,政府采购合同目的和资金来源的特殊性决定了在采购过程中不仅要衡量价格,还要实现政策目的。例如,通过政府采购合同保障中小企业发展,壮大民族工业,促进区域经济发展,保护环境等。正是由于这些政策,政府采购合同与一般民事合同不同。

3. 政府采购合同对自愿原则的限制与民事合同存在冲突

民事合同的签订是建立在自愿的基础上,但是,由于政府采购合同的特殊性,采购人和供应商在合同的订立和履行方面都受到很大限制。竞争原则和公开原则是订立合同必须遵循的,采购人不能自愿选择合同相对人。在集中采购过程中,集中采购机构统一采购目录中列出的品类。供应商进入政府采购市场的资格应该符合法律法规的要求。

4. 民事救济途径不能完全有效地保护当事人的利益

民事合同说将政府采购合同认定为民事合同,政府采购合同的救济适用民事救济途径。按照我国《民法典》和《民事诉讼法》的规定,合同双方可采取的救济手段包括协商、调解、仲裁和提起民事诉讼等。虽然理论上民事救济尤其是协商与调解，可以减少争端对政府采购的不利影响，立法鼓励当事人使用协商和调解的方式解决争端。但是，民事救济途径也面临困境。

首先，政府采购是采购人进行管理的一种方式。在采购过程中，采购人为了便于履行行政职能，法律赋予其一定的权利，根据行政行为效力原理，如果存在权力滥用的行为，不经过法定程序撤销，这些行为具有法律效力。民事诉讼并不具有对行政行为进行司法审查的功能，无法绕开行政行为的合法性来处理具体的民事合同纠纷。

其次，政府采购合同被视为民事合同，举证规则要适用于民事诉讼的"谁主张，谁举证"，不利于处于弱势一方的供应商取证。政府采购合同的特殊性不同于一般的民事合同，政府采购合同有政策目的与宏观调控的因素。政府采购合同定性为民事合同，不利于采购人对行政事务管理。

（二）对行政合同说的理论分析

行政合同说认为由于政府采购合同存在行政权力的运用，造成政府采购合同双方不平等。政府采购合同中的采购人既是合同的当事人，又是市场活动的管理者，只有将行政权力纳入公法的约束范围，才能有效地监督行政权力，保障供应商的合法权益。从这个方面来讲，行政合同说无疑值得肯定。客观地说，构建我国行政合同法律制度是客观实践需要，采购人根据客观实践需要签署类似于域外行政合同的情况已经普遍存在。简单地将政府采购合同归入行政合同，也存在许多问题。

1. 行政合同制度尚未构建

长期以来，我国学术界对是否建立行政合同制度存在争议。我国制度层面出现"行政合同"这一概念，是在最高人民法院发布的《关于规范行政案件案由的通知》中，《关于规范行政案件案由的通知》将行政合同认定为一种行政行为。但是，哪些合同属于行政合同没有明确规定，在实践中很少出现行政合同案件,行政合同的定义也存在争议。目前,我国对行政合同的讨论仅限于理论推导,理论准备还不够充分,实践也还未展开。因而,将政府采购合同纳入行政合同无法得到司法实践的回应。

2. 政府采购合同与一般行政合同存在区别

行政合同本质上是执行公务或履行行政管理职责的手段,从法律关系上来讲,其核心是创设、变更或者消灭行政法律关系,或者说,行政合同本身就构成执行公务、履行职责的法律行为。例如,政府可以直接凭借国有土地出让合同,直接产生行政法律关系的变化,完成对国有土地的管理职责。但是,由于政府采购合同同时具备行政性和民事性的特征,就使政府采购合同在法律关系上产生公法与私法适用上的重叠。政府采购合同客观上有促进经济、社会发展的作用,主观上还是通过合同与供应商发生民事法律关系来完成行政目的。这与一般的行政合同有所差别。

3. 行政救济途径不能完全有效地保护当事人的利益

根据行政合同说,政府采购合同是一种行政合同,争议解决方式应当采取行政救济。根据行政救济的一般原理,当事人可以采取行政复议、行政诉讼和行政赔偿。如果将政府采购合同认定为行政合同,采用行政救济,则有利于监督权力的运行,间接维护行政相对人的正当利益。此外,在履行政府采购合同的过程中,为了保证行政行为蕴含的公益性,赋予了行政机关在面对危及公共利益的行为优益权,行政机关可以单方面变更合同履行状态。针对这种情形产生的纠纷,民事诉讼往往无能为力。

实际上,行政救济途径不能完全有效地保障当事人的合法权益。首先,不论行政复议、行政诉讼或者国家赔偿,都面临救济范围狭窄的问题,行政救济方式只进行行政合法性审查,不进行行政行为是否合理性审查。行政行为的合法性审查不能从根源上解决政府采购合同双方的矛盾,也就无法真正的平息争议。其次,行政救济主要以行政相对人申请为前提，行政救济是对行政相对人因行政违法所造成损害的救济，只有行政相对人提出申请，行政救济程序才能进行。在政府采购合同履行中，采购商的不法行为使得行政机关的合法权益受到损害，行政救济将难以进行。最后，我国行政诉讼发展还不完善，行政诉讼原告的胜诉率即被告的败诉率低，供应商在与政府合作时有顾虑，担心一旦政府违法，将无法赢得诉讼，行政诉讼基本上不采用调解，因此，供应商往往不愿向政府提起行政诉讼。

（三）对混合合同说的理论分析

混合合同说调和了民事合同说和行政合同说的对立状态，通过折中的状态弥补两种模式的缺陷，指出政府采购合同具有民事与行政的双重特征，应接受私法和公法规则的二种规制。混合合同说最大问题是缺乏具体和明确的界定。在什么情况下，受私法规则约束？在什么情况下，受公法规则约束？事实上，与行政合同相似，将政府采购合同归为混合合同也需要实践中存在混合合同的理论基础，这在我国仅限于理论推导。

混合合同说最大缺陷是没有理清政府采购合同的混沌状态，没有明确政府采购合同内部的公法与私法的界限，导致司法适用上的混乱，干扰法院对政府采购合同纠纷的受理和判决，最终损害合同当事人的合法权益。混合合同说由于理论不完善，其在如何划分民事合同与行政合同边界上缺乏明确的标准。混合合同说关于政府采购合同法律性质的界定，虽然在一定程度上缓解"民事合同说"和"行政合同说"之间的争论，但对于政府采购合同法律性质的界定以及救济没有太多的理论贡献。

五、政府采购合同性质的实践

（一）政府采购合同性质的立法概述

1. 中央层面的立法

1999 年 1 月 26 日下午，中央国家机关在政府采购制度建设方面进行了一项试点工作,随着一声声喝标声起,海信、长城等13家厂商的投标报价一一显示在大银幕上。这标志着中央国家机关政府采购试点工作拉开帷幕,标志着政府采购制度在全国范围内逐步展开。

1999年4月17日,《政府采购管理暂行办法》公布,成为全国各级财政部门推进政府采购制度改革的法律依据。《政府采购管理暂行办法》没有对政府采购合同的法律性质作出明确规定。1999年7月3日,《政府采购合同监督暂行办法》颁布,为政府采购立法提供了坚实的基础。在各地财政部门总结政府采购试行经验的基础上,也相继制定了许多地方性法规和相关的配套办法,逐渐引导政府采购制度建设走向规范化。但是,这些涉及政府采购合同的法律文件对政府采购合同的法律性质并未进行明确规定。

2002年6月29日,《政府采购法》公布。《政府采购法》第43条规定:"政府采购合同适用合同法"。因此,政府采购合同的性质基本上可以划分为民事合同范畴。

2015年1月30日,《实施条例》公布,但是没有政府采购合同法律性质方面的规定。现行有效的财政部相关的部门规章有6个,这些文件均没有政府采购合同法律性质的相关规定。

总之,从中央层面立法来看,除了《政府采购法》第43条规定政府采购合同适用《合同法》,基本可以定性其为民事合同,其他法律法规没有明确规定政府采购合同的法律性质。

2. 地方层面的立法

截至2024年12月31日,一共有8个地方性法规和地方政府规章对政府采购合同的法律性质作了明确规定:明确将政府采购合同的法律性质规定为民事合同的有1个地方性法规,即《四川省合同监督条例》。明确将政府采购合同的法律性质规定为行政合同的有7个地方政府规章,分别是《山东省行政程序规定》《江苏省行政程序规定》《兰州市行政程序规定》《蚌埠市行政程序规定》《湖南省行政程序规定》

《海口市行政程序规定》《汕头市行政程序规定》。其他地方性法规和地方政府规章没有明确规定政府采购的法律性质。

可见，在地方立法层面，政府采购合同的法律性质属于民事合同还是行政合同，仍然存在争议。

（二）政府采购合同性质的司法概述

1. 司法文件

司法文件是指最高人民法院和最高人民检察院制定的规范性文件。由于没有明确规定政府采购合同的司法文件，所以选择从民事合同和行政协议两方面的相关司法文件进行梳理。

在有关民事合同的司法文件中，最高人民法院《民事案件案由规定》"第四部分合同、准合同纠纷"中没有涉及政府采购合同。2023 年 5 月 23 日，最高人民法院审判委员会第 1889 次会议通过最高人民法院《关于适用〈中华人民共和国民法典〉合同编通则若干问题的解释》，自 2023 年 12 月 5 日起施行。民事合同的司法文件对政府采购合同的法律性质没有进行规定。

行政协议的司法文书主要为最高人民法院《关于适用〈中华人民共和国行政诉讼法〉的解释》（以下简称《行政诉讼法司法解释》），但均未对政府采购合同作为行政协议进行明确界定。

可见，在司法文件层面，政府采购合同的法律性质没有规定。

2. 司法实践

在政府采购合同司法实践方面，从适用数量上统计，政府采购合同适用民事审判程序的情况占大部分，在司法实践层面一般运用民事审判程序。尽管如此，一些法院依据现有行政协议考量标准，仍然持有政府采购合同属于行政协议的观点，运用行政审判程序审理。虽然，政府采购合同的法律性质偏向民事合同，但是，在司法实践中，不同法院在实务操作中对于其法律性质仍然存在争议。

六、政府采购合同性质产生争议的原因

在中央立法层面,《政府采购法》规定政府采购合同适用合同法,定性政府采购合同属于民事合同;在地方立法层面,部分省市认为政府采购合同属于民事合同,部分省市认为政府采购合同属于行政合同,大部分省市没有明确规定。《政府采购法》第43条规定政府采购合同属于民事合同。尽管如此,《山东省行政程序规定》《汕头市行政程序规定》等政府规章规定政府采购合同为行政合同。由此看来,立法层面对于政府采购合同法律性质的界定仍然存在争议。

在司法实践方面,对于政府采购合同纠纷,部分案件适用民事审判程序,部分案件适用行政审判程序。有些法院依据《政府采购法》第43条规定认定,政府采购合同属于民事合同;另一些法院依据行政协议的定义和判断标准识别政府采购合同属于行政协议。

法律直接规定政府采购合同的法律性质是民事合同,这代表了当时对于政府采购合同的定性。《政府采购法》公布之前,我国立法主要是根据当时对政府采购合同的认识和行政协议的判断标准来界定其法律性质。2003年至今,政府采购合同和行政协议的相关研究都得到了很大的发展。理论界出现或者完善了多种政府采购合同法律性质学说,实务界体现在最高人民法院《关于审理行政协议案件若干问题的规定》(以下简称《行政协议司法解释》)等有关行政协议以及多个省市的不同规定等。

无论是在实务界还是在理论界,政府采购合同的性质都有争议。在实务界,《政府采购法》第43条的规定依然存在争议,地方立法将其归为民事合同或者行政合同的情况都现实存在,在司法实践中对于政府采购合同的纠纷也是民事审判程序与行政审判程序并存;在理论界,政府采购合同的性质也存在民事合同说和行政协议说为主的多种学说。随着《行政诉讼法司法解释》《行政协议司法解释》等规定的出台,

我们应该用发展的眼光来分析政府采购合同。政府采购合同是以合同的外在形式表现其公法属性,所需资金来源于公共资金,产生行政法律关系。尽管政府采购合同也体现了民事合同的一些特征,但是在行政机关开展诸多活动中,并非每个活动都只受公法或私法主导。民事合同是所有合同的基础,行政协议不可能没有民事合同的基本要素,或多或少都会适用私法的一些规则。《行政协议司法解释》第27条规定,法院审理行政协议案件可以参照适用民事合同的相关规定。

第二节　政府采购合同条款

一、政府采购合同条款概述

合同条款是合同条件的表现和固定化,是确定合同当事人权利和义务的根据。合同条款应当明确、肯定和完整。

不同类型和性质的合同其主要条款也各有不同,要求明确政府采购合同条款的内容具有示范意义。只要具备合同的主要条款,就意味着各方达成合意。当合同内容欠缺时,当事人应当首先进行补救,不能达成补救协议,《民法典》设定了补缺型规则。

政府采购合同文本除了《民法典》规定的合同应当具备的一般条款,还应当包括知识产权、履约担保、质量保修或者售后服务、支付、验收条款、绩效评估、保险、风险分担和政府监督等内容。

二、《民法典》规定的合同条款

《民法典》规定的合同条款,是政府采购合同条款主要的依据。合同的内容由当事人约定,一般包括下列八项条款。

(一)当事人的姓名或者名称和住所

在普通民事合同中,自然人是很常见的合同当事人,但在政府采购合同中,在一般情况下,当事人都是法人或者非法人组织,合同中应当列明法人或者非法人组织的名称和住所。

法人或者非法人组织以其主要办事机构所在地为住所。依法需要办理法人或者非法人组织登记的,应当将主要办事机构所在地登记为住所。自然人以户籍登记或者其他有效身份登记记载的居所为住所;经常居所与住所不一致的,经常居所视为住所。

(二)标的

标的是指政府采购合同当事人双方权利和义务共同指向的对象,如货物、服务、工程。在具体政府采购合同中,标的应该具体明确。标的可以是货物或者货币,如买卖合同的标的;标的也可以是行为,如服务类的合同;标的还可以是智力成果,如技术转让合同的标的。

(三)数量

数量是指事物的多少。数量是对现实生活中事物量的抽象表达方式。政府采购合同中的数量,是对合同标的的描述,是以数字和计量单位表示的尺度。

(四)质量

质量是指事物、产品或工作的优劣程度。政府采购合同应当对质量问题尽可能规定细致、准确和清楚。国家有强制性标准规定的,必须按照规定的标准执行。如有其他质量标准的,应当尽可能约定其适用的标准,当事人可以约定质量检验的方法、质量责任的期限和条件、对质量提出异议的条件与期限等。

(五)价款或者报酬

价款或者报酬是一方当事人向对方当事人所付代价的货币支付。价款一般是对提供财产的当事人支付的货币。报酬一般是指对提供劳务或者工作成果的当事人支付的货币。价款或者报酬有政府定价和政府指导价的,应当按照规定执行。价格应当在合同中规定清楚或者明确规定计算价款或者报酬的方法。

（六）履行期限、地点和方式

履行期限是指合同中约定的当事人履行自己义务的时间界限。履行期限直接关系合同义务完成的时间，涉及当事人的期限利益，也是确定合同是否按时履行或者迟延履行的客观依据。履行期限可以是即时履行的，也可以是定时履行的；可以是在一定期限内履行的，也可以是分期履行的。

履行地点是指当事人履行合同义务和对方当事人接受履行的地点。不同的合同、履行地点有不同的特点。如在买卖合同中，买方提供的，在提货地履行；卖方送货的，在买方收货地履行。在工程建设合同中，在建设项目所在地履行。在运输合同中，从起运地运输到目的地为履行地点。履行地点有时是确定运费由谁负担、风险由谁承担以及所有权是否转移、何时转移的依据。履行地点也是在发生纠纷后确定由何地法院管辖的依据。履行地点在合同中应当规定得明确、具体。

履行方式是指当事人履行合同义务的具体做法。合同的不同，决定了履行方式的差异。例如，买卖合同是交付标的物，承担合同是交付工作成果。履行可以是一次性的，也可以是在一定时期内的，也可以是分期、分批的。履行方式与当事人的利益密切相关，应当从方便、快捷和防止欺诈等方面考虑采取最为适当的履行方式，并且应当在合同中明确规定。

（七）违约责任

违约责任是指当事人一方或者双方不履行合同或者不适当履行合同，依照法律的规定或者按照当事人的约定应当承担的法律责任。违约责任是促使当事人履行合同义务，使对方免受或少受损失的法律措施，也是保证合同履行的主要条款。一般有关合同的法律对于违约责任都已经作出较为详尽的规定。但法律的规定是原则性的，无法做到面面俱到、考虑各种合同的特殊情况。因此，当事人可以在合同中约定违约责任，例如，约定定金、违约金、赔偿金额以及赔偿金的计算方法等,以保障合同义务严格按照约定履行,更加及时地解决合同纠纷。

(八)解决争议的方法

解决争议的方法是指政府采购合同争议的解决途径、对合同条款发生争议时的解释以及法律适用等。解决争议的途径包括协商、第三人调解、仲裁和诉讼。当事人可以约定解决争议的方法。仲裁和诉讼是平行的解决争议的方法,两种方法只能选择一种适用。按照《仲裁法》的规定,如果选择适用仲裁解决争议,除非当事人的约定无效,即拔除法院对其争议的管辖。

三、政府采购合同中的其他条款

《民法典》规定的合同条款,是各类合同的共性条款。政府采购合同中还有一些其他条款需要注意。

《政府采购需求管理办法》第 23 条规定:"合同文本应当包含法宝必备条款和采购需求的所有内容,包括但不限于标的名称、采购标的质量、数量、履行时间、地点和方式、包装方式、价款或者报酬、付款进度安排、资金支付方式,验收、交付标准和方法,质量保修范围和保修期,违约责任与解决争议的方法等。采购项目涉及采购标的的知识产权归属、处理的,如订购、设计、定制开发的信息化建设项目等,应当约定知识产权的归属和处理方式。采购人可以根据项目特点划分合同履行阶段,明确分期考核要求和对应的付款进度安排。对于长期运行的项目,要充分考虑成本、收益以及可能出现的重大市场风险,在合同中约定成本补偿、风险分担等事项。"

(一)包装方式

包装方式有防潮包装、防水包装、防锈包装、防霉包装、防尘包装等。2020 年 7 月,财政部办公厅、生态环境部办公厅、国家邮政局办公室印发《商品包装政府采购需求标准(试行)》《快递包装政府采购需求标准(试行)》,要求政府采购货物、工程和服务项目中涉及商品包装和快递包装的，要参考包装需求标准，在采购文件中明确政府采购供应商提供产品及快递服务的具体包装要求。此外，采购文件对商品包装和快递包装提出具体要求的，政府采购合同应当载明对政府采购供应商提供产品及相关快递服务的具体包装要求和履约验收相关条款，必要时要求中标、成交供应商在履约验收环节出具检测报告。

（二）验收、交付标准和方法

政府采购合同的成果完成后，供应商应当向采购人交付。验收是按照一定标准进行检验而后收下或认可逐项验收。在政府采购合同中，应当明确规定验收、交付标准和方法。由于政府采购合同的金额较大，因此，验收工作也比较复杂。

政府采购合同的验收，可以由专业人员组成的验收小组进行，原则上应当由第三方负责，国家认可的专业质量检测机构负责，或者由采购人、代理机构会同专业机构共同负责，但采购金额较小或者货物技术参数、规格型号较为简单明确的除外。直接参与该项政府采购的主要责任人不得作为验收主要负责人。

（三）质量保修范围和保修期

工程和有些产品，有法定的质量保修要求，政府采购合同可以按照法定要求规定质量保修要求，也可以在合同中约定高于法定要求的保修要求。有些产品没有法定保修要求，双方可以在政府采购合同中约定保修要求。

《建设工程质量管理条例》对“建设工程质量保修”作了专章规定：建设工程实行质量保修制度；建设工程承包单位在向建设单位提交工程竣工验收报告时，应当向建设单位出具质量保修书。质量保修书中应当明确建设工程的保修范围、保修期限和保修责任等。

（四）知识产权的归属和处理方式

部分政府采购合同在履行中会产生知识产权，最为典型的是技术开发合同。技术开发合同采购人通常是委托方，供应商通常是受托方，双方可以在政府采购合同中约定知识产权的归属，既可以约定知识产权归采购人所有，也可以约定知识产权归供应商所有，也可以在约定归某一方所有的条件下，另一方享有一定程度的使用权。如果双方不约定知识产权的归属，法律一般规定归受托方所有。

第三节 政府采购合同的变更

一、政府采购合同变更概述

（一）政府采购合同变更的含义和分类

1.政府采购合同变更的含义

合同一经成立且生效，当事人就有义务按照合同内容履行合同义务和行使合同权利。合同尚未履行或者履行完毕以前，基于法律规定、法院或仲裁机构的裁判行为或者当事人的法律行为等，合同内容可能发生变更。合同经变更后和原合同仍具有同一性。

政府采购合同不同于普通民事合同。政府采购合同一方主体通常是政府机关；订立合同的目的是开展日常政务活动或为社会公众提供公共服务的需要，而且必须通过公开招标、邀请招标、竞争性谈判、竞争性磋商、询价或框架协议等特定采购程序进行。因此，主体的特殊性、目的的特定性和签订程序的复杂性等是政府采购合同区别于普通民事合同的特点。

由于政府采购合同的特殊性，其变更亦不能与普通民事合同之变更一概而论。政府采购合同的变更是指在政府采购合同成立以后，尚未履行或者尚未完全履行之前，因特殊情况发生的合同内容：例如，标的物、履约条件、价格、所附条件或期限、担保、违约金或争议解决方式等变更。政府采购合同变更的特征：一是政府采购合同变更发生在政府采购合同成立之后和履行完毕之前；二是政府采购合同变更的范围受到一定限制；三是国家利益和社会公共利益的需要是政府采购合同变更的重要因素；四是政府采购合同变更应当遵守特殊的程序要求。

2. 政府采购合同变更的分类

根据不同的划分标准，政府采购合同变更可做以下分类。

第一，根据变更主体，政府采购合同的变更可以分为采购人变更和供应商变更。一般而言，采购人因其特殊地位，享有基于公共利益的单方变更权，只需依据法律规定通知供应商并补偿其合理损失即可发生合同变更的效力。供应商只能在维护公共利益等情形下向采购人提出变更的建议，是否变更还需要采购人进行审查。

第二，根据变更内容，政府采购合同的变更可以分为政府采购追加与公益性变更。政府采购追加是指在政府采购合同履行中，原合同其他条款不变更的前提下，追加不超过原合同采购金额少量百分比的合同标的物。超出这一范围的原合同其他条款的变更，则只能出于维护公共利益之需要，根据其直接目的可进一步分为减轻国家利益和公共利益损害的消极变更和促进国家利益和公共利益的积极变更。

此外，还可以根据变更形式分为明示的变更和默示的变更等。

（二）政府采购合同变更的依据

1. 一定限度的合同自由原则

变更或解除合同是合同自由原则的重要内容。在不违反法律法规特别规定的情况下，政府采购合同当事人享有有限的合同自由，例如，政府采购合同变更的发生是根据政府采购合同签订时约定的变更条件及范围等条款进行，甚至是合同履行完毕后对超过原政府采购合同约定的给付进行明示追认或者默示接受，都受法律保护。一经变更，双方当事人应按照变更后的政府采购合同履行各自的合同义务。

2. 基于情势变更制度的法定变更

根据《民法典》第 533 条的规定，情势变更是指合同成立后，合同的基础条件发生了当事人在订立合同时无法预见的、不属于商业风险的重大变化，继续履行合同对于当事人一方明显不公平的，受不利影响的当事人可以与对方重新协商；在合理期限内协商不成的，当事人可以请求人民法院或者仲裁机构变更或者解除合同。人民法院或者仲裁机构应当结合案件的实际情况，根据公平原则变更或者解除合同。对于政府采购合同而言，同样存在情势变更可能性。政府采购合同订立是采购人和供应商立足于当时的客观环境，例如，物价水平、科技水平或自然环境等。正常履行的客观环境在政府采购合同履行周期内有可能发生变化，要求合同双方对合同履行期内的各种情况及风险予以合理估计是不现实的。适用情势变更理论有利于破除政府采购不公平履行或履行不能，恢复正常的政府采购秩序。

3. 基于公益保护的变更义务

这一依据是政府采购合同区别于普通民事合同的重要体现。政府采购制度建立之初，维护国家利益和社会公共利益便被确立为重要的立法宗旨。《政府采购法》规定，政府采购合同继续履行将损害国家利益和社会公共利益的，双方当事人应当变更、中止或者终止合同。该种变更的适用不是无条件的，《政府采购法》规定了过错方的赔偿责任。

（三）完善政府采购合同变更的重要意义

政府采购合同的变更是不可避免的，严格限制政府采购合同当事人的变更行为虽具合理性，但应当与实践相协调。确立政府采购合同变更是为了回应政府采购的变更需要，明确政府采购合同变更的一般原则和具体规则，有助于确保政府采购合同变更目的的实现，防止和降低政府采购合同违法变更的风险。

1. 确保政府采购合同变更目的的实现

第一，满足采购需要，提高采购效率，降低采购成本。对于履行条件已经改变的政府采购合同，及时针对变更需要做出适当回应，将有利于政府采购效率的实现。政府采购不仅有公平竞争的基本原则，还要实现物有所值等立法目标，使竞争的成本和收益保持平衡，提高财政资金的使用效率。竞争原则和反腐败不是政府采购制度的全部价值,政府采购合同不能受制于轻易变更的观点而一味履行不满足实际需要的原合同。

第二,规范政府采购合同履约行为,促进政府采购良性发展。首先,完善政府采购合同变更,明确变更规则和相关法律责任,有利于采购人主体责任在政府采购合同履行环节的落实。其次,供应商在政府采购合同竞争过程中谋求订单,然而在履约过程中问题频出,根源在于政府采购合同履行规制不健全,包括政府采购合同变更规制不完善。完善政府采购合同变更规制,可以指引供应商的履约行为,以相关法律责任约束供应商在履行过程中的违法变更行为,避免或者减轻政府采购损失。

2. 防止和减少政府采购合同任意变更的风险

第一,规范政府采购合同变更行为,避免对政府采购制度的损害。首先,竞争原则、公开公正原则和透明度原则是政府采购制度的基本原则。政府采购合同通过严格的政府采购程序产生。如果对政府采购合同变更的规制流于形式,则与政府采购合同授予阶段的复杂程序相违背,严重影响政府采购制度价值的实现。其次,严格限制政府采购合同变更是规范财政性资金使用的需要。政府采购活动使用的是财政性资金,政府采购制度是规范财政支出管理的基本制度之一,应当对政府采购合同的履行进行监管,防止在履行过程中出现“偷梁换柱”“以次充好”等现象。

第二,兼顾公共利益和供应商合法权益。政府采购合同履约情况,关系公共利益和供应商合法权益。首先,政府采购法律法规规定继续履行将损害国家利益和社会公共利益时双方当事人应当变更合同,但是未明确相应的判断标准和违反这一规定的责任。其次,不完善的政府采购合同变更可能无法使供应商的合法权益得到平等的保护。最后,现行政府采购法律法规分别规定了政府采购合同双方当事人擅自变更的责任和公益性变更的过错责任，而忽视了在双方都无过错情形下，供应商为公共利益承受的合法权益损失如何救济等问题，完善政府采购合同变更规制，则公共利益和供应商的利益就能实现平衡。

二、政府采购合同变更的现状及问题

（一）我国政府采购合同变更的现状

《招标投标法》适用于招投标方式进行的政府采购工程和与其有关的货物、服务；《政府采购法》适用于使用财政性资金采购集中采购目录以内或者采购限额标准以上的货物和服务以及通过非招标方式采购工程及与其有关的货物和服务。《招标投标法》未对招投标合同的变更做出规定，《招标投标法实施条例》也未有补充规定。

1.《政府采购法》及其配套法规的相关规定

《政府采购法》第 49 条规定了政府采购合同履行过程中，采购人需要追加与合同标的相同的货物、工程或者服务，应当遵循的规则。具体内容包括：在不改变合同其他条款的前提下，采购人可以与供应商协商签订补充合同。所有补充合同的采购金额不得超过原合同采购金额的 10%。这条规定是确保政府采购合同的稳定性和可预测性，必要时进行调整满足采购人的需求。《政府采购法》第 50 条第 2 款规定了政府采购合同双方当事人不得擅自变更、中止或者终止合同以及合同变更、中止或终止后的责任承担。具体内容包括：政府采购合同的双方当事人不得擅自变更、中止或者终止合同。如果政府采购合同的继续履行将损害国家利益和社会公共利益，双方当事人应当变更、中止或者终止合同。有过错的一方应当承担赔偿责任，双方都有过错的，各自承担相应的责任。这一规定强调了政府采购合同的严肃性和法律约束力，同时也明确了在特定情况下合同变更、中止或终止的条件和责任承担。

《实施条例》规定采购人和供应商违法变更政府采购合同的法律责任，对采购人是警告和对相关人员的处分、通报，对供应商是罚款、停权、没收违法所得、吊销营业执照等。

《关于促进政府采购公平竞争优化营商环境的通知》(财库〔2019〕38号)第3条规定政府采购合同当事人应当在合同中明确约定违约责任,采购人因自身原因导致政府采购合同变更的,应当赔偿或补偿供应商的损失。

2.《民法典》的相关规定

政府采购合同适用的"合同法"是指在《政府采购法》有效期内的各类合同相关法律规范。《民法典》于2021年1月1日起正式施行,"合同编"成为民事合同的基本依据。《民法典》对合同变更的基本规定,除了合同变更的前提、变更的效力等基本内容外,还有合同变更的种类。《民法典》采用合意变更和法定变更:一是第543条规定当事人在协商一致的情况下可以变更合同;二是受不利影响的当事人可以依据第533条正式确立的情势变更制度与合同相对方协商变更合同,或协商不成时请求裁判机关结合案件的实际情况根据公平原则变更合同。《政府采购法》对于政府采购合同变更有明确规定的情况下,如果与《民法典》有关合同规定发生冲突时,《政府采购法》作为特别法应当优先适用。

3. 相关司法解释的有关规定

《行政协议司法解释》详细规定了对行政协议的审理。该司法解释没有明确将政府采购合同列为行政协议并直接纳入法院行政诉讼受案范围,但将满足一定条件的政府和社会资本合作(PPP)协议纳入了法院行政诉讼的受案范围。

《行政协议司法解释》关于合同变更的规定主要涉及受理、举证、审查标准、裁判方式和法律责任承担等五个方面。第一,因行政协议的变更等发生的纠纷属于人民法院应当依法受理的范围。第二,被告对于变更行政协议等行为的合法性承担举证责任。第三,行政机关行使优益权的行为必须受合法性审查,严格从职权、法律适用、程序合法、是否明显不当等方面对被告变更行政协议的行为进行全面的合法性审查,不受原告诉讼请求的限制。第四,根据行政机关单方变更行政协议等行使优益权的行为合法与否,规定了不同的裁判方式,若合法则原告有权获得补偿,若违法则行政机关除了要继续履行协议或采取补救措施外,还应赔偿给原告造成的损失。第五,明确行政机关依法行使行政职权造成损害应承担补偿责任。

4. 地方性法规、规章和规范性法律文件中的相关规定

深圳市和浙江省出台规范本地政府采购行为的地方性法规、规章和规范性法律文件,并在其中对政府采购合同变更作了细致的规定,这种地方立法有益探索对于我国政府采购统一立法中合同变更规则的完善有一定的借鉴意义。

深圳市人大常委会于 1999 年制定的《深圳经济特区政府采购条例》规定了不超过原合同总金额 10% 的政府采购合同追加还应经主管部门批准,追加后的合同总金额不得超过原计划数额,并规定主管部门在政府采购活动出现异常情况时对采购人应当警示。深圳市有关政府采购合同变更的法律规制还体现以下三部文件中。第一,深圳市人民政府 2013 年制定的《深圳经济特区政府采购条例实施细则》,该实施细则明确了政府采购合同变更的备案期限,规定签订补充协议应当自发生起 10 天内办理备案变更手续。第二,深圳市财政局、深圳市政府采购中心 2019 年发布的《关于进一步加强市本级政府采购合同备案管理工作的通知》,首次明确了政府采购合同变更应遵循的基本原则,规定政府采购合同双方当事人不得擅自变更合同。因情况特殊确需变更的,应遵循不能改变合同订立目的、变更原因应具有不可预见性、不能规避政府采购的强制性规定、严格限制单方变更、应采取书面形式等五项原则;此外,还规定了合同变更实行备案前公示制度。第三,2016 年发布的深圳市财政委员会《关于做好政府采购合同公告工作的通知》,强调了政府采购合同变更的公告,由于各种原因需要更正合同条款内

容的，采购人应该完成对旧版本的替换。

浙江省财政厅2017年印发了《浙江省政府采购合同暂行办法》，规定了当事人协商一致可以变更合同的情形和备案要求。当事人协商一致可以变更合同：第一，发生不可预见的紧急情况，继续按照原合同履行不能实现采购目的，又不能从其他供应商处采购；第二，因采购人的过错导致不能实现采购目的，重新采购费用和违约金、违约损失赔偿金额占合同金额比例过大，但违背社会公共利益的除外；第三，不改变合同实质性内容的政府采购合同主要条款确定的事项的变更；第四，合同主要条款以外内容的变更；第五，法律、法规规定可以变更合同的其他情形。当事人协商一致变更合同的，应当报同级财政部门备案。

（二）我国政府采购合同变更存在的问题

《政府采购法》配套规则分散在有关政府采购的法律、行政法规、部门规章、地方性法规、地方政府规章和地方一般性法律文件等不同层级的规范性文件之中，多数规则较为抽象、原则，操作性不强.特别是政府采购合同变更规则没有具体的规定，给政府采购合同的履行带来了许多不便，导致了在政府采购合同变更方面出现了很多问题，主要包括：适用条件不明、程序规则缺失、责任划分和承担规定不合理以及争议处理机制不畅通等。

1. 政府采购合同变更适用条件不明

现行《政府采购法》及其相关法规只有禁止擅自变更政府采购合同的原则性规定而缺乏可以变更的具体适用情形，规定为了国家利益和社会公共利益应当变更、中止或终止政府采购合同而未明确政府采购合同变更的限度。

第一，政府采购合同变更的具体适用情形不明，实践的影响是对于是否属于变更适用情形以及变更是否有效的判断不统一。第二，政府采购合同公益性变更的限度不明，主要表现在政府采购合同变更与终止的适用界限不明确。《政府采购法》第50条规定了继续履行将损害国家利益和社会公共利益时，合同当事人应当变更、中止或终止合同，但未明确政府采购合同变更的限度，以至于实践中有关合同是否已经超出政府购合同变更的限度而应终止的争议多次发生。

2. 政府采购合同变更程序规则缺失

程序规则是政府采购合同当事人对政府采购合同进行变更时应遵循的行为规则，完备的程序规则是政府采购合同当事人权益和公共利益实现的保障。我国政府采购法律法规只规定了政府采购合同变更适用情形的原则和法律责任，并未规定政府采购合同变更如何进行。

第一，政府采购合同变更前启动程序缺失。对于政府采购合同的追加，采购人与供应商进行协商；对于政府采购合同的公益性变更，政府采购法律法规只规定了当事人的变更义务，未对如何启动进行规定。如果规则不进行细化，供应商的合法权益有可能难以得到保护，而且对于参与项目采购活动有利害关系的供应商也不公平。第二，政府采购合同变更的公告和备案程序缺失。《政府采购法》《实施条例》分别规定了采购人应当在政府采购合同签订后进行备案和公告，而未规定发生变更如何处理；清晰有序的公示和备案程序的缺失不利于对当事人的履约行为提供指引，不利于对政府采购合同的监督，最终影响政府采购立法目标的实现。

3. 政府采购合同变更责任划分和承担规定不合理

第一，政府采购合同变更当事人擅自变更政府采购合同。《实施条例》规定了采购人和供应商双方违法变更政府采购合同时各自应承担的法律责任，采购人以行政处分为主，供应商以罚款、没收违法所得等经济责任为主，对采购人自身的处罚仅限于警告，不能体现罚过相当。第二，政府采购合同当事人应当变更合同却继续履行与当事人擅自变更应承担法律责任不同。《政府采购法》规定了政府采购合同双方当事人为避免损害国家利益和社会公共利益，有变更、中止或者终止合同的义务，但是没有明确当事人是否应当承担法律责任以及应当承担什么样的法律责任，不能较好形成对当事人"应当为而不为"的强制性约束。第三，政府采购合同当事人因公益性变更应承担的责任。《政府采购法》规定了过错责任的承担，未明确当双方都无过错而一方因政府采购合同变更所获利益或所受损失与另一方相比明显失衡时如何处理，这实际上不利于当事人合法利益的保护，不利于国家利益和社会公共利益的实现。第四，现行法律规定了为避免国家利益和社会公共利益受损害时双方当事人有变更政府采购合同的义务及相应的法律责任，未规定当有利于促进国家利益和社会公共利益时双方当事人有无变更义务以及相应权益。当供应商因自身技术进步或服务优化等原因提出更有利于国家利益和公共利益实现的变更方案时，现行法律没有肯定其获得相应奖励的权利或利益。

4. 政府采购合同变更争议处理机制不畅通

政府采购合同及其变更的民事争议处理机制面临两个方面问题。第一，政府采购合同变更争议解决效率不高，政府采购合同变更的目的是满足采购人的紧急需要或者避免国家利益和社会公共利益的损害发生或扩大，如果争议解决机制低效，容易使公共利益面临风险。第二，政府采购合同变更争议解决机制在专业性方面有欠缺，不能充分保证政府采购特殊规制的制度价值实现。政府采购合同作为政府采购的实现方式，对政府采购价值的关注应贯彻始终，缺乏政府采购专业知识和思维的机构或人员在处理政府采购合同变更争议方面将不利于争议的解决。

三、完善我国政府采购合同变更

政府采购合同变更相关法律法规较为抽象、原则、操作性不强，导致政府采购合同变更存在适用情形和限度不明、缺少启动、公告、备案的程序规则、责任划分和承担机制不健全以及争议解决机制不畅等问题。政府采购合同变更需要从以下几方面进行完善。

（一）明确政府采购合同变更的具体适用情形

禁止政府采购合同当事人擅自变更合同的规定容易给政府采购合同当事人利用法律漏洞谋取非法利益，应具体明确在哪些情形下政府采购合同的变更才是法律认可的。第一，补充其他有利于实现公共利益的情形，例如，供应商因技术进步或者效率提高等原因提供更加实惠的产品或者提前竣工等；第二，进一步完善这一规定授予政府采购合同当事人的权利性质。采购人在符合条件和法定程序时有权行使单方变更政府采购合同的权利；供应商应当明确享有提出变更政府采购合同的请求权。关于明确方式，可以通过立法规定，还可以通过制定政府采购合同标准文本，如果标准文本与《政府采购法》的强制性规定发生积极冲突，则不能适用政府采购合同标准文本的有关条款。

（二）完善政府采购合同变更程序

1. 补充政府采购合同变更的启动程序

政府采购合同变更分为政府采购合同的追加和政府采购合同的公益性变更。政府采购合同的追加一般由采购人提出，只要不超过合同金额的10%，双方达成合意就完成变更。政府采购合同的特殊性决定了变更应从以下方面进行完善：第一，变更的提出和接受必须具备书面形式；第二，变更提议的内容必须严格遵守政府采购合同追加不得改变合同其他条款的限制。规模较大或者情况较为复杂的合同变更，应通过专家评估审查等前置程序，最终结果还需要采购人确定，合同变更的通知和变更条款的达成都应采取书面形式。

2. 补充政府采购合同变更的公示程序

首先，明确变更公示渠道。财政部2019年发布《政府采购信息发布管理办法》规定，对于应予公开的政府采购合同公告等政府采购项目信息，除中国政府采购网及其省级分网以外，政府采购信息可以在省级以上财政部门指定的其他媒体同步发布。政府采购合同变更属于政府采购合同公告信息，应当发布。其次，明确变更公开内容。无论是采购人变更还是双方变更，变更达成后的内容应当进行公告。政府采购合同公告内容包括合同主体信息、合同主要信息以及签订信息等，将政府采购合同中涉及国家秘密、商业秘密的内容删除后予以公开。除此之外，政府采购合同变更公告内容还应增加变更原因、依据、责任承担、生效时间、异议提出方式等信息。

3. 补充政府采购合同变更的备案程序

政府采购合同变更应报相关部门备案，这是监督政府采购活动的依据。首先，应统一备案机关。政府采购合同变更的特殊性需要政府采购监督管理部门加强监督指导，现有的合同备案制度除了为规范财政资金支付所需，还可实现对合同变更的监督职能。其次，明确备案时间。政府采购合同变更订立后七个工作日内备案较为合适。最后，应明确备案程序的效力。除了特定的无效情形外，政府采购合同的备案程序不应成为阻碍生效的因素。举重以明轻，政府采购合同变更的备案环节也不应影响政府采购合同变更的生效。

（三）完善政府采购合同变更责任承担和利益分享机制

1. 合理设置责任承担机制

首先，完善分级处罚，探索对于采购人不同严重程度的违法变更政府采购合同的行为分别处以不同程度的行政处理，包括但不限于警告。其次，针对我国现行法律对政府采购合同当事人违反“不得擅自变更”的禁止性条款的责任，而未规定政府采购当事人“继续履行会造成国家利益或公共利益受损”时应当变更而未变更的责任问题，应当补充规定政府采购当事人应当变更合同而未变更时同等的法律责任，以使当事人应当变更合同的义务落到实处。最后，《政府采购法》规定了因过错而产生的赔偿责任，没有考虑双方都无过错情况，当事人双方应当进行相对合理的责任划分，或是制定政府采购合同标准文本，通过标准文本对当事人双方进行相对合理的责任划分。

2. 建立利益分享激励机制

为确保政府采购合同依法变更，发挥其保护国家利益和社会公共利益的作用，不但完善应变更而不变更或未依法变更的消极责任承担机制，而且建立关于供应商主动提出变更节约政府采购成本时的嘉奖制度。建立政府采购合同变更利益分享激励机制，第一，肯定供应商有权获得一定利益分享；第二，明确利益分享的形式，如经济回馈或者优先续约等；第三，明确可分享利益的范围和衡量标准。

（四）构建专门的政府采购合同争议解决机制

《政府采购法》对于纠纷处理主要集中于围绕政府采购合同授予的质疑投诉处理程序，政府采购合同履行的争议通过民事合同法进行调整，实务过程面临效率性和专业性的问题。针对该问题，应当构建专门的政府采购合同争议解决机制来解决包括政府采购合同变更争议在内的政府采购合同纠纷。

1. 设立专门的争议处理机构

做好政府采购合同争议方面的行政裁决工作。行政裁决具有效率高、成本低、专业性强、程序简便的特点，能够较好体现救济作用，有利于促成政府采购合同变更纠纷的快速解决。财政部门内部可以设立相对独立的政府采购合同争议解决委员会作为处理政府采购合同争议的专门机构，通过设立专门的争议解决机构，配备具有政府采购专业知识或实务经验的人员，可以满足政府采购合同争议需要快速解决的要求，保证政府采购法律法规的落实。

2. 采用专门的争议解决流程

政府采购合同变更争议的解决主要应当坚持以下原则。第一，争议的受理以政府采购合同法律关系的存在为前提，只有政府采购合同当事人才可以提起争议。第二，当事人地位平等，在特定情况下需要对当事人的举证责任进行符合政府采购合同特点的规定。第三，裁决的生效。允许政府采购合同变更争议当事人将司法救济作为最终救济途径,明确该专门机关的裁决生效是有条件的,当事人在规定期限内向有权的司法机关提起诉讼,应当以司法机关的最终判决为准。

总之,处理政府采购合同变更争议应当兼顾效率性与专业性。设立专门的政府采购合同争议处理机构和采用符合政府采购合同纠纷特点的争议解决流程,充分发挥专业优势,提升政府采购合同变更争议解决的效率,实现对政府采购合同的全流程规范。

第四节　政府采购合同的救济机制

一、政府采购合同救济机制的含义及其重要性

所谓合同的救济机制,是指在合同一方违约或违法的情况下,另一方权益甚至公共利益需要进行保护与弥补的机制。合同的救济机制不仅包括合同签署之后,一方所产生的违约责任的情况,也包括在合同订立过程中,当事人促使合同不能正常订立的情况。政府采购合同的救济机制是指在政府采购中,供应商或第三人与采购人寻求解决争议措施的机制。政府采购在国家经济运行中发挥着重要的作用,建立有效的救济机制是确保采购活动顺利进行的前提。原权利的实现是以救济机制的健全为前提,通过救济机制原权利才能够实现或恢复,要确保政府采购正度的正常运转,就必须提供合理完备的救济措施。

首先,完善的政府采购合同救济机制能确保采购目的的实现。政府采购目的是以公平公开的市场竞争方式,使用公共资金向供应商采购货物、工程和服务,为公共提供服务,从而达到维护社会公共利益的目的。完善的救济机制能增强政府的公信力,这种公信力能够提高供应商对政府采购的信任程度,保证采购目的的实现。

其次,完善的救济机制能够确保供应商的合法权益。政府采购要保证供应商处于平等的地位并在其权利受到侵害时能得到救济,否则,

在采购人和供应商实质地位不平等的情况下，采购人往往会侵犯供应商的权益，如果救济机制不够完善，供应商的合法利益将得不到保障。

最后，完善的救济机制能够有效预防贪腐行为。完善的救济机制，不仅能够保障供应商的合法权益，同时，也是对采购人甚至是社会公共利益的保护。政府采购救济机制的优化可以促使采购活动正当运行，进而保证政府采购行为的效率、成本与质量，防止贪腐与滥用权力行为的产生，减少纠纷，增强财政资金的有效利用。

二、完善政府采购合同救济机制的原则

（一）公正原则

公正原则是自古以来人类普遍追求的理念，也是现代法律所追求的价值目标。公正原则是政府采购合同救济机制应该遵循的基本原则。公正分为实体公正和程序公正，实体公正和程序公正相辅相成，政府采购合同的救济机制既要保障当事人合法利益，也要保障救济机制本身不存在影响公正的缺陷。公正原则是政府采购合同救济机制的基本原则。

（二）合理原则

合理原则要求政府采购合同救济机制的救济程序与措施在设置上应当合理。例如，政府采购和一般民事采购的主要区别是其采购目的的特殊，政府采购的目的是实现政府行政管理职能与社会公共需要，其公益性特征突出，实施救济机制时应当将公共利益当作最重要的因素，当政府采购时将某种政策目的作为着重考量时，其他商业因素要为此让路。为了公共利益的实现，政府采购要慎重的选择救济措施。

（三）效率原则

效率原则与公正原则相辅相成，效率原则主要是对救济机制时效性的要求。效率是供应商在市场竞争中必须追求的价值，如果供应商在政府采购合同救济中陷入漫长的救济程序，由于时间成本大于通过

救济所寻回的利益,很可能就会选择放弃救济。救济机制设立目的达不到还可能挫伤供应商参与政府采购的积极性。效率原则也是采购人必须要着重考虑的因素,政府采购是实现政府的行政管理职能,这种职能的实现不可能拖太长时间。救济机制的设立必须能使当事人及时获得救济,保障合同按时履行。

(四)有效原则

有效原则要求政府采购合同的救济机制具有权威性。一方面,要求救济机构具有权威性,能够保持中立的立场,公平地对待当事人双方;另一方面,要求救济手段具有可行性,能确保当事人合法权益得到保护。只有当事人认为其能够通过救济机制保障合法权益时,救济机制的存在才能得到当事人的认可。

三、完善政府采购合同救济机制的建议

(一)赋予供应商救济途径的选择权

在实务过程中,采购人作出的违约行为不容易定性。采购人滥用自己的优势地位很容易伤害供应商的合法权益,更会对供应商采取救济手段产生干扰,使救济手段形同虚设。为了保护供应商的正当利益,保证供应商在政府采购中的合法地位,有必要对供应商放宽一定的限制。供应商可以根据自己对纠纷的认定采用救济手段。如果供应商认为采购人滥用行政权力,则可以利用《行政诉讼法》和相关司法解释来审查该行为的合法性;如果供应商认为采购人存在单纯的违约行为则可以提起仲裁或民事诉讼。如果供应商的判断不准确,应当将审查结果移交有管辖资格的机关处理。赋予供应商自由选择救济手段可以保证其在一定范围内的主动性,保证合同双方的利益,从而达到定分止争纷的目的。

(二)仲裁是政府采购合同纠纷解决的主渠道

仲裁是否适宜政府采购合同,当前学界的争议仍然非常大。根据

《仲裁法》的规定，如果将政府采购合同定性为行政合同，运用仲裁调解是不合适的。然而对于政府采购合同而言，仲裁的运用具有天然优势。

首先，仲裁具有的高度专业性能够满足政府采购合同中复杂内容。仲裁机构具有资深的专家，在面对政府采购合同专业问题时，仲裁比诉讼更有针对性，作出的结果更符合实际要求。此外，仲裁机构突破地域限制、当事人自由选择仲裁专家，可以更加有效地解决政府采购合同纠纷。

其次，仲裁的中立性优于诉讼。诉讼会受到行政权力的干涉，诉讼的公平性公受到影响。仲裁机构受到行政权力的干涉较少，当事人可以任意选择仲裁员，进一步避免了权力的干扰。仲裁的独立性和中立性都高于诉讼程序，保证了救济手段的有效性和公正性。

最后，仲裁具有高效性。诉讼程序往往比较烦琐，仲裁相对诉讼程序更加迅速，能够满足经济活动对于时效性的要求。当事人选择仲裁的目的也是能够节省时间成本。仲裁程序不仅和诉讼具有同等的效力，而且更高效，有效防止另一方利用诉讼策略拖延时间。仲裁便捷性、灵活性、高效性的架构能够更好地保证正当当事人抵御合同风险的能力。

（三）取消质疑和投诉作为前置程序的规定

《政府采购法》规定了询问、质疑、投诉、行政复议、行政诉讼等五种行政救济方式。询问是指供应商询问有关采购活动的各种事项，向采购人进行问询的活动。质疑是指供应商认为采购文件、采购流程、中标和交易结果损害了自己的权益，以书面形式向采购人提出质疑。投诉是指供应商对自己提出质疑作出的答复不满意或者未在规定期限内作出答复的，可以向同级政府采购监督管理部门进行投诉。根据《政府采购供应商投诉处理办法》规定，质疑是投诉的前置程序，在提起投诉前，必须先经过质疑程序。行政复议与行政诉讼是指当投诉人对政府采购监督管理部门的处理决定不服或者政府采购监督管理部门逾期未作处理的，可以依法申请行政复议或者向人民法院提起行政诉讼。

供应商应当经过质疑和投诉，获得对政府采购监督管理部门不满意的处理决定或未在规定期限内获得结果的，才可以提起行政诉讼。提起的行政诉讼不是政府采购合同，而是政府采购监督管理部门的行为和审查结果。这种形式延缓了供应商对于自身的有效救济。为了使供应商更加有效地获得保护和救济，应当让供应商可以自由选择向采购监督管理部门投诉或者提出行政诉讼，有效平衡投诉和诉讼在合同中的地位。

（四）建立纳税人诉讼制度

纳税人诉讼是指当事人以"纳税人"的身份提起诉讼，以防止公共资金的违法支出或者造成公共资金损失的违法行为发生。由于政府采购资金主要来自政府公共权力，如税收、国债或政府贷款等公共借款，关系到每个公民。在西方国家，纳税人的知情权受到法律的严格保护。纳税人有权知道除涉及国家机密外的各种税款流向，政府机关对于税款的运用也受到严格的监督，普通公民可以对政府支出提出质疑，甚至以纳税人的名义提起诉讼。纳税人诉讼的主要目的是防止政府非法使用公共资金。

纳税人诉讼制度已经用于多国的法律制度中，纳税人诉讼制度对于反腐败和公共利益保护能够发挥不可替代的作用。以美国为例，美国纳税人诉讼中规定了纳税人可以作为代表起诉腐败和侵蚀公共利益的行为，纳税人胜诉后可以获得诉讼带来的收益，还可以获得法律的相应保护。纳税人诉讼制度可以防止政府采购通过不法方式获取不正当利益，使政府采购的成本相对降低，采购人可以更有效地管理采购计划或合同，增强人民对政府治理能力的信心。英国、法国、日本等国家都建立了纳税人诉讼制度。

政府采购活动中出现损害公共利益的原因是多方面的，这其中既有采购人自身经济利益的问题,也有供应商自私自利弄虚作假的问题。我国规定了建立集中采购机构的内部监督管理制度、政府采购监督管理部门的监督、审计机关以及检察机关的监督。《政府采购法》第70条规定:"任何单位和个人对政府采购活动中的违法行为,有权控告和检举,有关部门、机关应当依照各自职责及时处理。"建立纳税人诉讼的原因有三个方面。

1. 通过司法途径保护公民权利的需要

税收的本质是一种无偿征收,是对民事主体私人财产的间接剥夺,国家财政本质上是由公民自愿转移的私人财产组成的。自愿原因是国家在行使税收权力后应当履行义务,税收要用于公共建设,提高社会福利。当国家机关及其工作人员使用公共资金的方式不符合公众利益时,就损害了广大人民群众的共同利益。

建立纳税人诉讼制度,让纳税人通过司法途径对采购人的行为进行监督,使财政资金不流失,公民权利得到保障。纳税人诉讼也是公民参与社会治理的重要渠道,有利于推进行政民主化。

2. 制约公权力、保护公共利益的需要

在实践中,滥用公共资金的现象时有发生。在现实中存在的侵吞财政资金、将财政资金挪作私用、三公消费等现象,造成我国财政资源的巨大浪费。法律并没有明确规定纳税人的司法监督权,只能依靠审计机关、人大、纪律检查委员会等机构的监督。公权力的自身监督往往形同虚设,纳税人诉讼制度可以从另一方面弥补这一缺陷,实现私权力对公权力的监督,助推法治政府建设走深走实。

3. 建设法治国家的需要

法治国家的标准之一就是限制公权力,优化公民权利。从政府采购合同的视角来看,我国现行法律对于政府采购合同规制的不完善,使得公民纳税义务与其享有的权利不对等,违反了权利义务统一的原则,背离了法治的内在要求。法治的主体是人民,人民依照法律规定,通过各种途径和形式，管理国家事务，管理经济文化事业，管理社会事务，保证国家权力依法运行。行政机关及其工作人员的不当行为，不仅损害了纳税人的私益，更进一步损害全社会的利益。建立纳税人诉讼制度，能有效化解诸多社会矛盾和利益冲突，助力建设社会主义法治国家、法治社会的进程。

第七章　政府采购政策功能

公共支出管理的核心是公共资源的合理分配和有效利用，政府采购是现代政府预算执行管理的有效手段。政府采购建立初期的目标是节省财政资金，提升采购效率。随着财政收入规模的增长和政府干预的扩大，政府采购的政策功能逐步凸显，成为国家进行经济和社会调控，实现经济和社会政策目标的工具。

第一节　发挥政府采购政策功能的必要性

一、政府采购公益性的要求

政府采购制度是公共支出管理从分配环节向使用、监督环节的延伸，通过对政府采购过程的制度化管理来约束采购人的采购行为，提高财政资金的分配和使用效率。财政支出应当取之于民、用之于民，体现和维护社会和公共利益，政府采购应当体现政策功能，实现国家经济和社会的调控目标。

政府采购使用的是公共财政资金，具有公益性，是受公民的委托，采购用于提供公共产品的货物、服务或工程。采购的目的是履行政府职能或者实现公共政策目标。政府采购不像私人以生产、转售或者盈利为目的。私人采购是“花自己的钱，办自己的事”，政府采购是“花别人的钱，办别人的事”，应当对政府采购行为进行制度约束，防止采购人违背委托人的利益追求自身利益最大化。政府采购由于其主体的特殊性、资金来源的公共性,必须贯彻政府采购政策,以服从和服务于公共利益、宏观调控和监督制约等经济和社会目标的需要。

二、宏观调控的需要

宏观调控是指国家运用经济政策对经济运行的各个变量进行调节,以达到总供给和总需求的基本平衡,维护经济的平稳增长。总供给和总需求的不均衡是一种正常状态,在发挥市场配置资源的前提下,需要对经济进行宏观调控。从经济的角度来讲,单纯依靠市场配置资源可能造成供给和需求的波动,政府采购能够平衡市场需求的波动,减少供需严重失衡的状况。西方发达国家在本国经济发展中,非常重视国家对经济的干预和调节作用,通过经济、法律和行政手段,制定产业政策,促进资源的优化配置和经济的均衡发展。

在我国宏观经济运行中,第一,要保持经济的稳定增长,保持供给、需求、投资的良性循环,增加经济总量,保持经济的平稳运行;第二,要促进就业,经济总量的增长是充分就业的必要条件,在经济结构调整造成失业时,政府要给予充分的保护;第三,保持产业结构的合理性,在农业和工业、城市和乡村、东部和西部、传统产业和高新技术产业之间保持合理的结构,促进经济在均衡、协调的条件下实现增长。

政府采购作为财政支出的组成部分,能够在宏观调控方面发挥重要作用。政府作为最大的单一消费者,其采购的数量、品种和频率会对国民经济的运行产生影响。同时,可以根据宏观经济的发展态势和供给需求的平衡状况,通过政府采购规模和范围的调整,实现对经济总量和结构的调节作用。

三、纠正市场经济失灵的需要

科技创新、环境保护等领域都存在局部市场失灵现象,需要政府采购发挥相应的政策支持作用。公平就业和对弱势地区、弱势群体的关注也是政府采购发挥的政策功能。市场失灵使市场无法有效分配资源,导致资源配置无效或低效。市场失灵的表现包括收入分配不公、外部性、垄断、信息不对称、失业、区域经济不协调、公共产品供给不足和资源配置不合理等。政府采购作为政府财政支出的重要部分可以在以下方面发挥作用:纠正企业外部不经济的行为,保护环境;反对垄断,扶持中小企业发展;加大投资力度,发挥乘数效应,减少失业;加大对不发达地区的重点支持力度;加大公共产品的提供;减少对公共资源的过度使用;等等。

技术创新过程中存在市场失灵。技术创新存在创新收益的非独占性、创新过程的不可分割性和不确定性,研究开发活动不可能把开发成果带来的利益完全归为己有,其具有公共产品的性质。例如,基础科学的研究具有很强的公共产品属性,承担或者资助基础研究成为政府的应有职责。由于溢出效应的存在使得研究开发的社会收益超过个人收益,导致个人在研究开发活动方面的投资低于社会期望的水平,企业从事技术创新投入的激励将减少。政府能够超越企业的局部利益,从社会整体利益出发,采取一定的方式和政策弥补市场激励创新失灵现象。例如,塑造良好的市场竞争、法律法规等;通过公共投资手段增加基础学科设施建设,优化创新环境;利用产业政策改善市场结构;等等。政府可以通过自身的行为促进技术创新的发展,特别是在技术培育的早期,政府的支持作用能够促进技术的产生、发展和成熟。

环保领域存在市场失灵。环境产品具有公共财产的性质,没有产权和价格,企业生产对环境带来的外部性不能体现在生产成本当中内部化。市场不能有效提供,容易导致市场失灵和资源配置不合理。政府采购虽然不能完全解决环保领域的市场失灵,但是可以通过采购资源节约和环境友好型的项目,体现政府的导向,鼓励和引导企业加大环境方面的投入,承担环境方面的公共责任。

四、经济发展和转型的需要

实体经济是国家经济的立身之本,是财富创造的根本源泉,是国家强盛的重要支柱。以习近平同志为核心的党中央高度重视实体经济发展,统筹国内国际两个大局,深刻把握国内外形势变化和经济发展规律,作出了振兴实体经济的一系列重大决策部署。党的二十大报告强调,“坚持把发展经济的着力点放在实体经济上”,指明了前进道路上推动经济高质量发展的方向。党的二十大报告强调“加快发展方式绿色转型”。加快经济发展方式绿色转型在本质上是协调经济发展与生态保护的关系,以新发展理念为指引,以改变传统粗放式生产消费方式为目的,通过将经济活动限制在自然环境可承受范围内,逐步实现经济发展与生态保护的协调,实现人与自然的和谐共生。从中我们可以看到,政府采购政策功能发挥的切入点包括:调整经济结构、推进科技进步和创新、建设“两型”社会等方面。

第一,政府采购有利于经济结构调整。经济结构包括需求结构、产业结构、要素投入结构和地区经济结构等,需求结构包括消费、投资、出口三大需求,过去我国经济增长主要依靠投资和出口拉动,现在转为更多依靠内需拉动,政府采购是内需的组成部分,过去我国内需主要靠投资需求拉动,未来应从主要依靠物质资源投入转向主要依靠技术进步,政府采购应当通过国产替代采购项目,发挥对国内产业的带动作用。政府采购也应当为非发达地区预留一定的采购份额,对非发达地区实行定向支持。

第二,政府采购有利于推进科技进步和创新。为了解决经济增长方式粗放、产品科技含量低的状况,我国提出了加快“自主创新”的号召。由于科技对于产业和经济发展的巨大推动和引领作用,创新能力成为一个国家竞争力重要体现,国家之间的竞争更多地体现为产品、技术和创新方面的竞争。

最后,政府采购可以促进“两型”社会建设。政府采购政策功能推动企业发展绿色经济、循环经济,低碳技术,建立健全有利于绿色低碳发展和资源高效利用的政府采购政策执行机制,引导带动更多政策和社会资金支持绿色低碳高质量发展,为建设“两型”社会作出贡献。例如,可以利用政府采购政策功能推动企业发展绿色经济、循环经济,低碳技术、减少经济发展对环境和资源的破坏。

五、加强公共支出管理的需要

政府采购制度是公共支出管理从价值形态向实物形态的延伸,是公共支出管理的扩展和深化。通过政府采购制度可以进一步提高支出的使用效益,并通过政策功能发挥对需求的引导和调节作用,实现社会利益的最大化。现代社会随着财政支出规模的增长,政府购买性支出越来越大,2023 年全国政府采购规模为 33,929.6 亿元,约占一般性公共预算支出的 12%,如果政府采购需求无法发挥调控作用,就是一种资源浪费。

公共支出分为购买性支出和转移性支出。购买性支出是指政府从个人和企业购买原材料、劳动力、资本等并由政府直接使用的支出,体现的是政府的市场性再分配活动。购买性支出具有有偿性、对经济影响的直接性特点。政府直接以商品和服务需求者的主体身份,通过资金支出与微观经济主体提供的商品和劳务进行交换,直接增加社会购买力,影响就业、生产和社会总需求,体现了政府的资源配置职能。转移性支出是政府在公民之间再分配购买力的支出,主要包括社会保障、财政补贴等财政资金的单方面、无偿转移。转移性支出不直接消耗社会资源,而是购买力在不同群体的转移。购买性支出和转移性支出对经济运行的影响存在差异:在公共支出规模一定的情况下,购买性支出在公共支出中的比重较大,对经济运行的影响较大,公共财政的资源配置职能较强;当转移性支出在公共支出总额中占有较大比重时,对收入分配影响较大，执行收入再分配的功能也较强。

在经济发达国家，由于政府较少参与生产活动，财政职能侧重于收入分配和经济稳定职能，转移性支出占总支出的比重较大。在发展中国家，由于政府更多地直接参与生产活动，购买性支出的比重更大一些。从实际过程看，各国转移性支出的比重都在上升，购买性支出的比重在下降。随着经济发展水平的提升，财政职能的中心发展趋势是从资源配置职能向收入分配和稳定经济职能转移。随着我国经济规模的增长，收入分配不公的问题日益突出，财政支出应当更多地发挥收入转移和减少分配不公的社会功能。

第二节　政府采购政策功能的特征

政府采购政策目标与政府调控目标相一致，服从和服务于政府对经济和社会的宏观调控。政府采购政策目标既具有购买性公共支出目标的一般性，又具有政府采购支出的特殊性。

一、政策目标的综合性

政府采购政策既体现公共政策的一般特征，又体现财政政策的特殊要求。公共政策是政府为达到一定的目标而制定的行动方案或行动准则，其作用是规范和指导公民、法人和其他组织的行为，实现对公共资源进行分配、对社会利益关系进行调节和对社会公共秩序的维护等。政策目标是公共政策的灵魂，公共政策是实现政策目标的手段，公共政策围绕目标的实现而开展的一系列决策、执行、监督活动构成政府活动的主体，体现了政府的执政目的。财政政策是政府税收、公共支出、举债等各种政策手段的综合，通过这些手段，对消费和投资的总量和结构发生影响，从而促进经济发展、充分就业和物价稳定等政策目标。财政政策直接作用的对象是财政分配和管理活动，能够引导个人、企业的经济行为和国民经济的发展方向；实现国民经济发展的稳定。财政政策与货币政策相比更利于发挥对结构调整的功能，能够针对国民经济的特殊主体、特殊环节发挥区别性的调整作用，货币政策更多地在总量上发挥作用。从财政政策的作用机理来分析，主要是对需求发挥调节作用。财政政策的工具主要由预算政策、税收政策、支出政策和公债政策等。财政政策的作用大小与支出规模、政策规定的合理性和支出乘数等相关。政府采购属于支出政策的一个分支，政府采购政策发挥作用的机制及作用大小同样受到财政政策性质制约和决定，遵循财政政策作用的发展规律和要求。

政府采购政策应当服务于公共政策调控的一般规律，体现目标、价值和制度措施的统一，应当服从财政政策的要求，按照财政支出的要求体现对政府消费的控制。政府采购政策是一个动态管理系统，是政府干预经济和社会，对经济和社会管理和调控的重要手段。政策是为国家的宏观调控目标服务，政府采购政策应当服从和服务于国家不同时期和发展阶段的公共政策目标和财政政策的总要求，按照公共政策和财政政策的要求体现自身的作用。

公共政策特性要求实现公平与效率兼顾。资源配置的主要目标是提高效率。微观经济主体进行经济活动的目标是利润最大化，国家进行经济活动的目标是社会福利最大化。政府采购考虑的是供应商的商品和行为是否符合国家经济政策目标，是否能够做到改进社会福利，提高经济效率。效率有不同的评价标准，应当体现经济效益和社会效益的统一。经济增长和稳定是社会发展的基础，单纯的市场竞争可能影响社会公平的实现。政府采购对社会弱势群体的就业予以关注，从而体现资源初始条件的不平等。政府采购给中小企业留有必要的份领，以提高其竞争能力，促进和带动社会就业的发展。这些都是政府采购从公平目标角度应当发挥的功能。

二、调控方式的灵活性

政府采购货物、工程和服务直接形成社会需求，政府采购规模会影响社会总需求的规模。政府采购结构之间的比例会对社会供给和需求发生调控作用。例如，在国家基础设施不完善时期，对工程的采购数量会增多；在产业发展的成熟阶段，对服务采购的比重会增多，同时减少货物和工程的购买；为了维护国家安全，特定阶段会增加国防和武器设备的采购；为了提高国家的竞争能力，会强化对科技研发和自主创新产品的支持，形成国家的竞争优势；为了促进环境保护，会增加节能环保产品的采购。政府采购调控手段是从市场入手，财政对企业的支持往往采用税收优惠或财政补贴，政府采购对企业的支持是从传统的提高资金转变为提供市场，通过调控市场来调节微观企业的行为，形成政府对企业的间接调控，这种以市场需求方式进行的调控，可促使企业产品价值的实现，便于形成供求均衡。

政府是采购市场最大的买主，在分散采购的情况下，政府采购发挥调控的功能比较弱。政府采用集中采购，或者采购主体以统一的采购政策协调采购行为，政府采购政策发挥作用就会较大。政府采购直接对市场实行等价交换，直接形成社会需求，增加供应商的现金流量，政策手段比较直接，会在较短时间内对市场发生影响。

政府采购根据政治、经济的要求进行动态调整。政府采购职能的变化会随着时代的变化而进行动态调整。在经济萧条时期和经济过热时期，政府采购表现出不同的政策特征；在经济的初始、发展和成熟时期，政府采购政策功能也会呈现不同的表现形式；国内的不同利益主体会对政府采购政策功能发挥较大的影响，使政府采购政策成为利益博弈的对象。

三、政策工具的多样性

政府采购政策功能的实现需要政策工具相配合，不同的政策功能需要不同的政策工具。为了实现一项政策功能,可能同时使用多种政策工具。

(一)资格审查

政府可以通过设定与社会政策目标相关的资格标准来确定是否允许某类供应商参与投标。如果公司具有不良纳税记录和缴纳社会保险的记录,或不能证明其履行了国家的就业法规和环境政策,采购人有权拒绝其参与投标。如果政府要求采购国货,可以通过对所提供货物的相关审查,拒绝不属于本国货物的供应商参与投标。

(二)采购规模和范围的调整

调整政府采购规模和范围能够达到调节政府采购总量、扩大监督范围,实行调控目标,包括对政府采购主体进行限定、调整政府集中采购目录和政府采购限额标准等。

(三)采购方式的选择

政府采购使用公共资金为了公共利益而进行采购,政府采购应当遵守法定的采购方式。采购政策可以对各种招标方式的适用条件、特殊情况下招标方式的变更等进行详细规定,通过规范政府行为实现政府采购政策目标。例如,政府以品目类别和相应的采购限额决定是否纳入集中采购目录的范围,也可以同样的方法明确相应的采购方式。

(四)采购预留项目

采购预留项目指将政府采购的一定份额专门留给处于弱势地位的企业或者需要重点支持的产业,以支持特定产业的发展,实现政策调控的目标。根据《中小企业促进法》的相关规定,我国政府采购面向中小企业预留的采购份额应当占本部门年度政府采购项目预算总额的30%以上,其中预留给小型微型企业的比例不低于60%。这一规定旨在保障中小企业在政府采购中的合法权益,促进其健康发展。此外,政府采购项目还可以对特殊产业、特定范围的产品进行优先采购。

政府采购政策功能的发挥是一项十分复杂的系统工程,应当遵行一定的基本原则，尽量避免使用单项政策工具，应当灵活运用多种政策工具实现扬长避短、优势互补。

四、政府采购功能之间的协调

政府采购对不同政策目标进行协调。政府采购政策目标是多个目标的集合，根据不同时期的政策方向在不同的目标之间进行动态调整，形成政策的统一协调，促进政府采购政策功能的发挥。

（一）政策功能与效率功能

政府采购基本的功能是效率功能，表现为经济性、效率性和效果性等具体目标。经济性就是节约采购资金，减少采购投入；效率性是投入和产出的比例相当，质量能够保证使用要求，在合理的期限内完成采购任务，以满足采购需求；效果性是指采购达到了预期的效果。《政府采购法》将该目标概括为“物有所值”原则，这是政府采购制度的首要目标和价值原则。政府采购在发挥政策功能是为了追求社会整体效率，是经济性、效率性、效果性的统一。

支出成本的节约和社会福利水平的提高并不一致，最便宜的不一定是最好的。效率功能有时节约了财政采购资金，但如果带来公民福利的损失可能得不偿失。例如，购买国内产品的价格和质量可能不如国外产品，导致资金支出的额外增加，但是带来的是本国的经济发展和就业的提高；购买高科技产品可能导致支付更多的财政资金，但有利于形成国家的核心竞争力。在此种情形下，贯彻落实政策功能体现了整体效率。在我国政府采购活动中，传统采购发展模式是片面追求其效益和效率的增长，今后，政府采购应该增大在优化资源配置方面的社会服务效应，并积极实施有利于社会经济可持续发展战略。

（二）政策功能与规范功能

规范功能是政府采购的基本功能，是政府采购政策功能发挥作用的前提。如果政府采购行为不规范，缺乏秩序，缺乏监督和制约，缺乏社会公信力，政府采购功能将异化为腐败和寻租的工具。我国政府采购管理的首要任务是进一步推进政府采购的法规制度建设，推进政府采购领域依法行政，实行在法律规范下的依法采购。在规范政府采购行为的基础上，积极探索和运用政府采购的政策功能，不履行政府采购的政策功能将构成违法，需要承担相应的法律责任。应当在规范的同时强调政府采购政策功能，同时兼顾两方面的功能。在当前我国政府采购行为趋向规范的情况下，要进一步发挥政府采购政策功能。

（三）采购政策功能与公平竞争原则

竞争是政府采购重要的原则。首先，政府采购要求的公开、公平、公正，有利于打破行业垄断和区域封锁，促进全国统一大市场的形成。全国统一大市场包括不同层次：从国内方面来讲，有利于打破国内不同地区之间市场分割，促进国内不同主体之间的竞争；从国际方面来讲，有利于降低国家之间的贸易壁垒，实现国际之间对供应商的国民待遇和最惠国待遇，实现贸易的自由化。公平竞争原则要求在政府采购的过程中，政府对于所有的潜在供应商都一视同仁，使所有参与的潜在供应商在所有采购环节中都平等地享有法定权利、承担法定义务，营造公平竞争的商业环境。

在市场经济条件下，企业的生存和发展取决于自身竞争能力，包括产品质量、新产品的开发能力、产品服务能力、品牌推广能力和市场营销能力等。通过政府采购方式选择供应商是对供应商产品和服务质量、品牌、信誉、业绩等综合能力的评价。政府采购政策是在政府采购基本竞争程序之上，附加了一层义务，任何国家的政府采购都不是完全开放的，不同程度地存在着对国内产业的保护。国民待遇和非歧视原则只是发达国家打开发展中国家采购市场，谋求更大利益的工具。政府采购政策一般是社会政策的工具，例如，为了改变中小企业的弱势地位而采取的预留份额政策是追求实质意义的大企业与小企业之间的平等；对特殊群体就业的关注是从全社会的角度来考虑公平的。政府采购公平竞争的价值追求是一般意义上的公平、平等，在面对政府采购政策功能时，应当服务政策功能的需要。

（四）政府采购功能之间的协调

政府采购的效率功能、规范功能与政策功能三者之间既存在矛盾，也存在一致性的关系。例如，采购欠发达地区的货物，可能是其区域整体物价低而获得低廉的商品，体现效率功能；但节能减排与环保型的绿色采购可能在短期内形成政策与节支的矛盾，从产品寿命的全周期来看，采购效率功能与政策功能具有一致性。政策与规范功能往往具有一致性，例如，采购人以满足基本需要为出发点购买适度配置的资产，可将节支、购买国货与规范有效统一。当采购功能之间发生冲突时，应该以国家整体经济运行效率的提高和社会福利的最大化为核心，包括调节资金节约率与政策功能之间、满足采购人需要与高新技术支持政策之间、国家政策和地方保护政策之间的矛盾等。同时，在设计政府采购政策功能的实现机制时，需要考虑相关政策的可执行性和透明度，以避免政策功能的引入破坏政府采购流程。

第三节　政府采购政策功能的主要内容

政府采购制度作为公共支出管理的手段，不但能够发挥其节约财政支出、提高财政资金使用效益，而且还发挥着调控经济总量、调整经济结构、保护民族产业、促进中小企业发展、保护公共环境、促进就业等政策功能。政府采购通过市场性的公共采购体现公共政策意图，引导社会生产和消费，实现政府对经济和社会的宏观调控。

一、政府采购政策促进有效配置资源

（一）政府采购政策影响国内资源的总量配置

社会总需求由消费性需求、投资性需求、政府购买和出口四部分组成，政府购买支出是社会总需求的重要组成部分。政府通过调整政府采购的总量可以调整社会总需求。当社会总供给大于社会总需求时，可以扩大政府采购的规模，提高社会总需求水平；当社会总供给小于社会总需求时，可以减少政府采购的规模，降低社会总需求水平。由于政府购买支出的乘数作用，社会的生产和分配会产生扩大或缩小反应，从而对宏观经济的供需平衡进行总量调节。

在市场经济条件下，如果本国产品在国际贸易中具有竞争优势，可能出现出口大于进口，引发物价上涨；如果本国产品在国际贸易中不具有竞争优势，甚至处于劣势，则可能出现进口大于出口，国内货物、服务或工程就会出现供给过剩，造成物价下跌。本国产品在国际贸易中具有竞争优势的情况下，如果进口替代困难，分散采购会导致这一缺口相对缩小，但是不能稳定物价；集中采购则会由于其采购垄断导致缺口扩大，进而引发物价上涨。如果进口替代比较容易，分散采购对国内资源配置影响较小，集中采购则可能倾向于国际采购，政府性资金流向国际市场，国内供给缺口得到有效弥补，进而有利于国内的物价稳定。本国产品在国际贸易中处于劣势的情况下，如果进口替代困难，分散采购会导致供给过剩扩大，导致物价下跌；集中采购则会由于其批量采购促进供给过剩相对缩小，有利于物价稳定；如果进口替代比较容易，由于国外产品处于竞争优势，分散采购则倾向于国际采购，引发国内供给进一步过剩。

我国近年来政府采购的执行也部分符合以上情况。《政府采购法》实行的是集中采购与分散采购相结合的采购方式，对采购目录内的品目实行集中采购，集中采购主要实行价格竞争方式，实现降低采购价格目的。分散采购达到限额的项目采取公开招标方式，在一般情况下也能够达到降低采购价格目的，但由于采用综合评分法，在货物、服务和工程项目中仍然会出现高于市场平均价格的问题。

(二)政府采购政策调控产业结构

政府采购可以实现对产业结构进行调整的功能。经济发展的不同阶段需要有不同的产业结构与之相适应，根据需要采取鼓励和限制产业发展的措施。产业结构和竞争优势不是一成不变的，可能因为特殊的原因而导致竞争优势的丧失。政府采购在培育国内产业过程中起重要的促进作用，通过政府采购的数量、品目和规模的变化，对国民经济的产业结构实施一定的影响。例如，国家重视科技教育人才的培养和对知识产权的重视，可以形成本国在科技人才方面的竞争优势，促进知识产权数量的增长；国家重视绿色环保产品项目，可以促进企业生产开发节能、环保产品，减少对环境的污染。国家重视新兴产业，可以多采购该类品目的产品，促进鼓励这些产业的发展。

二、政府采购政策支持国内产业发展

政府采购支持国内产业发展主要通过采购国内供应商的货物、工程和服务的政府采购政策。该政策体现了政府采购的公益性，符合公共政策的调控目标，有利于帮助本国企业进一步拓展生存和发展空间。

（一）购买本国产品在各国政府采购制度中具有普遍性

购买本国产品符合政府采购制度的公益性和取之于民、用之于民的原则，有利于推动本国产业发展，引导公共资源流入本国企业，拓展本国产品的市场，推动本国产业的市场化、产业化；有利于保护国家经济，维护国家整体利益。

购买本国产品制度是各国政府采购中的重要制度之一，没有任何一个国家的政府采购市场是完全放开的。政府采购从来都不是纯粹的市场行为，它应该服从或服务于公共服务和社会管理的所有目标。除美国外，阿根廷、日本、韩国、泰国、波兰、澳大利亚、马来西亚等许多国家都有类似的规定，购买本国产品原则是多数国家所遵循的国际惯例。

（二）购买本国产品与非歧视原则不冲突

政府采购协议是 WTO 框架下的一项协议（并非多边协议），是自愿签署、自愿接受约束的行为规范，不属于强制性的协定。没有签署此类协定的，即便属于 WTO 成员，在政府采购领域的贸易壁垒都是符合国内和国际法律规范的行为。加入政府采购协议的国家之间实行对等原则，对未加入政府采购协议的国家实行歧视性政府采购政策。即使加入政府采购协议，对各国在协议附件中提出保留的项目及政府采购覆盖范围之外的政府采购仍然照顾本国产品和供应商，优先照顾本国产业的需要和发展。

（三）建立和完善购买本国产品制度是经济发展的必然要求

目前，经过四十余年的高速增长，我国经济正处于从高速增长向中高速增长的转轨时期，国内企业整体上竞争能力不强，就业压力较大，部分产业需要利用政府采购手段予以保护，给予支持，帮助企业摆脱困境。开放政府采购市场是国际贸易自由化的必然趋势，但各国都在开放的情况下，保护本国的企业。我们应当积极借鉴国际的通行做法，利用立法手段在规范我国政府采购市场的同时，对国内的企业加以适当的保护，使我国政府采购市场更加规范化。

（四）国货标准的确定是政府采购制度核心

采购人和政府监管机构根据国货标准，可以对外国货物或服务实行歧视性的政府待遇或非歧视性的政府待遇。《购买美国产品法》对最终产品的界定为，首先必须是在美国境内制造，其次是国内组成部件的成本必须超过所有组成部件 50% 的比例。“国货”标准涉及供应商在我国采购市场的合法地位，涉及供应商的市场份额及竞争利益，体现了政府采购的定位和功能。

在经济全球化的背景下，我国经济取得长足进步，但是很多产业仍然处于全球产业链中的底端，资源浪费、破坏环境等现象也不同程度的存在。国货政策制定和实施应该着眼于这种情形。政府采购国货认定标准除考虑国际通行惯例外，还应考虑我国具体国情，特别是在扩大内需已事关中国经济今后的持续发展。

目前,我国是国际产品的重要制造业基地。同时,我国又缺乏有效购买本国产品的限制,造成部分领域采购以外国品牌为主的情况。我国政府采购的产品虽然不属于国内品牌,但由于跨国公司在我国投资生产,在我国生产或制造的国外品牌产品占有了很大的比重,促进了我国就业改善,同时也造成了国内生产能力的过剩,在国际贸易壁垒增加的情况下,生产能力过剩也比较突出。我国需要进一步完善优先购买国内产品的规定,促进国内资源配置改善。

三、政府采购政策与自主创新

(一)加大政府采购对创新的支持

我国科技革新总体发源于国外技术引进,经过多年艰苦努力,我国的创新能力获得了明显的进步。由于受到改革开放和巨大消费市场的吸引,“三资”企业得到大力发展,促进了我国科技水平的提升,提高了高科技产品出口的比重。但是从总体上看,我国企业的创新能力仍然较弱,企业过于注重短期利益,研发投入不足,以进口和引进技术为主,自主研发能力不强,核心技术受制于人,还没有形成创新驱动的增长模式。

近年来,我国对转变经济发展方式,越来越重视实施创新驱动发展战略。党的十八大以来,党中央深入推动实施创新驱动发展战略,提出加快建设创新型国家的战略任务,确立2035年建成科技强国的奋斗目标,不断深化科技体制改革,充分激发科技人员积极性、主动性、创造性,有力推进科技自立自强,我国科技事业取得历史性成就、发生历史性变革。基础前沿研究实现新突破,在量子科技、生命科学、物质科学、空间科学等领域取得一批重大原创成果,微分几何学两大核心猜想被成功证明,化学小分子诱导人体细胞实现重编程、二氧化碳人工合成淀粉实现“技术造物”。战略高技术领域迎来新跨越,“嫦娥”揽月,“天和”驻空,“天问”探火,“地壳一号”挺进地球深处,“奋斗者”号探秘万米深海，全球首座第四代核电站商运投产。创新驱动引领高质量发展取得新成效，集成电路、人工智能等新兴产业蓬勃发展，第一颗6G卫星发射成功，北斗导航提供全球精准服务，国产大飞机实现商飞，高铁技术树起国际标杆，新能源汽车为全球汽车产业增添新动力，生物育种、新药创制、绿色低碳技术助力粮食安全和健康中国、美丽中国建设。科技体制改革打开新局面，科技管理体制实现重塑，国家战略科技力量加快布局，创新主体和人才活力进一步释放。国际开放合作取得新进展，主动发起国际科技合作倡议，牵头组织国际大科学计划，我国作为全球创新重要一极的影响力持续提升。

政府采购政策可以在建设和完善国家创新体系中发挥积极的作用。无论是支持科研项目和技术开发，还是对新技术、新产品的政府采购，都构成国内科技支持政策的重要组成部分，形成一个国家的创新环境。技术只有适应市场的需求才能转化为现实的生产力，政府采购对技术开发和应用的支持能够迅速促进技术的推广，使技术能够产生经济效益，促进本国的经济增长，加快科技创新的速度，提高科技创新的效益。

当前，新一轮科技革命和产业变革深入发展。科学研究向极宏观拓展、向极微观深入、向极端条件迈进、向极综合交叉发力，不断突破人类认知边界。技术创新进入前所未有的密集活跃期，人工智能、量子技术、生物技术等前沿技术集中涌现，引发链式变革。与此同时，世界百年未有之大变局加速演进，科技革命与大国博弈相互交织，高技术领域成为国际竞争最前沿和主战场，深刻重塑全球秩序和发展格局。虽然我国科技事业发展取得了长足进步，但原始创新能力还相对薄弱，顶尖科技人才不足，应当进一步增强紧迫感，进一步加大科技创新力度，抢占科技竞争和未来发展制高点。

我国改革开放的实践证明，综合使用产业支持和政府采购等各种政策手段，提高企业为主体的自主创新能力，占领产业战略制高点，变

“中国制造”为“中国创造”,是当前我国经济发展面临的迫切的战略任务。创新领域需要国家支持教育、基础科研、通信网络等基础设施发展,帮助企业降低要素成本,提高技术,形成竞争优势。

(二)减少自主创新的不确定性

政府采购能够通过降低企业风险、分摊成本促进企业技术创新。企业是否进行技术创新投资以及投资占比,取决于技术创新为企业带来的风险收益现值与付出成本现值间的关系。政府对技术创新的方向更具前瞻性和判断力,可以防止企业发生决策风险;政府采购技术创新的产品使企业成长期能够获得持续的资金来源,加强后续开发和开拓,降低技术创新的风险。科技研发方面的投资回报可能周期太长或者不确定,以至于企业无力承受。技术创新前期需要大量投入,研究周期长,失败的风险高,每个环节都面临着风险和不确定性。这种风险和不确定性降低了企业对技术创新投入的积极性。我国企业长期创新动力不强,关键原因是利用外国的技术模仿可以迅速取得收益,导致企业出现短期行为的状况。

政府采购的先期介入,大大降低技术开发的风险和不确定性,使企业真正走上创新驱动之路,提高企业的竞争力。政府采购作为采购人对技术成果进行采购,实现了降低技术创新不确定性的政策目标。特别是在产品生命周期早期阶段,市场需求尚不明确的情况下,采购人发挥第一推动力的政策支持,能直接保护企业生存发展。

(三)政府采购对自主创新的需求拉动作用

政府采购是提升国家自主创新能力可以利用的重要资源。单纯的政策鼓励和引导是产业发展的外部条件,市场对创新技术的需求和激励是企业技术创新内生和持续的动力。发挥政府采购市场对自主创新活动的支持作用,利用需求带动创新型产品的应用和推广。

政府采购作为政府需求管理政策,能够扩大高技术产品的需求,提高整个社会对高技术产业的研发投入,同时引导高技术产业发展的速度和方向。政府作为高技术产品的主要使用者,为高技术产品提供稳定市场,同时带动个人市场对高技术产品的需求。政府可以通过首购,作为高技术产品的先行用户,反馈使用信息,促进高技术产品成熟,促使企业不断完善自己的产品,快速实现市场化。政府采购通过提出招标需求,规范采购合同,决定高技术产品的标准、质量、价格等,使高技术产品更符合国家的产业政策。在政府采购过程中,增加一些附加条件,例如,可以限制购买国外高技术产品;在购买的高技术产品中,国内生产的产品必须达到一定的比例以上;对高技术产品实行价格优惠政策,允许国内高技术产品与国外高技术产品或国内传统产业产品的价格有一定的差异;要求国外中标的高技术企业在国内建立生产线,通过技术外溢,促进国内相关技术的发展。这些综合措施既能保护国内高技术产业的市场份额,也能提高高技术企业自身的竞争力,从整体上提升我国高技术产业的竞争力。

(四)政府采购研发项目对创新产生激励效应

政府研发项目的采购能对企业研发行为产生激励效应,在政府研发项目的采购资助下,政府通过支付创新企业资金以克服其研发投入不足。企业投资研发活动能创造新产品或新技术,能够为企业带来一定时期的垄断利润流。政府的研发支出和采购可以引导企业的研发规模化,对企业的技术创新有着明显的促进作用。

从发达国家的发展经验来看,推进科技创新和科技产业都有政府主导的特征。在发展阶段,企业技术创新能力的提高主要依靠政府提供研发项目的采购资金,政府的先行投入提高了企业的技术创新能力。目前,发达国家经济发展已至成熟期,企业研发投入增加较快。我国企业技术创新能力与发达国家相比还处于较弱的发展阶段,政府研发项目的采购资助所占比重却相对较低。企业是创新的主体,政府是创新的推动者。国家创新体系的建立是一项系统工程,政府要通过自身管理的创新为企业创新营造良好的经营环境。

习近平总书记强调:“立足新发展阶段、贯彻新发展理念、构建新发展格局、推动高质量发展,必须深入实施科教兴国战略、人才强国战略、创新驱动发展战略,完善国家创新体系,加快建设科技强国,实现高水平科技自立自强。”推进高水平科技自立自强,是习近平经济思想的重要组成部分。党的二十大报告将“实现高水平科技自立自强,进入创新型国家前列”纳入2035年我国发展的总体目标。这些都为我们开辟发展新领域、新赛道,不断塑造发展新动能、新优势,提供了遵循,指明了方向。加快建立以企业为主体、市场为导向、产学研相结合的技术创新体系,使企业真正成为研究开发投入、技术创新活动、创新成果应用的主体。在我国技术创新体系中,要对自主创新提供更多实用、好用、管用的政策,以在一定时期内提高国家的核心竞争力。

我国的市场很大,但没有真正撬动起来支持本土企业创新的大环境。许多政府项目在采购没有考虑性价比,更没有考虑支持企业自主创新的导向。我们要紧紧依托国内的巨大市场,把市场优势转化为创新优势,就一定能为自主创新注入持续强大的内在动力。

四、绿色政府采购

绿色采购是采购人在进行政府采购的过程中要优先采购符合国家绿色认证标准的货物、工程或者服务。绿色采购对于倡导绿色消费观念,引导消费行为,促进绿色技术的研发和形成,提高资源的利用效率具有重要的意义。

(一)绿色政府采购可以矫正市场失灵

环境污染是市场经济配置资源部分失灵的领域,企业对成本和利润的关注使污染的外部性无法内部化,市场配置资源不能达到最优,经济的增长加大了资源和环境的压力。政府改善公共环境应当承担更多的公共管理责任,提供环境公共产品,企业则应关注社会责任。政府采购成为连接企业环境责任和政府对环境的公共管理责任的一个桥梁,在采购过程中对节能产品实施政策优惠，企业不以成本为第一目标，政府通过采购引导企业关注环境因素，加强节能降耗方面的技术开发，政府引导企业向着公共政策期望的目标发展，带动全社会绿色生产消费。

绿色采购会提高企业的生产成本，对产品的供应商提出了更高要求。绿色产品生产需要采用新的技术和生产方式，这与企业获取利润最大化的目标并不完全一致。在市场经济中，企业很难主动承担起“绿色责任”，消费者也很难主动绿色消费。采购者往往会选择采购价格成本较低的非绿色产品，供应商也会为了内部成本最小化而无视绿色采购制度。政府采购具有规模较大、价格合理、有信用保证等方面的优势，通过政府采购手段引导社会消费行为，积极分担环境的成本，优先采购具有绿色环保功能的产品，对促进企业转变生产模式，淘汰落后生产工艺，引导消费者更加关注环境问题，大力发展循环经济具有积极的作用。

（二）绿色政府采购是我国经济发展转型的现实要求

随着我国经济规模的增大，资源和环境的“瓶颈”日益突出，清洁生产，促进资源的节约利用，发展循环经济，倡导绿色消费已成为社会的普遍共识。中央“十四五”规划建议在2035年目标中提出“广泛形成绿色生产生活方式，碳排放达峰后稳中有降”，在战略任务中提出“降低碳排放强度，支持有条件的地方率先达到碳排放峰值，制定二〇三〇年前碳排放达峰行动方案”。这是党中央深刻把握我国生态文明建设及生态环境保护形势，着眼美丽中国建设目标，立足满足人民日益增长的美好生活需要作出的重大战略部署。我们要深入学习领会习近平生态文明思想，准确把握持续改善环境质量的重要意义、重点任务和主要措施，坚决抓好贯彻落实。

政府应当成为绿色消费的倡导者和示范者，通过引导全社会的消费倾向引导企业行为，达到鼓励资源节约型和环境友好型产品开发的目的。采购人在采购时应当重视经济效益和环境效益，对绿色产品的技术投入及节约效果提供激励，通过绿色标准、绿色生命周期评价、绿色清单等形式引导全社会绿色生产和消费的氛围。

五、政府采购政策与扶持中小企业发展

（一）中小企业在市场竞争中处于劣势地位

改革开放以来，我国中小企业获得了极大的发展，在国家经济发展中发挥着重要的作用。中小企业在解决劳动就业、为大企业提供配套、提高地方财政收入、保持社会稳定等方面发挥着无法替代的作用。改革开放以来，民营经济实现了规模和数量的快速发展，贡献了50%以上的税收，60%以上的国内生产总值，70%以上的技术创新成果，80%以上的城镇劳动就业。目前，我国中小企业面临着非常严峻的国内和国外压力，中小企业在行业准入、银行贷款支持、政府采购、市场营销、科技创新等方面都处于不利的地位，迫切需要加大支持力度，营造公平竞争的发展环境，使中小企业在促进经济发展转型和技术创新，带动国内消费和就业方面发挥更大的作用。

中小企业注册资金和实有资金少、规模小、信息获取能力不足。中小企业在资金、规模、盈利能力方面较弱，发展后劲受到制约。小企业通过合理的扶持会发展成为大企业，大企业也可能变为小企业甚至破产，决定企业核心竞争力的不但是规模的大小，而且是是否掌握核心技术。

大树有大树的挺拔，小草有小草的坚韧。在我国，数以万计的中小企业是我国经济的“毛细血管”，它们联系着千家万户，是推动创新、促进就业、改善民生的重要力量。习近平总书记深刻指出，要加强对中小企业创新支持，培育更多具有自主知识产权和核心竞争力的创新型企业。由于中小企业在国家经济发展、促进就业和创新体制方面的重要作用和其先天不足的劣势地位，政府采购需要对中小企业进行政策支持。

把国内市场作为促进中小企业发展的资源。在政府采购中体现对中小企业的倾斜,预留一定的采购份额用于支持中小企业的发展,为创新型中小企业提供稳定的市场需求。引导科技创新型中小企业瞄准国家产业目标和技术发展方向,实现重要产业的技术突破。在电子信息、生物医药、网络通信、新能源技术等新兴产业领域充分发挥中小企业的作用,

(二)扶持中小企业是调控经济发展的体现

中小企业是我国国民经济和社会发展的支柱力量。但是中小企业普遍规模小,承受风险的能力较弱,在市场竞争中经常处于不利地位。中小企业的生存状况,将直接关系我国经济的整体复苏。因此,应进一步完善政府采购相关制度,把政府采购政策功能落到实处。

政府采购为中小企业进入政府采购市场提供了最为有效的制度保障。政府可以通过制定配套政策措施、改进评审办法,以及对中小企业自主创新的首购等政策,提高政府采购中小企业货物、工程和服务的比例,不但对中小企业提供强有力的资金支持,而且分担和降低中小企业研发投资的风险。

(三)促进中小企业发展有利于优化市场环境

党的十八大以来,以习近平同志为核心的党中央坚持“两个毫不动摇”,推动各种所有制经济共同发展,高度关注和重视民营经济。习近平总书记就民营经济发展作出一系列重要论述,强调“民营经济是我们党长期执政、团结带领全国人民实现‘两个一百年’奋斗目标和中华民族伟大复兴中国梦的重要力量”,“要引导民营企业和民营企业家正确理解党中央方针政策,增强信心、轻装上阵、大胆发展,实现民营经济健康发展、高质量发展”。习近平总书记关于民营经济发展的重要论述,为推动新时代我国民营经济高质量发展提供了根本遵循。

民营经济大部分是中小企业,中小企业数量众多,在促进经济增长、带动就业、推进创新方面都发挥着重要的不可替代作用。政府采购平等对待中小企业,给予中小企业预留必要的采购份额,进一步促进市

场竞争,降低和限制市场垄断造成的低效,提高整体经济发展的活力。我国经济发展不能仅仅依靠少数大企业,数量庞大、机制灵活、创新活跃的中小企业不仅能够提供大量的税收和就业岗位,而且在技术创新和成果转化方面机制灵活,成绩突出。促进中小企业发展是反对垄断、促进合理竞争的需要。中小企业是对抗垄断的巨大力量,市场如果是垄断型的市场结构,垄断企业会借助垄断地位获取超额利润,带来消费者福利的损失,会造成创新速度的下降,抑制国家的经济发展。中小企业形成的市场结构制约着垄断企业的行为。

第四节　完善政府采购政策功能

政府采购作为宏观经济的调控手段,在国家宏观经济生活中的地位越来越重要。为进一步加强财政管理和完善国内宏观调控,充分发挥政府采购政策功能,政府采购管理的重点应当逐渐从规范支出向发挥政策功能转变,促进经济发展方式转变。政府采购政策要构建能够积极发挥政策功能的政策体系、配套制度体系、监管体系和开放体系。

完善货物服务招投标、非招标采购、信息发布和质疑投诉等部门规章,将需求管理以及合作创新采购等制度上升为部门规章,逐步构建覆盖需求管理、信息公开、采购方式、合同履约、救济机制等系统完备、操作规范、运行高效的政府采购制度体系。强化采购人主体责任,以项目绩效为目标、以采购全链条管理为抓手,推动采购人加强内控管理,落实权责对等要求,实现"谁采购,谁负责"。完善采购交易机制,根据采购需求合理选择采购方式和评审方法,全面落实公平竞争原则,建立适应采购人多元化需求的交易制度。强化政府采购政策功能,加大对科技创新、绿色发展、中小企业发展等支持力度。进一步完善预留份额、评审优惠、需求标准发布等支持措施。

一、完善政府采购政策功能的认识

政府采购能够发挥效率功能、规范功能和政策调控功能。政府采购政策功能的发挥需要全社会从加强公共支出管理,抑制市场经济失灵,增强政府宏观调控水平的角度达成共识,主动履行国家政府采购政策,提高政府采购政策的执行效果。

(一)重视政府采购政策功能的发挥

第一,转变思想认识。政府采购管理强调通过管理提高资金使用效益,节约财政支出。政府采购未来目标是调控与管理并重,重视发挥政策调控作用。政府采购的范围、规模、标准、方式等都对经济运行产生影响。政府采购保证日常政务活动的开展或者满足为公众提供公共服务的需要,还包括其余公共政策功能,例如,充分就业、环境保护、高技术产业发展等,体现了政府采购作为调控工具的职能。政府采购制度越完善,宏观调控的功能也越受到重视。

第二,强化政策执行。政府采购要跳出采购的单独思维模式,将政府采购作为进行经济宏观调控的重要手段,进一步发挥其政策功能,对政策功能的实施情况进行评估监督,促进其功能的实现。完善产业政策支持体系,培育国内弱势产业,充分发挥政府采购作用,实现政府采购与产业发展的良胜互动。促进公平竞争,营造竞争环境,提高我国产业的竞争力。

第三,推进依法行政。当前,我国政府采购制度的规范功能发挥作用不够充分,企业行为和采购行为都不同程度地存在不规范,加强政府采购法律制度建设,推进良好的公共治理,实现政府采购领域的依法行政仍然是政府采购工作的重要任务。

(二)增强对政府采购政策功能多方面把握

第一,调控宏观经济。随着财政支出和政府采购规模的不断扩大,政府采购对宏观经济运行产生重要的影响。宏观经济运行在考虑投资、消费、进出口等重大关系时,要考虑政府采购所影响的产业和对经济结构产生的影响,政府支出具有促进投资,引导消费的功能,政府采购作为财政政策调控的重要手段,要充分发挥其对宏观经济、产业结构、地区结构、经济结构、消费模式、增长方式的巨大引导功能。

第二,保护民族产业。大多数国家都通过立法,强制要求政府采购购买国货以实现保护民族产业目标。但政府采购这一职能的发挥,受到政府采购市场国际化的挑战。随着经济全球化和一体化程度的加深,政府采购市场向国际开放的压力越来越大。现行制度要充分考虑如何开放我国政府采购市场,促进商品、劳务、资本、技术等各种资源合理流动,如何发挥我国在国际竞争中的优势,如何保护民族工业,促进经济的持续发展。

第三,激励自主创新。首先,政府采购有助于为技术创新提供风险补偿。政府采购是社会总需求的一部分,通过政府有目的的、战略性的采购,增加对高科技产业的需求扶持,稳定其产品价格水平,降低其成长初期的高风险。其次,政府采购具有导向和示范作用。通过采购创新产品和技术,激励私人需求的产生和跟进,培育市场需求。政府部门的率先使用有助于向社会证实创新产品和技术的优越性,能产生示范效应,提高自主创新产品的影响力和知名度,从而引导市场主体的采购行为。再次,政府采购通过将多个公共部门的需求整合,发挥采购的规模效应,为创新产品和技术提供稳定的市场支持,降低创新成果转化为产品的风险。最后,政府采购可以促进技术标准的完善和产业政策的优化,也有利于制定和修改相关规章。

第四,促进节能环保。深入贯彻习近平生态文明思想,坚持稳中求进工作总基调,立足新发展阶段,完整、准确、全面贯彻新发展理念,构建新发展格局,推动高质量发展,完善实施能源消费强度和总量双控、主要污染物排放总量控制制度,组织实施节能减排重点工程,进一步健全节能减排政策机制,推动能源利用效率大幅提高、主要污染物排放总量持续减少,实现节能降碳减污协同增效、生态环境质量持续改善。在政府采购过程中，要优先采购符合国家绿色认证标准的货物、工程或者服务。通过大规模的强制采购，倡导绿色消费观念，引导绿色消费行为，促进绿色技术的研发和绿色产业的形成，提高资源的利用率，促进经济和社会的可持续发展。2025 年，全国单位国内生产总值能源消耗比 2020 年下降 13.5%，能源消费总量得到合理控制，化学需氧量、氨氮、氮氧化物、挥发性有机物排放总量比 2020 年分别下降 8%、8%、10% 以上、10% 以上。节能减排政策机制更加健全，重点行业能源利用效率和主要污染物排放控制水平基本达到国际先进水平，经济社会发展绿色转型取得显著成效。

第五，扶持中小企业发展。政府采购应当进一步关注中小企业的发展，制定出台对中小企业政府采购的支持和优惠政策，促进中小企业的生存和发展，提升中小企业在市场竞争中的地位。中小企业具有产品更新快、创新能力强、应变及时的特点，能有效满足消费者的个性化需要。《政府采购法》中虽有促进中小企业发展的目标，但缺乏具体实施计划，缺乏相关的配套法规。政府采购应当建立更为优惠的政策措施以鼓励、扶植和促进中小企业发展，提高其自主创新能力和竞争力。

二、构建发挥政府采购政策功能的政策体系

政府采购应当继续抓好首购和订购、节能环保采购、支持中小企业发展等政府采购政策实施的基础上，完善自主创新采购、节能和环保产品采购、支持中小企业发展和国货采购方面的政府采购制度建设，发挥政府采购对强化国家宏观调控、扩大内需、调整结构等经济政策的政府采购功能措施，强化政府采购政策要求。

（一）完善调控宏观经济运行的政府采购政策

一是政府采购要在消费、投资和出口等方面发挥综合作用。近日，国务院办公厅印发《政府采购领域“整顿市场秩序、建设法规体系、促进产业发展”三年行动方案（2024—2026 年）》，以解决当前政府采购领

域存在的突出问题为重点，推动提升政府采购秩序规范化水平，提出要建立健全促进现代产业发展的政府采购政策功能体系。这为采购制度更好发挥促进生产、带动消费功能提供了政策保障，其中，重要一点是跳出采购看采购，关注采购对产业发展的促进功能。从投资方面来分析，它形成的是未来发展的基础和将来的生产能力，其采购结构和采购数量对市场发挥着重要影响。

二是政府采购政策促进产业发展，当前从制度上还要处理好两个方面的关系。首先，政府和市场的关系。要充分发挥市场机制的作用，顺应经营主体发展需要，合理配置采购资源和力量，实现政府需求、资金配置、企业供给三者的有效结合、良性互动。特别是在科技创新、节能降碳方面，要发挥好需求标准的引领作用，引导企业积极主动做好产品创新和升级。其次，制度和规范的关系。该行动方案出台了很多具体举措，关键是要形成长效机制和制度性安排，严格规范采购的流程和秩序，避免对正常微观主体生产经营造成干扰。要进一步理顺采购人与供应商之间的业务沟通、账款支付等关系，明确资金供需双方支付、回款等的最高时限，构建有利于各方认真履约激励模式。通过持续完善各类采购标准向市场释放清晰明确的信号，引导供应商提升产品质量和标准。

三是政府采购政策要和其他政策协调一致。政府采购要与当前国内和国际相关规则做好对接，落实《深化政府采购制度改革方案》，按照建立现代政府采购制度的要求，对标世界贸易组织《政府采购协议》《全面与进步跨太平洋伙伴关系协定》等国际规则，进一步完善政府采购法律法规。积极推动《政府采购法》修改，并结合修改进程适时修改《实施条例》。推动《政府采购法》《招标投标法》协调统一，提高政府采购法律法规体系的系统性、整体性、协同性，助力全国统一大市场建设。按照建设全国统一大市场的原则，结合国内实际情况和采购市场发展阶段，推动采购制度稳步与国际通行政府采购制度和标准对接，完善相关法律制度安排，并根据执行的具体情况，进一步完善相关制度标准、提供翔实的第一手参照,推动《政府采购法》《招标投标法》两法实现内在协调统一,发挥好政府采购系统的综合效力。用刚性制度全面落实公平竞争原则,及时清理违反公平竞争的做法,持续做好监管工作,避免在区域、行业和所有制形式等方面设置歧视性违法条款。

(二)完善促进自主创新的政府采购政策

第一,将促进产品自主创新作为政府采购的重要目标,纳入国家创新政策体系。2024 年政府工作报告中有 40 处提及"创新",有 26 处提及"科技"。报告提出,要充分发挥新型举国体制优势,"全面提升自主创新能力""增强原始创新能力""以科技创新推动产业创新""实施产业创新工程""强化企业科技创新主体地位,激励企业加大创新投入"。政府采购是促进科技创新的重要政策工具。近年来,国家从法律层面为政府采购支持创新奠定了基础。2021 年 12 月修订通过的《科学技术进步法》规定:"对境内自然人、法人和非法人组织的科技创新产品、服务,在功能、质量等指标能够满足政府采购需求的条件下,政府采购应当购买。"2024 年 2 月,财政部发布了《政府采购合作创新采购方式管理暂行办法(征求意见稿)》,对合作创新采购方式的概念、适用条件、需求管理、订购首购程序、合同管理等进行了规定。一些地方政府积极探索,取得显著成效。例如,上海市通过首购助力上海形成集成电路、人工智能、生物医药三大产业"创新高地",保证具有一定自主创新能力的企业能够获得稳定的市场需求,帮助企业尽快收回前期投资,获得稳定的现金流,从而占领市场份额,完善产品性能、提高产品质量、在此基础上实现再次创新,不断提高企业竞争能力。充分发挥市场机制作用,综合运用强制采购、优先采购、订购首购、发布需求标准等措施,推进创新产品应用和迭代升级,营造促进产业创新的良好生态。

第二,完善政府采购对自主创新的激励政策。《政府采购合作创新采购方式管理暂行办法》(以下简称《暂行办法》),旨在进一步完善政府采购支持科技创新制度。《暂行办法》于 2024 年 6 月 1 日起施行。

合作创新采购是一种全新的政府采购方式，是针对目前市场上没有的、需要研发的创新产品，由采购单位从研发环节提前介入，先购买研发服务，再购买研发产品。在风险分担与激励机制方面，合作创新采购应当建立合理的风险分担与激励机制，鼓励有研发能力的国有企业、民营企业等各类供应商积极参与，发挥财政资金对全社会应用技术研发的辐射效应，促进科技创新，并鼓励更多的供应商为获得政府采购订单在自主创新和提高技术方面展开竞争。以采购人应用需求为导向，以公平竞争以及采购人与供应商风险共担为基础，实施订购首购，建立创新产品研发与应用推广一体化的管理机制，发挥政府采购对创新的带动作用，助力高质量发展。在一些关系国民经济主导的关键产业、自主创新技术和自主创新产品实行强制采购。例如，涉及军事机密和国家安全的具有完全自主知识产权的产品或服务，政府必须进行采购。以促进和引导国内高技术产业发展。要尝试建立固定比例采购制度。

第三，对自主创新的技术与产品采购并重。政府采购不仅重视对创新技术采购，而且重视对创新产品采购。对创新技术采购可以降低技术研发的风险，对创新产品采购可以提高创新技术的转化。根据技术开发不同阶段的特点选用不同的方法。重点支持少数大企业在部分关键技术领域取得核心技术优势，获得自主知识产权，以引导科技创新的方向进行。发挥原始创新、集成创新、引进、吸收、再创新等不同创新模式的优势，在全社会形成鼓励创新、保护创新的氛围。

(三)完善扶持中小企业发展的政府采购政策

第一，在政府采购工程项目中落实扶持政策。适用《招标投标法》的政府采购工程项目要落实政府采购支持中小企业政策，超过400万元的工程采购项目中适宜由中小企业提供的，预留份额由30%以上提高至40%以上。在以价格为主的招标项目评标中，在满足采购要求的条件下优先采购中小企业自主创新产品。第二，助力中小企业“政采贷”。建立与金融机构共享中央本级政府采购信息的渠道，向商业银行及时提供中央部门政府采购合同等相关信息。建立健全中小企业“政采贷”工作机制，推动实现与金融机构对接，为金融机构、中小企业开展政府采购融资提供便利。第三，支持乡村产业振兴。巩固拓展脱贫攻坚成果，确保对相关地区农副产品提高政府采购预留比例政策取得实效。推动脱贫地区农副产品网络销售平台逐步实现业务范围双向拓展，吸纳更多符合资质标准的中小企业成为供应商，推进服务提质升级，助力打造农业特色品牌，推动乡村产业振兴。

（四）完善政府绿色采购政策

第一，通过立法鼓励和推动绿色采购。研究制定政府绿色产品采购法律法规，提高政府采购促进环保工作的力度。对政府实行绿色采购的主体、责任、绿色采购标准和绿色采购清单的制定和发布以及违反政策的处罚等进行明确规定，为在全国范围内推行政府绿色采购提供法律保障。第二，制定出台面向绿色产品的政府采购支持政策。对获得绿色产品认证或符合政府绿色采购需求标准的产品实施优先采购或者强制采购，促进绿色低碳发展。第三，扩大政府采购支持绿色建材促进建筑品质提升政策实施范围。要进一步扩大城市（市辖区）所属医院、学校、办公楼、综合体、展览馆、保障性住房以及旧城改造项目等政府采购工程项目强制采购符合标准的绿色建材，并适时研究扩大政策实施范围。加强对政策实施城市的考核督导，确保政策要求落到实处。

第五节　完善政府采购政策功能有效发挥的监督体系

有效的政府采购管理是政策执行的重要保障，政府采购管理提的目标是建立职责清晰、集中统一、执行有力、制约有效的政府采购管理体制，提高政府采购的效率和效益。

一、强化政府采购政策的统一协调

第一，建立统一的政府采购政策协调机构。全国人大及各级人大加强对政府采购政策执行情况的监督，不仅要评估采购人采购程序的合法性，更要评价和监督其对财政政策的执行性。财政部门会同发展和改革委员会、科技、工业和信息化、生态环境、住房城乡建设、农业农村、市场监管、供销合作社等部门和单位，建立协调机制，统筹推进政府采购相关工作，对采购部门和政府采购政策的执行及其效果进行监督和评价，发挥政策采购的公共政策及调控功能。第二，强化政府采购政策的执行。审计部门要加强对政府采购执行的监督，对政府采购政策执行的有效性、经济性、效益性进行绩效评估和审查监督，并建立向人大报告制度和向社会的公布制度，促进政府采购政策得到有效实施。

二、加强财政部门的统一管理

为了提高政府采购制度对政府部门执行预算和提供公共服务的整体效能，财政部门应当将政府采购工作的重点放在管理、协调和服务上，通过安排政府采购预算，管理采购方式，搭建管理平台，提供法律咨询和服务，明确政府采购政策目标等，通过政府采购管理的强化实现政府采购制度本身的目标价值。财政部门应当进一步强化对采购人的培训和服务，引导采购人在规范的法律框架下进行采购，实现采购目标。

财政部作为政府采购的监督管理机构应统一协调政府采购政策的发布，定期发布政府采购政策指南，升级改造中央政府采购电子平台。完善信息发布和查询功能，提高政府采购信息发布的完整性、准确性，提升政府采购透明度。逐步实现全国供应商、采购代理机构“一地注册、全国通用”，破除地方保护和隐性壁垒。运用大数据分析、行为预警等手段，动态监控供应商投标、项目评审等政府采购关键环节，推进智慧监管，提升监管实效。

完善政府采购管理统计制度。健全供应商、采购代理机构、评审专家严重违法失信行为信用记录归集和发布机制，省级以上财政部门要及时向中国政府采购网完整准确上传失信信息，中国政府采购网与国家企业信用信息公示系统、“信用中国”网站等实时共享，为采购人开展相关资格审查提供便利。全面收集和了解政府采购供应商的情况、授予合同的情况，对自主创新、绿色产品、中小企业采购等的情况，通过统计分析掌握政策的实施效果。

三、积极探索政府采购新途径

加快全国统一大市场建设，着力破除各种形式的地方保护和市场分割。政府采购市场是全国统一大市场的重要组成部分，构建全国统一大市场，必须大力推进全国统一政府采购市场建设。建设全国统一政府采购市场，既要深入贯彻《深化政府采购制度改革方案》精神，又要对标中共中央、国务院《关于加快建设全国统一大市场的意见》等文件要求。

第一，完善基础设施，实现互联互通。通过建立统一、开放、互信、多元的政府采购生态系统，实现政府采购远程化、数字化和智能化，缩短采购周期，降低采购交易成本，打通堵点，形成全国统一政府采购市场。建立开放的体系构架，统一全国政府采购交易平台注册认证；制定数据交换标准，实现跨区域平台信息互联互通；构建互信的安全机制，提高电子采购平台访问和服务的交互性、便利性和透明度。

第二，改进技术手段，推进数字采购。《数字中国建设整体布局规划》提出，“建设数字中国是数字时代推进中国式现代化的重要引擎，是构筑国家竞争新优势的有力支撑”。数字采购是数字政府建设的重要内容，是数字中国的重要组成部分。深入实施“互联网＋政府采购”行动计划，加快推进人工智能在政府采购领域的运用，制定交易数据规范，重塑交易流程和环节。通过数字化分析、流程再造、综合赋能等手段，充分发挥数字技术的优势，全面实现数字技术覆盖各项业务线上集成化办理，构建采购业务"一网通办""一网统管"模式，为采购人、供应商、评审专家提供数字化服务。

第三，落实主体责任，强化结果导向。《深化政府采购制度改革方案》提出，要坚持问题导向，强化采购人主体责任。要严格把控采购意向公开、采购需求管理、采购方式选择、评审专家抽取以及合同履约验收等环节，推动采购管理与资产管理相结合，采购管理与预算一体化工作无缝衔接等。

第四，严格成本管控，实行绩效管理。加强采购的全生命周期成本管理。一方面，解决好采购交易成本控制问题，既包括采购人采购成本、代理机构成本、供应商交易成本，也包括采购市场主体公平性、采购信用体系建设等制度性成本；另一方面，要落实全面预算绩效管理要求，推动绩效目标管理与采购需求管理、绩效运行监控与采购计划执行、绩效评价与采购履约验收、评价结果运用与采购问题整改等相结合，构建全方位采购预算绩效管理新格局。

第五，优化营商环境，培育采购市场。2023 年 5 月，世界银行公布了评估全球商业和投资环境的操作性手册文件，首次将政府采购纳入营商环境评价指标体系，政府采购由观察指标上升为正式指标。在此背景下，我国经济要融入世界经济大潮，构建双循环发展格局，建设全国统一大市场，就必须适应国际规则的变化，落实党中央、国务院关于优化营商环境的决策部署，依法清理妨碍统一市场和公平竞争的规定与做法，保障各类市场主体平等参与政府采购的权利。

四、完善监督机制

将采购内控制度贯穿于政府采购执行与监管的全流程、各环节，形成业务流程与控制规则的闭环管理。建立事前预警、事中监控、事后分析的预防监管体系和预警管控机制，加强政府采购全过程跟踪与管理，形成依法合规、运转高效、风险可控的采购内控体系。财政部门会同市场监管部门对供应商提供虚假认证证书、检测报告进行核查，会同公安部门严查政府采购招标中发现的串通投标行为，会同纪检、监察等部门就问题线索移送、案件查处等进行协作配合，严肃查处政府采购领域的问题。

五、应对政府采购市场开放的政策体系

按照建立现代政府采购制度的要求，对标世界贸易组织《政府采购协议》(GPA)等国际规则，进一步完善政府采购法律法规。加入GPA之后，政府采购实行双轨制，在开放的范围内执行的是GPA规则，在不开放的范围内执行的是国内采购规则。就是对GPA条款约束范围之外的政府采购项目，包括门槛价下的政府采购项目和清单之外的采购实体。但对开放范围内的项目，只能在合乎GPA条款的前提下落实政策目标。

目前，我国没有加入《政府采购协议》，但是由于贸易全球化，外国供应商早就进入我国政府采购市场，外国具有技术优势的产品，如复印机、计算机、传真机、打印机、服务器、医疗器械等已经被国外厂商占领大部分份额。在加入GPA的谈判过程中，我们要处理好开放与保护的关系，根据实际情况对政府采购政策及时做出动态调整。第一，政府采购市场的开放缺乏必要的制度基础。我国尚未建立统一、规范的政府采购制度，《政府采购法》《招标投标法》关于货物、服务和工程的采购程序存在不一致的地方，两法之间的协调给政府采购的监管带来一定的难度；政府采购的管理水平不高，政策不统一，法规执行力度不够，缺乏对采购行为的有效监督和制约。第二，我国企业参与国际竞争的能力不强，对国际竞争规则不熟悉，在"走出去"战略中以劳动密集型产业为主，技术密集型产业仍处于初级阶段，难以在政府采购市场的对等开放中获取商业利益。

从长远来看，随着我国企业创新能力的增强和产品质量的进一步提高，对等开放政府采购市场对提高我国企业的竞争能力具有积极意义，我国企业必须适应这一趋势，利用政府采购的国际规则，迎接政府采购市场开放的挑战，提高世界市场的份额。我们应当按照《政府采购协议》的基本原则，加大对政府采购规则的研究，完善政府采购立法，统一政府采购管理和监督，进一步完善政府采购制度，为政府采购市场的开放创造有利条件。

当前，我国应加紧对政府采购规则的研究，以习近平新时代中国特色社会主义思想为指导，深入贯彻党的二十大精神，认真落实党中央、国务院关于加快构建新发展格局和推进高水平对外开放的决策部署，完整、准确、全面贯彻新发展理念，坚持高质量发展，按照《深化政府采购制度改革方案》有关要求，坚持问题导向，强化顶层设计，结合我国国情实际，对接政府采购国际规则，深入推进政府采购制度改革，聚焦重点、多措并举，着力解决当前政府采购领域存在的突出问题，使政府采购市场秩序更加规范，政府采购制度建设迈出实质性步伐，建立健全促进现代产业发展的政府采购政策功能体系。

第八章　政府采购质疑投诉程序与案例分析

随着我国政府采购市场的日益活跃，供应商的合法权利保护受到更多人的重视，质疑投诉作为广泛运用的救济制度，对于供应商的保护有着不可或缺的价值，对于政府采购的发展有着巨大作用。质疑投诉程序在供应商的权利保护上发挥了重要作用，推动了政府采购市场的发展。同时，随着经济全球化的发展，我国政府采购市场需要与国际市场接轨，进一步融入国际政府采购活动中。在我国尝试加入《政府采购协议》协议的背景下，对于供应商的合法权利需要得到更为完善的保护，这些都对质疑投诉程序提出了更高的要求。

第一节　政府采购质疑投诉概述

一、质疑投诉的概念

质疑是供应商认为自己的合法权益因采购文件、采购过程和中标、成交结果而受到损害，在法定期限内以书面形式要求采购人或采购代理机构予以纠正或赔偿的一种救济方式。《政府采购法》规定了质疑的内容范围、提出和处理的时限以及提出的方式，即质疑的内容应存在与采购文件、采购过程和中标、成交结果几个方面；提出和处理时限限制在供应商知道或应当知道其权益受损害之日起七个工作日内以及采购人应当在受到质疑后七个工作日内作出答复;供应商和采购人均应以书面形式提出和答复质疑。

投诉是对采购人、采购代理机构的答复不满意或者采购人、采购代理机构未在规定的时间内答复,质疑供应商可在答复期满后 15 个工作日内向同级政府采购监督管理部门提出投诉。《政府采购法》分别对投诉的提出主体、提出形式、处理时限、处理机构和暂停手段给予规定,即投诉主体必须是对质疑答复不满或未收到答复的质疑供应商,必须以书面形式在答复期满后 15 个工作日内提出,投诉处理机构为同级政府采购活动监督管理部门且应在收到投诉 30 个工作日内作出处理决定。

二、质疑投诉的必要性

采购人和供应商在政府采购活动中地位平等,但是在实践过程中,采购人往往拥有一定的行政管理职权,相较于供应商处于强势地位。采购人应当遵循公开透明、公平竞争、诚实信用的原则开展政府采购活动,并按照平等、自愿的原则约定政府采购合同中的权利和义务。但是经常出现采购人运用职权泄露采购信息,或组织评审专家不公正公平的进行评审活动。如果没有相应的供应商救济制度,供应商对于采购人的信任度下降,有可能放弃公平竞争采取不正当的竞争方式赢得采购合同,最终将导致政府采购活动遭受严重破坏。政府采购活动的质疑与投诉就是供应商面对自身合法权益被侵害后最有力的维权武器,供应商通过质疑投诉可以检举采购人的违法行为,同时对采购人和供应商形成有力的威慑,规范其采购行为,维护政府采购市场的健康持续发展。质疑投诉处理程序将与供应商参与政府采购活动的信心和政府采购市场发展密切相关。

质疑投诉程序为提高公共资金的使用效率,高效率达成采购目的有着非常重要的作用。供应商在针对采购行为提起质疑投诉的同时不仅有利于保护自身利益，也是对公共资金使用的有力监督，从而提高采购人的违法成本，促使其合法参与采购活动，正确使用采购资金，达到“用最少的钱办到最好的事”。

质疑投诉程序为供应商提供了更为高效便捷维护自身合法权益的维权手段。质疑投诉程序虽然不具有司法救济的严谨程序，在处理结果上无法与司法程序结果的公平性、客观性和效力上相当。司法救济手段大多是作为维护正当权利的最后一个维权途径，司法救济手段流程复杂、维权时间长，维权成本高，导致不能为供应商的合法权利提供及时的救济保护。所以，质疑投诉程序具有效率的价值取向，《政府采购法》对质疑投诉程序处理时限给予了明确的规定，供应商在采购活动中的纠纷发生后，通过质疑投诉维护自身合法利益。

第二节　质疑的提出与答复

一、质疑的提出

1. 供应商认为采购文件、采购过程、中标或者成交结果使自己的权益受到损害的，可以在知道或者应知其权益受到损害之日起七个工作日内，以书面形式向采购人、采购代理机构提出质疑。

2. 采购文件可以要求供应商在法定质疑期内一次性提出针对同一采购程序环节的质疑。

二、质疑的范围

1. 采购文件
2. 采购过程
3. 中标、成交结果

三、质疑的期间及起算

1. 质疑供应商在知道或者应知其权益受到损害之日起七个工作日内提出质疑。

2. 供应商应知其权益受到损害之日：

（1）对可以质疑的采购文件提出质疑的，为收到采购文件之日起或者采购文件公告期限届满之日；

（2）对采购过程提出质疑的，为各采购程序环节结束之日；

（3）对中标或者成交结果提出质疑的，为中标或者成交结果公告期限届满之日。

四、质疑函的内容

1. 供应商的姓名或者名称、地址、邮编、联系人及联系电话。

2. 质疑项目的名称、编号。

3. 具体、明确的质疑事项和与质疑事项相关的请求。

4. 事实依据。

5. 必要的法律依据。

6. 提出质疑的日期。

五、质疑的接收与答复要求

1. 采购人、采购代理机构不得拒收质疑供应商在法定质疑期内发出的质疑函。

2. 应当在收到质疑函后七个工作日内作出答复。

3. 以书面形式通知质疑供应商和其他有关供应商。

4. 询问或者质疑事项可能影响中标、成交结果的，采购人应当暂停签订合同，已经签订合同的，应当中止履行合同。

5. 对畸高、畸低的重大差异评分可以提示评标委员会复核或书面说明理由。

6. 供应商对评审过程、中标或者成交结果提出质疑的，采购人、采购代理机构可以组织原评标委员会、竞争性谈判小组、询价小组或者竞争性磋商小组协助答复质疑。

7. 参与政府采购活动的供应商对评审过程或者结果提出质疑的，采购人或采购代理机构可以组织原评标委员会协助处理质疑事项，并依据评标委员会出具的意见进行答复。

六、质疑答复

（一）答复内容

1. 质疑供应商的姓名或者名称；
2. 收到质疑函的日期、质疑项目名称及编号；
3. 质疑事项、质疑答复的具体内容、事实依据和法律依据；
4. 告知质疑供应商依法投诉的权利；
5. 质疑答复人名称；
6. 答复质疑的日期。

（二）质疑答复的内容不得涉及商业秘密

七、质疑处理

1. 采购人、采购代理机构认为供应商质疑不成立，或者成立但未对中标、成交结果构成影响的，继续开展采购活动。

2. 认为供应商质疑成立且影响或者可能影响中标、成交结果的，按照下列情况处理：

（1）对采购文件提出的质疑，依法通过澄清或者修改可以继续开展采购活动的，澄清或者修改采购文件后继续开展采购活动；否则，应当修改采购文件后重新开展采购活动。

（2）对采购过程、中标或者成交结果提出的质疑，合格供应商符合法定数量时，可以从合格的中标或者成交候选人中另行确定中标、成交供应商；否则，应当重新开展采购活动。

3. 质疑答复导致中标、成交结果改变的，采购人或者采购代理机构应当将有关情况书面报告本级财政部门。

第三节　如何处理质疑

一、高度重视质疑答复工作

供应商提起质疑是政府采购法律法规赋予的权利，是完善政府采购纠错机制和监督手段的重要途径。各采购人、采购代理机构要重视政府采购质疑答复工作，结合供应商提起的质疑事项，认真对照研究，全面检视政府采购项目的合法合规性，及时进行客观公正处理。

质疑供应商对自己提出的质疑，有责任提供必要的证据，财政部第94号令第12条规定，供应商提出质疑应当提交质疑函和必要的证明材料。

这里，“提交必要的证明材料”是责任，无须提供完备的证明材料，不能违法要求质疑供应商提供质疑属实和成立的所有证明材料。因为，必要和完备在逻辑上是有区别的。必要的证明材料是质疑属实和成立的部分证明材料，有这些证明材料不能必然得出质疑事实和成立的结论；而完备证明材料是证明质疑属实和成立的全部证明材料，有这些证明材料必须得出质疑属实和成立的结论。目前，政府采购的信息公开程度还不能让供应商知悉所有信息或者有些信息依法不应让供应商知悉，这些信息是供应商根本就无法提供的。如果要求质疑供应商提供其无法知悉的证明材料，超出了法律规定的“必要”范畴，就有些“强人所难”了，也有可能导致供应商以非法手段取得证据。

另外，法律还规定，面对供应商提出的质疑、采购人、采购代理机构也应当在答复质疑时将质疑答复的具体内容、事实依据和法律依据一并附上。

单一来源采购项目不属于法律规定的供应商质疑的事项范围。单一来源供应商,因采购过程为协商过程,所以单一来源供应商对采购文件、采购过程、成交结果提出质疑的可能性几乎不存在。非单一来源供应商因无法获得采购文件,又不是参与所质疑项目采购活动的供应商,缺乏质疑资格,因此不能提出质疑。非单一来源供应商,若对采用单一来源采购方式公示有异议的,可以在公示期内将书面意见反馈给采购人、采购代理机构,并同时抄送相关财政部门,因此,非单一来源供应商已通过公示期内书面异议的方式保障了供应商的合法权益,单一来源采购方式不属于供应商质疑的事项范围,即单一来源采购不适用质疑程序。

二、明确质疑答复责任主体

采购人负责供应商质疑答复。采购人委托采购代理机构采购的,采购代理机构在委托授权范围内作出答复,采购代理机构答复质疑的,答复内容需要经采购人书面确认。采购人、采购代理机构应当加强内部分工管理,明确专人负责,有条件的可采取质疑答复岗位与项目执行岗位相分离的方式,质疑答复档案应妥善保管。

三、规范质疑答复程序步骤

采购人、采购代理机构要严格按照《政府采购质疑和投诉办法》相关规定依法受理质疑。对质疑环节、时间、事项逐条核对,做好质疑接收工作;按照《质疑答复函范本》格式,在答复期限内对质疑事项逐条作出答复,并告知质疑供应商依法投诉的权利;于质疑回复之日起三个工作日内,在相应政府采购网“质疑公开”栏目公开质疑答复,同步上传质疑函、答复函,其中,涉及商业秘密、个人隐私及其他按照规定不适宜公开的内容,将相应部分删减。

四、加快质疑答复办理时限

采购人、采购代理机构不得拒收质疑供应商在法定质疑期限内发出的质疑函，应当在收到质疑函后七个工作日内作出答复，并以书面形式通知质疑供应商和其他有关供应商，答复的内容不得涉及商业秘密，对不需要经过认证就可以作出判断的质疑，应当在三个工作日内作出答复。

五、提高质疑答复内容质量

采购人、采购代理机构应当对质疑事项逐条审查和逐条答复，答复应当证据充分、内容全面、意见明确，不得出现答复内容含糊不清、模棱两可等情况。

供应商对采购文件提出质疑的，采购人、采购代理机构可以通过组织专家认证、市场调研、资料查询等方式对相关事项进行核实；供应商对评审过程、中标或者成交结果提出质疑的，采购人、采购代理机构可以组织原评标委员会、竞争性谈判小组、询价小组等协助答复质疑；在质疑答复前，可以针对质疑事项、拟答复内容等与质疑供应商进行充分沟通，避免因沟通不畅、双方理解偏差、法律法规理解分歧等引起投诉。

六、建立质疑答复调解机制

采购人要充分发挥主体作用，建立质疑答复调解机制，综合分析质疑事项有关情况，对于质疑供应商因对法律法规不清楚或理解存在偏差、对政府采购不了解、质疑事项缺乏事实依据或事实依据不充分等情况提起的质疑，按照自愿、平等的原则，做好沟通协调，组织各方当事人进行质证、调解，力争将问题化解在前端，进一步提高质疑处理效率。

七、规范质疑处理工作流程

采购人、采购代理机构认为供应商质疑不成立,或者成立但未对中标、成交结果构成影响的,继续开展采购活动;认为供应商质疑成立且影响或者可能影响中标、成交结果的,按照《政府采购质疑和投诉处理办法》第16条规定处理。质疑答复导致中标、成交结果改变的,采购人或者采购代理机构应当将有关情况书面报告本级财政部门。

第四节　投　　诉

一、概念

投诉是指因为对采购人、采购代理机构的答复不满意或者采购人、采购代理机构未在规定的时间内答复,质疑供应商可在答复期满后15个工作日内向同级政府采购监管管理部门提出投诉。

二、质疑与投诉的关系

质疑与投诉有着非常密切的关系,从程序环节来说,质疑是投诉的必要不充分条件,即质疑是投诉的前置环节,但不是所有的质疑都会转化为投诉。

(一)相同之处

质疑和投诉都是供应商的法宝救济途径;质疑事项与投诉事项完全一致,投诉事项不得超出已质疑的事项范围,投诉则是对质疑事项的再次认定。

(二)不同之处

1. 受理和答复的主体不同

质疑答复的主体是采购人;处理投诉的主体则是财政部门。

2. 项目状态不一致

接到质疑后和答复质疑前，采购项目运行不受影响，采购人可以依照原采购计划实施，订立采购合同，正常履行采购合同。财政部门受理投诉后，可以根据具体情况书面通知采购人暂停采购活动，被投诉的采购项目可能暂停相关活动。

3. 证据依据的资料不完全一致

在质疑处理阶段，由于采购人没有明确的法定调查取证权，同时，受到7个工作日的答复的限制，所依据的证据大部分是采购文件及投标文件；在投诉处理阶段，财政部门作为法定监管机构，明确拥有调查取证和组织质证的权利，可以向相应采购方发函调取证据，能够更多依据采购文件及投标文件之外的材料对投诉事项作出判决。

三、投诉处理的流程

投诉处理的流程通常以采购人、采购代理机构接收财政部门发出的《投诉答复通知书》为起点，以接收《投诉处理决定书》为终点。采购人在配合财政部门处理投诉时，大体上要遵循以下流程。

（一）接收《投诉答复通知书》

收到财政部门的《投诉答复通知书》后，采购人应当根据《投诉答复通知书》中的要求，暂停或者继续开展采购活动。《投诉答复通知书》中明确要求采购人暂停采购活动的，采购人在法定的暂停期限结束前或者财政部门发出恢复采购活动通知前，不得进行该项目的采购活动。

（二）财政部门调取相关证据材料

采购人应于接收到《投诉答复通知书》五个工作日内就投诉的事项和情况向财政部门提交书面说明，并提交相应证据等有关材料，采购人应根据财政部门的要求，随时提供相关的材料。

（三）采购人参加财政部门组织的相关质证（如有）

财政部门如果认为有必要，可以组织质证。质证的参加方为财政部门、采购人和相关供应商。采购人接收到《质证通知书》后，准备相关材料，按照相关要求准时参加质证会议即可。如果不参加，视为主动放弃。

（四）采购人接收《投诉处理决定书》和后续工作

财政部门对投诉事项作出判决后，向各相关方发放《投诉处理决定书》，依据《投诉处理决定书》的判定意见进行相关的后续工作。

（五）采购人向财政部门递交整改报告

在投诉处理过程中，如果财政部门发现采购人、采购代理机构在采购活动中存在违法违规的问题，会在《投诉处理决定书》中责令采购人、采购代理机构就相关问题限期改正，并要求在《投诉处理决定书》送达之日起十五日内向财政机关提交整改报告。

（六）当事人撤回投诉

部分投诉在处理期间会出现当事人申请撤回投诉的情况，财政部门在接收到投诉人递交的《撤销投诉申请书》后，会向采购人、采购代理机构、被投诉人等相关方寄送《告知书》。采购人接收到《告知书》后，继续按照原有进度组织实施采购活动。

第五节　质疑投诉的现存问题探究

一、缺乏独立统一的质疑投诉机构

（一）质疑投诉处理机构缺乏独立性

质疑投诉程序是供应商在面临政府采购活动纠纷时的救济手段。从独立性的角度出发，政府采购活动中的质疑程序是由采购人对自身的采购行为进行审查。采购人作为采购活动的当事人，相较于第三方独立机构更加清楚采购活动中的具体事项和纠纷出现的原因，有利于提高质疑投诉程序的效率。但是采购人是采购活动的当事人,是采购活动纠纷中不可避免的一方,在实际情况中,采购人是否能够做到对自身采购行为客观有效地审查?能否在面对供应商对自己提出质疑时,做到公平公正?作为采购活动主体的采购人,在采购活动中拥有着极其强大的地位与活动空间,容易影响采购项目的结果。基于现实中的利益纠葛,加上很多政府采购活动是由采购人委托给采购代理机构进行,那么采购代理机构作为一个商业组织,寻求利益最大化是其本质特质。在这样的情况下,要求采购人或者采购机构在面对供应商提出的质疑时,客观公正地作出答复具有很大的难度,导致供应商对于质疑程序产生强烈的不信任感,也违背了公平的价值取向。根据《政府采购法》规定的供应商必须在质疑程序结束后才能对质疑事项向财政部门提起投诉,对于供应商而言,除了耽误救济时间外没有任何意义,不利于供应商达到及时有效维护自身合法利益。

财政部门作为法定的政府采购活动投诉受理部门,其独立性也受到质疑。财政部门同时肩负着审批政府部门每年采购项目预算的职能,对于政府采购的资金具有审批权。这就意味着,如果面临供应商提出投诉的情况,财政部门将处于同时审查采购活动与自身当时进行的审批预算活动的状态,试图让自己做到公正客观地裁判自己的行为是否违规,无疑影响了投诉机构的独立性。

(二)质疑投诉处理机构缺乏统一性

质疑投诉机构的设置缺乏统一性。首先,在质疑处理机构的设置方面,各个采购人或采购代理机构分别负责各自的质疑答复活动,政府没有在采购质疑程序中设置一个统一专门的负责处理质疑答复的机构。质疑答复的权力由采购人或采购代理机构会降低质疑程序的公正性以及提高监管难度。其次,在投诉处理机构的设置方面,《政府采购法》规定了财政部门是政府采购活动的投诉处理机构,《招标投标法》规定了供应商可以向有关行政监督部门投诉,导致财政部门与有关行政监督部门同时作为投诉处理机构情况的出现,决定了我国的政府采购投诉处理机构设置是多元化的,并不是统一的机构承担职责。此种同类性质的活动的分散监管模式,割裂了我国财政支出传统的统一性和协调性,分散了行政监管力量。虽然我们认为将投诉处理职能分散在多个部门,在一定程度上有利于发挥各部门自身的专门优势,但是事实却充分证明,在多头管理的局面下,显而易见地,承担投诉处理机构职责的部门数量与投诉处理效率并不构成正比。虽然财政部门与有关行政监督管理部门均负责投诉处理活动,但并不意味着供应商的权利救济能力增强了。恰恰反之,随着各部门之间职能重叠区域的扩大,对于同时处于财政部门与有关行政监督管理部门交叉职能部分的政府采购投诉处理活动,容易处于"抢着管""无人管""踢皮球"的状况中,影响了投诉活动的处理效率,损害供应商的救济权利和政府部门公信力。

二、投诉受理主体主动调查权设置模糊

(一)主动调查权行使情形设置模糊

《实施条例》第 56 条规定了财政部门在投诉处理活动中,可以在必要情况下依职权进行调查取证或者组织质证。财政部门依法享有调查权有利于投诉处理活动的公正性与客观性,财政部门进行调查取证与组织质证为投诉活动提供证据支撑,主动调查在整体的投诉活动中,有利于进一步公平处理政府采购纠纷,提升投诉处理活动的公正性。虽然该项法律规定赋予了财政部门对投诉事项的调查权,但是对于何种情况属于必要情况没有作出明确的规定。在民事诉讼中,法院调查取证的情形有明确的法律规定,《民事诉讼法》第 64 条就对其适应情形进行规定。相较于民事诉讼的明确规定,财政部门对于在何种情况下才能行使调查权只能依靠自己的判断进行,可能会导致财政部拖延拒绝履行主动调查权或者又过分积极地运用主动调查权。

（二）主动调查权行使的程序规范缺失

我国政府采购法律对于财政部门不仅没有明确主动调查权行使的情形，同时也没有对财政部门行使的程序进行规范。民事诉讼相关法律对于法院行使调查权的人员数量和具体操作方式都有着明确的规定。财政部门属于政府部门，财政部门的投诉处理活动是财政部门的具体行政行为，具体行政行为并不全是行政处罚行为。财政部门的投诉处理活动不属于行政处罚行为，不适用于行政处罚法。财政部门行使主动调查权更依赖于自身判断，而非一个统一的标准进行，这可能导致财政部门害怕承担潜在的责任而拒绝行使主动调查权。

三、质疑前置程序影响整体效率

《政府采购法》第55条规定供应商在提起投诉前必须首先进行质疑程序。质疑程序前置有其益处，质疑处理机构是采购人和采购机构，质疑程序给纠纷双方提供了一个绝佳的沟通机会。质疑前置有利于减轻救济部门的工作压力，如果供应商面临多种救济途径可以同时选择，那么不乏部分供应商会直接选择向财政部门提起投诉，这会提高其他财政部门的工作压力。设立质疑程序的目的是供应商在政府采购实施过程中认为采购文件、采购过程、采购结果损害其利益而及时地提出质疑，采购人或代理机构能够依法纠正，从而避免供应商的合法权益受到进一步的损害。如果双方在质疑程序中达成一致意见，及时有效解决纠纷，可以减轻投诉部门的工作负担，节省更多的行政资源。

在实践过程中，从救济程序的时间成本方面分析，质疑程序的处理需要七个工作日，质疑程序结束后才能投诉，而投诉的处理时限为三十个工作日。部分供应商即使在进行了质疑程序后，对于处理结果不满意会继续选择投诉。然而基于处理时限规定，供应商走完整个质疑投诉程序需要一个月左右的时间，这不仅没有达到质疑程序试图及时解决纠纷，降低供应商维权成，还增加了供应商维权的时间成本，降低了处理的效率。

四、暂停制度设置不合理

(一)自动暂停制度的缺少

由于政府采购活动的特殊性,对于已经生效或者正在履行的政府采购合同,不适宜撤销。对于寻求救济的供应商,时间是最重要的事情,能否在采购合同生效或者履行前结束救济程序,关乎是否可以重新获得采购合同。但是,即使质疑投诉处理机构效率再高,采购程序也仍在进行,这就面临着采购合同已经生效或者履行的情况。如果供应商再寻求救济,也难以撤销政府采购合同。面对这种情况,政府采购质疑投诉程序中的暂停制度可以有效保护供应商的合法权益。政府采购暂停制度是在采购合同订立前或者合同履行中,通过中间程序采取临时措施,纠正其中违法行为,防止给相关利益方造成进一步损害的救济措施。《政府采购法》《政府采购供应商投诉处理办法》《实施条例》都规定了政府采购活动中的暂停制度。暂停制度规定由供应商提出投诉,政府采购监督管理部门在处理投诉期间决定是否采取暂停措施。我们应当认识到,将是否启动暂停措施的决策权交予政府有一定的积极作用,政府可以在处理期间对案件有进一步了解后,再充分全面地考虑是否有必要启动暂停措施,但这并不意味着我国的暂停制度是完善合理的,因为在部分情况下,采购监督管理部门可能会在面临需要做出启动暂停制度的情况下作出不暂停采购活动的决定,这就会导致供应商面对商业机会的失去而无计可施,只能蒙受损失。在现行规定下,单一由政府主导的暂停制度往往难以保护供应商的合法权利。

(二)暂停制度适用情形设置不明确

暂停制度决策机构存在自由裁量权过大,在《政府采购法》及相关政府采购法律文件中,没有明确规定供应商有提出暂停措施申请的权利,政府采购监督管理部门根据情况来主动适用暂停制度,供应商在这一过程中缺乏主动性。《政府采购法》及相关政府采购法律文件也没有对采取暂停措施的情形做出明确规定,例如,《政府采购法》《政府采购供应商投诉处理办法》规定可以适用暂停制度的条件为视具体情况,这几乎将判断的权力毫无限制地全部赋予政府采购监督管理部门。质疑与投诉处理机关不仅有权力决定是否启用暂停措施,甚至还被赋予强大的缺乏限制的自由裁量权,这就导致暂停制度得到运用的情况并不常见,难以充分发挥其自身对供应商的保护效果。我国法律规定实施暂停措施的时限适用不得超过 30 天,但对于投诉程序的处理时限却规定为 30 个工作日,这就意味着暂停制度的最长时限明显少于投诉程序的处理时限,也就会造成暂停制度已经达到时限,而投诉工作还没有完成的情况。暂停制度时限过短的问题既没有达到保护供应商的权益的目的,也阻碍了政府采购合同正常签订履行程序。

五、质疑投诉主体和事项界定不合理

(一)质疑投诉主体设置不合理

《政府采购法》规定,质疑提出的主体是供应商,没有对供应商概念进行具体的规定。《政府采购供应商投诉处理办法》规定潜在供应商不具有提出质疑的权利,将潜在供应商排除在质疑提出主体之外。潜在供应商排除在提出主体之外,有力地避免了部分供应商利用潜在供应商恶意提出质疑干扰采购活动,在一定程度上保障了采购活动的正常进行。但是对于想要参加采购活动的潜在供应商存在采购文件设置不平等条款而其不满足参与采购活动条件的情形,潜在供应商缺少救济手段。《政府采购供应商投诉处理办法》将质疑主体限制在小的范围内不合理,《政府采购协议》规定提出主体为有或曾经有过利益关系的供应商,《招标投标法》规定招投标活动中其他利害关系有权提出异议,将更多的主体纳入救济保护范围。对于投诉提出主体的设置与质疑提出主体的资格条件一致,只是基于政府采购中的质疑前置程序,投诉提出主体增加了必须经历质疑阶段且对质疑结果不满这一限制。

(二)质疑投诉提出事项界定不合理

《政府采购法》《政府采购供应商投诉处理办法》对于质疑投诉提出事项规定为供应商需认为自身权益在采购活动,即采购文件、采购过程以及中标、成交结果中受到侵害的情形。这种规定增加了供应商获得救济的难度。首先,供应商必须要认为自身权益受到损害,且在实践中必须进行举证,这项规定对于供应商显然是不合理的,供应商在提出质疑投诉时受到的损失更多体现在商业机会的预期利益。救济程序要求供应商提供自身的预期利益受损的证据,对于寻求救济的供应商增加了其收集证据的难度,增加维权成本。其次,对于法律中规定的损害,大多是以供应商的预期利益受损为主,对于这一方面的利益损害计算更为困难,在实践中可能出现供应商夸大损失,也可能出现质疑投诉处理机关不认可。在这些实践中经常出现的问题,不能因为质疑投诉事项过多,而过于限制供应商提出质疑投诉的事由,只有供应商的权利得到充分的保护,政府采购活动才能更好地发展,政府采购制度才能健康发展。

第六节　质疑投诉程序的完善

一、完善质疑投诉主动调查权制度

在质疑程序中,现行法律法规规定由采购人处理供应商的质疑事项。采购人作为采购活动的主体,仍应当维持质疑处理主体的地位。政府采购质疑投诉程序应当对主动调查权行使的情形进行明确的规范。对于财政部门行使主动调查权的情形,考虑我国民事诉讼体系赋予了法院调查权,民事诉讼的相关规定具有一定的参考意义。主动调查需要处理机关进行证据采集,对于案件进行全面审视,具体可以将进行主动调查权的情形以法律的方式列举出来，将供应商难以收集提供证据的情形作为主动行使调查权的情形。一方面，有利于提升处理机关行使主动调查权的积极性；另一方面，避免了主动调查权行使的泛化。行使主动调查权的程序需要在立法层面进行完善，对主动调查权行使的程序进行明确的规范，提高投诉处理主体行使主动调查权的规范性，避免投诉处理主体缺乏操作规范而损害供应商利益。

二、取消质疑前置程序

在实践中，加强对质疑处理机关的监督，完善投诉处理制度，取消质疑前置程序，允许供应商自由选择质疑或者投诉。

取消质疑前置有利于简化质疑投诉程序处理流程，供应商的目的是快速解决纠纷，而不是陷入漫长的救济程序，供应商不愿意在质疑程序中花费过长的时间。《政府采购法》设置质疑前置程序不符合 GPA 的规定，保留质疑前置程序与大部分国家的政府采购体系不符，也不利于我国今后加入 GPA。

强化供应商救济的灵活性，允许供应商根据采购活动的实际情况进行自由选择，如果供应商认为采购人可以保证公正性，客观公平地处理质疑事项，质疑程序在此种情况的救济效果就优于投诉程序；如果供应商对采购人不信任，对质疑结果不抱有希望，就可以跳过质疑程序直接向投诉处理主体提起投诉，司法审查作为最终审查程序，以便更好地实现对供应商权利的救济。

三、完善暂停制度

政府采购质疑投诉程序中的暂停制度存在缺乏自动暂停措施，启用暂停措施情形不明确等影响供应商的权利救济，不利于政府采购活动的健康发展，应当对现行的投诉制度进行完善。

暂停制度的目的是及时暂停采购活动，避免采购合同的签订与履行给供应商带来无法挽回的损失，所以在质疑程序中，暂停制度应当主要表现为合同未签订的应当暂停签订，合同已签订的应当暂停履行。对于是否需要将整个采购活动全部暂停这一方面，基于质疑程序处理时间快，仅暂停上述两个过程就可以达到很好的保护效果，将暂停范围扩大至整个范围，可能导致正常的采购活动受到拖延，降低效率，所以在质疑程序阶段，应该增设暂停制度，同时，应该限制暂停制度的暂停方面局限在合同的签订与履行环节。

暂停制度的适用情形应当进行特殊规定，限制在采购合同涉及重大利益的情形中，对于采购合同暂停导致社会公共利益遭受巨大损失或者已经中标的供应商利益受到难以挽回的情形，不应当采取暂停措施。对于一般的采购活动，立法在适用条件上应当进行规定，不应当给予处理主体过大的自由裁量权，以保证暂停制度的规范性，在有明确的判断依据的情况下，供应商更有信心提出暂停制度的申请，而质疑投诉处理主体也更有把握做出正确的判断。暂停措施的持续时限应当大于处理时限，避免出现采购活动的质疑投诉处理还未完成，暂停措施便已经结束的尴尬局面。

四、完善质疑投诉提出的主体

质疑投诉提出主体范围没有将潜在供应商与间接供应商纳入主体范围，提出的主体范围过小，应当将潜在供应商与间接供应商纳入提出主体范围。

对于以联合体身份参与政府采购活动的间接供应商，应当在法律层面上赋予其提出质疑投诉的权利。明确潜在供应商的界限，合理确定潜在供应商。在质疑投诉提出事由中，我们更倾向于供应商在客观上足以证明自身的权益受到侵害。这点规定不同于域外一些地区要求的仅在主观上认为自身权益受到侵害。供应商在提出质疑投诉时往往难以证明自身权益受到了实际的侵害，因为其更多失去的是商业机会，所受的损失没有在实际中体现出来，提高了证明难度。所以，对于供应商遭受的损失进行客观上证明的要求并不合理，应当采取主观上判定的做法。在供应商主观上认为自身的权益在采购活动中受到侵害后，向处理机关提出质疑投诉，质疑投诉处理机关应当启动质疑投诉程序，拓宽供应商的救济范围。同时，供应商质疑投诉提出事项规定的不合理之处也体现在供应商的利益受损必须在采购文件、采购过程与中标、成交结果而受到损害的特定阶段，应当将其扩大到整个采购活动中。质疑投诉提出主体与提出事由不应当受到过于严格的限制，将权利救济手段平等地提供给供应商是保证政府采购活动公平性，影响政府采购活动能否持久健康发展的重要因素。我们应当放宽提出质疑投诉主体与事由的限制，积极借鉴域外先进经验，与国际接轨，推动国内政府采购活动健康发展。

第七节 典型案例

一、关于重新评审

重新评审要慎重和合规。

《政府采购货物和服务招标投标管理办法》第 64 条第 1 款、第 2 款规定："评标结果汇总完成后，除下列情形外，任何人不得修改评标结果：

（一）分值汇总计算错误的；

（二）分项评分超出评分标准范围的；

（三）评标委员会成员对客观评审因素评分不一致的；

（四）经评标委员会认定评分畸高、畸低的。

评标报告签署前，经复核发现存在以上情形之一的，评标委员会应当当场修改评标结果，并在评标报告中记载；评标报告签署后，采购人或者采购代理机构发现存在以上情形之一的，应当组织原评标委员会进行重新评审，重新评审改变评标结果的，书面报告本级财政部门。”

财政部指导性案例40号：B邮电大学宿舍智能用电系统升级改造项目举报案

采购人B大学向财政部来函，反映在确认成交结果的过程中，发现C公司响应文件中存在资格性检查认定错误、所投电表型号前后不一致等问题，虽然经组织原磋商小组重新评审后，原磋商小组认为评审结果不变，但其作为采购人仍认为存在履约风险，无法与C公司签订采购合同。

案例要点：政府采购活动按照法定程序产生结果，采购结果具有严肃性和法律效力，采购人应当落实主体责任，加强采购需求管理，认真组织评审，并承担相应责任，除法定情形外，采购人不得通过事后重新评审等内部程序自行改变采购结果。

采购人应当合理编制采购预算，除法定情形外，不得随意终止采购活动。

其他注意事项：采购人、采购代理机构在处理供应商质疑时，不得超出质疑事项范围对其他内容进行复核。

二、关于供应商的品牌

《政府采购货物和服务招标投标管理办法》第31条规定：“采用最低评标价法的采购项目，提供相同品牌产品的不同投标人参加同一合同项下投标的，以其中通过资格审查、符合性审查且报价最低的参加评标；报价相同的，由采购人或者采购人委托评标委员会按照招标文件规定的方式确定1个参加评标的投标人，招标文件未规定的采取随机抽取方式确定，其他投标无效。

使用综合评分法的采购项目，提供相同品牌产品且通过资格审查、符合性审查的不同投标人参加同一合同项下投标的，按一家投标人计算，评审后得分最高的同品牌投标人获得中标人推荐资格；评审得分相同的，由采购或者采购人委托评标委员会按照招标文件规定的方式确定1个投标人获得中标人推荐资格，招标文件未规定的采取随机抽取方式确定，其他同品牌投标人不作为中标候选人。

非单一产品采购项目，采购人应当根据采购项目技术构成、产品价格比重等合理确定核心产品，并在招标文件中载明。多家投标人提供的核心产品品牌相同的，按前两款规定处理。”

三、关于中小企业声明函

《政府采购促进中小企业发展管理办法》第4条规定：“在政府采购活动中，供应商提供的货物、工程或者服务符合下列情形的，享受本办法规定的中小企业扶持政策：

（一）在货物采购项目，货物由中小企业制造，即货物由中小企业生产且使用该中小企业商号或者注册商标；

（二）在工程采购项目中，工程由中小企业承建，即工程施工单位为中小企业；

（三）在服务采购项目中，服务由中小企业承接，即提供服务的人员为中小企业依照《劳动合同法》订立劳动合同的从业人员。

在货物采购项目中，供应商提供的货物既有中小企业制造货物，也有大型企业制造货物的，不享受本办法规定的中小企业扶持政策。

以联合体形式参加政府采购活动，联合体训方均为中小企业的，联合体视同中小企业。其中，联合体各方均为小微企业的，联合体视同小微企业。”

四、关于投标人的报价

投标报价修正方法：

《政府采购货物和服务招标投标管理办法》第59条规定：“投标文

件报价出现前后不一致的,除招标文件另有规定外,按照下列规定修正:

(一)投标文件中开标一览表(报价表)内容与投标文件中相应内容不一致的,以开标一览表(报价表)为准;

(二)大写金额和小写金额不一致的,以大写金额为准;

(三)单价金额小数点或者百分比有明显错位的,以开标一览表的总价为准,并修改单价;

(四)总价金额与按单价汇总金额不一致的,以单价金额计算结果为准。

同时出现两种以上不一致的,按照前款规定的顺序修正。修正后的报价按照本办法第五十一条第二款规定经投标人确认后产生约束力,投标人不确认的,其投标无效。”

投标人报价明显偏低的情况:

《政府采购货物和服务招标投标管理办法》第60条规定:“评标委员会认为投标人的报价明显低于其他通过符合性审查投标人的报价,有可能影响产品揭开或者不能诚信履约的,应当要求其在评标现场合理的时间内提供书面说明,必要时提交相关证明材料;投标人不能证明其报价合理性的,评标委员会应当将其作为无效投标处理。”

五、关于采购文件编制

《政府采购货物和服务招标投标管理办法》第65条规定:“评标委员会发现招标文件存在歧义、重大缺陷导致评标工作无法进行,或者招标文件内定违反国家有关强制性规定的,应当停止评标工作,与采购人或者采购代理机构沟通并作出书面记录。采购人或者采购代理确认后,应当修改招标文件,重新组织采购活动。”

六、关于质疑处理阶段的相关问题

本阶段的性质是协助处理质疑,而非重新评审。

本阶段的情形是出现业绩、证书、参数等是否符合采购文件的要求，如果出现问题及时纠错。

七、未依法答复质疑

《政府采购质疑和投诉办法》第 8 条规定：“供应商可以委托代理人进行质疑和投诉，其授权委托书应当载明代理人的姓名或者名称、代理事项、具体权限、期限和相关事项。供应商为自然人的，应当由本人签字；供应商为法人或者其他组织的，应当由法定代表人、主要负责人签字或者盖章，并加盖公章。

代理人提出质疑和投诉，应当提交供应商签署的授权委托书。”

财政部 2024 年 2 月 19 日发布的信息公告，对于采购人进行了警告的行政处罚。

八、关于样品

《政府采购货物和服务招标投标管理办法》第 22 条规定：“采购人、采购代理机构一般不得要求投标人提供样品，仅凭书面方式不能准确描述采购需求或者需要对样品进行主观判断以确认是否满足采购需求等特殊情况除外。

要求投标人提供样品的，应当在招标文件中明确规定样品制作的标准和要求、是否需要随样品提交相关报告、样品的评审方法以及评审标准。需要随样品提交检测报告的，还应当规定检测机构的要求、检测内容等。

采购活动结束后，对于未中标人提供的样品，应当及时退还或者经未中标人同意后自行处理；对于中标人提供的样品，应当按照招标文件的规定进行保管、封存，并作为履约验收的参考。”

九、关于进口产品

财政部《关于印发〈政府采购进口产品管理办法〉的通知》（财库

〔2007〕119 号)第 3 条规定:"本办法所称进口产品是指通过中国海关报关验放进入中国境内且产自关境外的产品。"

财政部指导性案例 34:C 大学学生活动中心多媒体教室建设采购项目投诉案。

供应商 N 公司向财政部提起投诉,投诉事项为:根据中标公告公示的产品品牌,S 公司投标的多媒体设备、音箱等产品均为进口产品,违反招标文件关于禁止进口产品投标的规定。

案例要点:政府采购对不同所有制企业在中国境内生产的产品、提供的服务一视同仁、平等对待,不得差别歧视待遇。采购文件不得以所有制形式、组织形式、股权结构、投资者国别、产品品牌等限制供应商参加政府采购活动。

投标产品组成部件为进口,但供应商能够证明在中国境内生产制造、加工及组装的,不应认为是《政府采购进口产品管理办法》中规定的进口产品。

处理理由:S 公司在投标文件中响应本次投标产品没有进口产品,并在投诉处理过程中提交了相关产品零部件进口投关单、产地证明等在国内组装制造的证明材料。经向海关总署调查核实,上述零部件进口报关单与海关信息系统中的报关单信息一致。现有证据不足以证明 S 公司投标产品属于进口产品。

十、关于联合体投标

《政府采购法》第 24 条规定:"两个以上的自然人、法人或者其他组织可以组成一个联合体,以一个供应商的身份共同参加政府采购。

以联合体形式进行政府采购的,参加联合体的供应商均应当具备本法第二十二条规定的条件,并应当向采购人提交联合协议,载明联合体各方承担的工作和义务。联合体各方应当共同与采购人签订采购合同,就采购合同约定的事项对采购人承担连带责任。"

十一、关于证书的设置

《实施条例》第20条规定："采购人或者采购代理机构有下列情形之一的，属于以不合理的条件对供应商实行差别待遇或者歧视待遇：

（一）就同一采购项目向供应商提供有差别的项目信息；

（二）设定的资格、技术、商务条件与采购项目的具体特点和实际需要不相适应或者与合同履行无关；

（三）采购需求中的技术、服务等要求指向特定供应商、特定产品；

（四）以特定行政区域或者特定行业的业绩、奖项作为加分条件或者中标、成交条件；

（五）对供应商采取不同的资格审查或者评审标准；

（六）限定或者指定特定的专利、商标、品牌或者供应商；

（七）非法限定供应商的所有制形式、组织形式或者所在地；

（八）以其他不合理条件限制或者排斥潜在供应商。"

财政部指导性案例41：G单位办公家具采购项目投诉案。

投诉事项：招标文件将非国家强制性证书《安全生产标准化证书》作为资格条件，涉嫌以不合理条件限制或者排斥潜在供应商。

经查，招标文件采购需求部分显示，采购标的为办公桌、会议桌、文件柜等办公家具。评标标准部分的"资格性检查和符合性检查一览表"显示，评审因素"许可证"的评审标准为"具有有效的《安全生产标准化证书》，提供原件"。

财政部向证书主管单位A执法监管局进一步调查取证。其回函显示，企业安全生产标准化的核心内容是建立、保持并持续改进企业安全生产标准化管理体系，主要包括作业安全、职业健康、应急救援等要素；《安全生产标准化证书》由企业自愿提出评审申请，评审通过后取得。

处理理由：《安全生产标准化证书》以企业自愿申请为原则，属于非国家强制性认证证书。同时，该证书主要从作业安全、职业健康、应急救援等方面考察企业的安全生产能力。

本项目主要采购办公家具，属于货物采购，与上述安全生产能力不直接相关，招标文件将该证书设置为资格条件属于《实施条例》第20条第2项规定的“设定的资格、技术、商务条件与采购项目的具体特点和实际需要不相适应或者与合同履行无关”的情形，违反了《政府采购法》第22条第2款的规定。

其他应注意事项：对于证书类评审因素的设置，应当结合证书获取是否对供应商的注册资本、营业收入等规模条件作出限制、已获取证书的供应商数量是否具有竞争性等方面进行综合考量。

第九章　政府采购信息化的技术发展环境

政府采购信息化是一种基于信息技术网络环境的采购行为，是政府采购与信息化融合的结果。政府采购范围广、资金量多、社会影响大等特点决定了其对信息安全环境的要求比较高，需要有电子论证、电子支付、现代物流和信用服务等全方位的信息技术支撑。

第一节　电子认证支撑环境

按照《政府采购法》《电子签名法》的要求，政府采购应当选择与投标各方面无利益关系的中立权威第三方电子认证服务机构，实现安全、公开、诚信的网上采购业务，包括公开招标、公开投标、公正评标，提升采购的透明度，实现阳光采购。

一、电子认证服务体系

电子认证服务体系建设对政府采购信息化应用有很大的促进作用，建立支撑业务发展的信息安全基础设施将推动信息化政府采购快速发展。目前，大部分信息化政府采购安全解决方案都是以 KPI 为基础的，而在整个 KPI 架构中，CA 处于核心位置。CA 的职责是数字证书发放、更新、撤销和验证。电子认证服务可以为政府采购的信息化应用提供信息安全服务，电子认证参与每次交易，但不涉及交易内容。

电子认证服务体系包括CA认证中心基础设施、服务交付体系、服务支持体系、安全管理体系和应用支撑体系五个部分。CA认证中心基础设施包括CA系统、RA系统等，是数字证书及相关服务的生产系统。服务交付体系包括服务交付相关的业务支撑及管理系统，将CA中心的电子认证服务交付给用户。服务支持体系包括服务支持相关的业务支撑及管理系统，用户通过系统获取电子认证服务支持。安全管理体系是电子认证服务机构建立的自身安全管理体系，包括认证系统的物理环境、网络通信、人吊权限管理、日志审计、设备安全等方面。应用支撑体系包括密码服务、证书应用中间件和证书应用安全系统等多个层次构成，为包括政府采购在内的应用系统提供身份认证、完整性保护、权限验证等安全服务功能。

二、政府采购的安全需求

政府采购的安全需求，既包括物理层安全、主机安全和网络安全，也包括政府采购网上招投标系统的安全性要求。

政府采购网上招标流程通常包括招标信息发布、投标人查阅、投标、评标和采购结果发布等五个阶段。分析每一个阶段的业务特点，应当在身份合法性、权限控制、不可抵赖性、安全传输、时效性、安全存储等方面建立电子认证服务的应用支撑。

在身份合法性方面，必须能够确认招标人和投标人的身份，保证适当的人访问适当的业务；在权限控制方面，采购人和主管领导，投标人、评审专家各司其职、各负其责，只能查阅自己权限内的信息；在不可抵赖性方面，投标人在发送标书后不能抵赖，不能否认自己的投标行为和投标内容；在安全传输方面，投标人的信息在传输时，要做到确保信息的真实性和完整性且不能被修改；在时效性方面，招标信息要在同一时间通知投标人，投标人的投标文件需要在同一时间被公开；在安全存储方面，确保信息的绝对安全。

三、电子认证技术的网上招投标解决方案

网上招投标是政府采购信息化应用的重要环节。网上招投标主要需要解决认证、电子数据签名、传输和标书等安全问题，并基于PKI电子认证技术，结合对称加密哈希（Hash）函数和门限算法的网上招投标安全问题的电子认证技术应用提出各种解决方案。

（一）认证问题

认证是验证所收到的信息并确定是来自真正的发送方且确保没有被篡改。网上招投标认证包括站点认证和身份认证。

站点认证是为了防止假的站点伪装成合法的站点，欺骗用户的资料，如投标书等。解决办法是要在招标站点上面安装能够证明其身份的数字证书，并通过加密套接字协议链接从第三方电子认证服务机构中获取真实站点信息，从而方便访问者鉴别站点的真伪。

身份认证是为了进行认证登录用户身体的合法性，必须确认招投标人员身份，保证只有适当的人才能够访问适当的业务。身份认证具有权限的控制，采购人和主管领导，投标人员、评审专家各司其职、各负其责，在自己的权限内查看自己应当掌握的信息。认证手段必须是可靠和不易攻击，不能采用用户名/密码的验证方式，应当采用数字证书作为登录凭证，利用PKI技术实现系统登录和身份鉴别。

（二）电子数据签名

在网上招投标过程中，相关各方会提交大量的电子数据，应当对这些数据进行数字签名，防止发送者否认其提交的相关数据。同时，为防止签名的数据被非法使用，应当在签名时加上数字时间印章。

第一，供应商要利用Hash函数计算订单的消息摘要，用其签名私钥对消息摘要部分进行加密，形成数字签名。第二，供应商将消息摘要发送负责提供数字时间印章的第三方电子认证服务机构。第三，第三

方 CA 对消息摘要加上标准时间和供应商的签名公钥后，用其签名对签名公钥进行加密，形成数字时间印章返加供应商。第四，供应商将订单的数字签名和权威的数字时间印章链接后发送给招标机构。在网上招投标中经常会将数字签名和权威的数字时间印章保存在数据库，利于为以后追踪、明确责任和解决纠纷提供依据。第五，招标机构收到供应商的订单后，首先处理收到的订单信息摘要，然后用供应商的公钥签名进行解密，如果计算出的摘要信息和解密出的结题相同，则签名是有效的，同时也验证了订单的完整性与有效性。

（三）信息传输安全

网上招投标过程中的信息交换是通过网络传输，对于敏感信息应当防止在传输过程中被窃取和篡改，解决办法是通过专用协议实现用户和招投标服务器信息传输的加密和完整性校验。当用户通过专用协议访问招投标服务器时，数据传输应当是通过 SSL 协议来进行的。网络上经过传递的信息都是加密处理过的，从而确保了信息的安全性和可靠性。SSL 本身具有数据传输完整性校验，在传输数据时不仅发送加密处理过的数据，也发送校验码，防止了数据在传输过程中被篡改。

（四）投标文件安全

投标文件是招投标过程中最敏感的数据，网上进行招投标应当要有安全保密措施，应当确保信息在上传标书过程中的保密性和完整性，确保标书在开标有效期内才能公开，确保开标时投标方和开标组织的成员同时在现场。

标书安全主要依据规范的电子开标流程。第一，根据开标文件，应当按照标准确定法定人数的开标组成员到现场开标，否则不能够解密投标文件；第二，判断投标时间是否在开标之前，如果不是则现场认定废标；第三，利用投标人的私钥解密投标密钥数字信封得到投标人密钥；第四，计算并恢复解密投标书的密钥并利用密钥解密标书。

第二节 在线支付支撑环境

在线支付也称为网上支付，是指采购人、供应商和金融机构通过网络发出支付指令，安全地处理电子货币信息，用以偿清购买者和销售者之间在获取货物、服务或工程等时所承担的债务或金融交换。在线支付提高了政府采购信息化应用运行的效率，保障了政府采购资金传输安全。

一、在线支付工具与支付流程

在线支付基于以前的传统支付活动，借助于网络化的环境实现资金安全快速流转。目前，在线支付在发达国家应用比较多，我国也呈现迅速发展之势。伴随我国经济和社会的快速发展和经济全球化进行的不断推进，社会经济活动对现代金融业务提出了更高的要求。

（一）支付工具

常见的在线支付工具包括：支付宝、微信支付、云闪付、翼支付、京东金融、网易支付等。这些工具适用于不同的支付场景和需求。

支付宝：由蚂蚁集团推出，支持转账、付款、收款等基本功能，还涵盖生活缴费、购物、理财等多种服务。支付宝的扫码支付功能广泛应用于各类线下消费场景，深受用户喜爱。

微信支付：依托腾讯公司的社交平台微信，支持转账、发红包、扫码支付等。微信支付的简洁操作界面和强大的支付能力使其在社交和支付领域都有广泛的应用。

云闪付：由中国银联推出，支持近场通信（Near Field Communication，NFC）支付，集合了多家银行的支付功能，提供跨行支付服务。云闪付还提供丰富的优惠活动和便捷的生活服务。

翼支付:由中国电信推出,除了基本支付功能外,还提供话费充值、水电煤缴费等服务,方便日常生活。

京东金融:提供付款码、扫一扫等支付方式,操作简便,适合在线购物和日常生活支付。

网易支付:由网易公司推出,支持账户充值、提现、交易管理等功能,适用于游戏点卡支付和其他在线交易。

(二)支付基本流程

基于因特网(Internet)平台的网上支付一般流程如下。

第一,客户接入因特网,通过浏览器在网上填写网络订单,选择应用的网络支付结算工具,并且得到银行的授权使用,如银行卡、电子钱包、电子现金、电子支票或网络银行账号等。第二,客户机对相关订单信息,如支付信息进行加密,在网上提交对应订单。第三,商家服务器对客户的订单信息进行检查、确认,并把相关的、经过加密的客户支付信息转发给支付网关,直到银行专用网络后台业务服务器确认,以便于从银行等发行机构得到支付资金的授权。第四,银行验证确认后,通过支付网关的加密通信通道,给商家服务器回送确认及支付结算信息。第五,银行得到客户传来的授权结算信息,把资金从客户账号上转至开展电子商务的商家银行账号,借助金融专用网进行结算,并分别给商家、客户发送支付结算成功信息。第六,商家服务器收到银行发来的结算成功信息后,给客户发送网络付款成功信息和发货通知,网络支付结算流程结束。

二、支付的支撑环境

在线支付的安全性由银行方面保障,当用户选择了在线支付填写银行卡资料时,实际上已经离开本站服务器到达了银行的支付网关。目前,国内各大银行的支付网关,都基本采用了国际流行的安全套接层(Secure Socket Layer, SSL)或安全电子交易协议(Secure Electronic

Transaction,SET)加密方式,可以保障信息不会被任何人窃取。在线支付是在银行的支付网关中完成的,用户不必担心银行卡资料泄露。

各大支付品牌以 Visa 为例,Visa 确保支付行业安全的策略是促进相关利益方之间进行紧密的合作与交流,实施多层次的安全保护。安全是一项需要共同承担的责任,不存在任何"毕其功于一役"将其一网打尽。Visa 认为,整个支付行业的安全性不是由安全措施来衡量,而是由支付系统中安全性最薄弱的环节所决定。提高支付系统中各个薄弱环节的抗风险能力是有效确保整个支付行业安全性的最佳手段。

在线支付应用现状主要体现在以下几个方面。

一是市场规模和用户规模:近年来,在线支付行业特别是移动支付市场快速发展。2024 年上半年,超过 500 万入境人员使用移动支付,交易金额达到 140 多亿元,显示出移动支付在我国日常消费中的重要作用。截至 2024 年 12 月,我国网民规模达 11.08 亿人,网络支付用户规模达 10.29 亿人,移动支付居世界第一。

二是技术驱动和创新:在线支付行业受到人工智能、大数据、区块链等技术的深刻影响。这些技术的应用不仅提高了支付的安全性和效率,还推动了支付方式的创新。例如,生物识别技术(指纹识别、面部识别等)的广泛应用,使支付过程更加便捷和安全。刷掌支付等新兴支付方式也在跨境支付领域展现出巨大潜力。

三是跨境支付的发展:跨境支付市场蓬勃发展。我国跨境数字支付服务业的市场规模从 2019 年的 2.2 万亿元增至 2024 年的 7.5 万亿元。无论是跨国存款与资金管理、外币汇款、实物汇款,还是参与全球供应链融资、跨境电商结算等多元化场景,跨境支付服务的业务不断延伸。

四是政策支持和发展趋势:国家政策对在线支付行业的发展起到了重要推动作用。例如,"十四五"时期,国务院监管部门陆续发布相关政策,支持移动支付和在线支付的发展。未来,随着技术的不断进步和应用场景的拓展，在线支付市场将朝着多元化、跨界融合的方向发展。

三、基于电子现金的在线支付方案

在线支付是以电子化工具和电子货币为媒介，以计算机技术和通信技术为手段，通过电子数据存储和传递的形式在计算机网络系统上实现资金的流通和支付。在线支付通过先进的数字化技术利用计算机和网络通信实现了货币的存储和交易，具有方便、快捷、高效、经济和安全等特点。

政府采购信息化应用系统，是以传统采购过程优化为目标，全面提升信息系统的技术内涵，实现以客户服务为中心的目的。政府采购借助信息技术的先进手段，建立高效的网络采购平台和信息引导的管理和决策体系，使采购的要素关系更加合理，实现政府采购信息流、物流和资金流的合一。

电子现金认证中心负责确保电子交易的安全性，它是权威的第三方认证机构，主要负责签发证书、认证证书、识别用户身份，对用户证书进行签名。涉及采购人、电子银行、供应商和电子现金认证中心 4 个实体。业务包括注册、开户、取款、支付和存款五部分内容。

注册是电子银行和采购方都要向 CA 注册自己的身份信息。

电子银行的注册指电子银行向 CA 注册银行名称、营业执照号等信息，从而证明自己是合法的电子银行。

采购人的注册是供应商向 CA 提交姓名、身份证号等信息，CA 向采购人提供包含其身份信息的电子证书，从而证明身份的合法性。

采购人可以从 CA 处查询合法的电子银行信息，以决定在哪家电子银行开户。

开户是采购人和供应商在电子银行设立账户。

采购人开户是采购人向银行出示 CA 的签名，确认是注册用户。

银行根据 CA 的公钥取得采购人的身份信息,银行在其数据库内存储该身份信息和 CA 签名。

供应商开户是供应商向银行提交供应商的名称、营业执照等相关信息,银行生成该商家的账号并进行相应存储。

取款是采购人从自己的银行账户上提取电子现金。取款过程包括:采购人先向银行出示自己的 CA 签名,证明是账户的持有者,然后将取款需求发送给银行。银行先验证采购人身份的合法性,如果验证通过,则从采购人的账户中减去对应的取款数,并将账户取款数及签名发给采购人。

支付是采购人使用电子现金从供应商处购买货物、服务或工程。采购后,将电子现金发送给供应商,供应商验证电子现金银行签名,如果验证通过,发送带有供应商银行账号信息的质询串给采购人、采购人在接收到供应商发来的质询串后,发送应答串给供应商,供应商验证应答串的有效性,如果验证通过,则接受用户的支付并发货给采购人。

存款是采购人及供应商将电子现金存入自己的银行账户。银行将检查存入的电子现金是否被合法使用,若发现有非法使用的情况发生,银行将联合认证中心 CA 跟踪非法采购人的身份。供应商的存款过程大致如下:经过一段交易周期后,供应商将收到的电子现金到银行进行存储。供应商将在支付中得到的电子现金的副本和自己的账号传递给银行,银行检验是否有效,如果确认有效,银行就把电子现金和交易日期时间存入电子现金数据库,并将现金的数额存入供应商的账户。

由于引入了电子现金认证中心 CA,强化了安全保证,在电子现金中嵌入了 CA 和银行的签名,提高了伪造的难度。采购人的私钥是保密的,其他人无法获取知悉,包括银行、供应商和其他攻击者,都不能够伪造采购人的签名成为一个合法用户。若有非法用户伪造电子现金,银行会通过检查采购人的付款记录和银行的签名,比较容易进行分辨,从而保证电子现金的不可伪造性。

第三节 现代物流支撑环境

现代物流(Modern Logistics)是电子商务的实现保障,也是政府采购信息化应用过程的重要组成部分。现代物流是将信息、运输、仓储、库存、装卸搬运以及包装等物流活动综合起来的一种新型集成式管理。现代物流是以最经济的费用将物品从供给地向需求地转移的过程。它主要包括运输、储存、加工、包装、装卸、配送和信息处理等活动。

一、现代物流信息化环境

现代物流活动的运作离不开信息化。信息在实现物流系统化和物流作业一体化方面发挥着重要作用。现代物流通过信息将各项物流功能活动有机地结合在一起,通过对信息的实时把握,控制物流系统按照预定的目标进行。信息技术的发展为现代物流提供了提高物流效率的必要支撑。

(一)信息电子化

由于计算机信息技术的应用,现代物流过程的可见性(Visibility)明显增加,在物流过程中库存积压、延期交货、送货不及时、库存与运输不可控等风险极大降低,从而可以加强供应商、物流商、批发商、零售商在组织物流过程中的协调和配合以及对物流过程的控制。

(二)组织网络化

信息技术、网络技术日益广泛用于物流领域,物流与电子商务进一步融合。20 世纪 70 年代电子数据交换技术(Electronic data interchange, EDI)在物流领域的应用曾经简化了物流过程中烦琐、耗时的订单处理过程，使得供需双方的物流信息得以即时沟通，物流过程中的各个环节得以精确衔接，提高了物流效率。互联网的出现促使物流行业发生了革命性的变化，互联网及时准确的信息传递满足了物流系统高度集约化管理信息的需求，保证了物流网络之间信息的充分共享。随着生产和流通空间范围的扩大，为了保证对产品促销提供快速、全方位的物流支持，现代物流需要有完善、健全的物流网络体系，网络上点与点之间的物流活动保持系统性、一致性，整个物流网络有最优的库存总水平及库存分布，运输与配送快速、机动，形成快速灵活的供应渠道。分散的物流单体只有形成网络才能满足现代生产与流通的需要。

（三）管理智能化

随着科学技术的发展和应用，物流管理由手工作业到半自动化、自动化，直至智能化，这是一个渐进的发展过程。智能化是自动化的继续和提升，自动化过程包含更多的机械化成分，而智能化过程包含更多的电子化成分，如集成电路、计算机软硬件等。现代物流使用先进的技术、设备与管理为销售提供服务。计算机技术、通信技术、机电一体化技术、语音识别技术等将会得到普遍应用。先进的物流系统运用了全球卫星定位系统（GPS）、卫星通讯、射频识别装置（RF）、机器人，实现了自动化、机械化、无纸化和智能化。

二、现代物流信息化发展趋势

现代物流的发展趋势呈现全球化、多功能化、系统化、信息化和标准化的特征，其中，信息化是现代物流的核心。现代物流充分利用现代信息技术，打破了运输环节独立于生产环节之外的行业界限，通过供应链建立起对企业产供销全过程的计划和控制，从而实现物流信息化，即采用信息技术对传统物流业务进行优化整合，达到降低成本、提高水平的目的。现代物流不仅单纯考虑从生产者到消费者的货物配送，而且还考虑从供应商到生产者对原材料的采购，以及生产者本身在产品制造过程中的运输、保管和信息等各个方面。现代物流是以满足消费者的需求为目标,把制造、运输、销售等市场情况统一起来考虑的一种战略措施。

电子商务是在计算机技术、网络通信技术的互动发展中产生和完善的。电子商务时代,全球物流产业有了新的发展趋势。现代物流服务的核心目标是在物流全过程中以最小的综合成本来满足顾客的需求。电子商务的不断发展促使物流行业重新崛起。物流公司提供的仓储、分拨设施、维修服务、电子跟踪和其他具有附加值的服务日益增加。

我国物流领域基本具备了数字化能力,现代物流信息化要全面拥抱技术创新,推动传统产业数字化转型、智能化改造,探索"人工智能+现代物流"行动,开拓新兴产业未来产业的应用场景。下一步通过将先进的数字技术与现代供应链的组织方式深度融合,大力发展平台经济,形成创新驱动的生产组织方式和运行模式,推动现代物流从信息化向智能化跃迁,形成随需应变的数字供应链。

第四节　信用服务支撑环境

信用服务业承担着信用信息采集、加工、处理、传播的功能,在防范信用风险、促进信用交易方面发挥着重要作用。从狭义上说,信用服务行业包括征信行业、资信评级业、信用担保业、保理业、商账追收业、信用保险业等。从广义上看,信用服务行业还包括为信用交易提供信贷和各种支付凭证、信用证等的金融中介机构。信用产品主要是由信用服务各行业提供的信用信息、信用调查报告、资信评级报告,以及信用金融衍生品等。在政府采购信息化应用过程中,信用服务支撑环境是保证交易成功达成的软环境之一。

政府采购过程中,信用的缺失表现在很多方面,例如,供应商价格违约、交货不及时、产品不合格、服务不到位等现象。建立融合企业征信系统，将企业征信系统进行全国联网可查询，供社会共享，实施资信评估制度，发展一批具备相应职业能力和职业道德的第三方信用中介机构，为在网上进行交易的当事人提供交易相关信用状况。

一、信用服务体系的主要功能

（一）信用公示制度的威慑

在市场竞争中，部分企业从事商业欺诈等失信行为，除了赚取眼前的利益，另一个原因是企业的失信成本太低，罚款对经营者威慑力太小。以市场运作为基础，政府有关职能部门或具有公信力的机构对企业进行资信评级，并依法予以公示，是对市场失信进行惩戒的有效方式。在完善的信用公示制度威慑下，企业担心记录到"黑名单"上产生多米诺骨牌效应。

（二）化解信息不对称下信用风险

随着市场经济的发展，经济主体之间各类交易活动的深度与广度日益加大，由于信息不对称的存在造成的交易成本十分巨大。健全的社会信用服务体系可以使交易双方便捷快速地掌握企业是否守信，降低交易双方搜寻信息的成本，使信用风险得以事前防范和控制，提高市场整体的运行效率。

（三）构建信用经济和信用社会

在信用制度健全的机制下，市场主体的失信行为能够被社会公众察觉和掌握，并依靠市场、行政、道德和法律的力量，对失信行为进行惩戒，使失信者付出代价。在这样的制度安排下，失信的机会成本大大高于诚信经营的机会成本，失信行为最大限度地减少。因此，以信用服务体系建设为杠杆撬动推进信用经济和信用社会的构建，将在更广阔的空间发挥作用。

二、信用服务体系建设目标定位

中国特色现代信用服务体系建设,应以充分彰显人民性、发展性、包容性、时代性、文化性与开放性,努力构建与金融强国地位高度对称的信用服务体系,推动国民经济高质量发展。其中,信用评级行业实现以评级方法和模型为核心的评级技术质量显著增强,评级符号虚高与区分度不强现状彻底扭转,国际评级市场份额与评级话语权显著提升,推动营造国际评级竞争新秩序。征信服务行业实现征信信息采集加工效率与行业标准等制度建设深入改善,企业征信、个人征信等业态同步发展,传统征信和大数据征信协同发展,全面提升对全社会各行业领域专业服务水准。抓牢新一代信息技术飞速发展的时代机遇,推动大数据、云计算、区块链、人工智能等数字技术在信用服务业转型发展中的深度嵌入与应用实践,将信用服务业数字化作为数字金融战略重要组成。

信用担保行业实现商业性和政策性担保功能互补效应充分高效发挥,担保机构与银行、政府等跨领域合作机制高度成熟,保证、抵押、质押等担保服务体系充分发展,担保服务领域广度与深度进一步提升。商业保理行业作为供应链金融的重要支柱作用充分凸显,业务市场国际化、业务模式数字化、保理资产证券化充分发展,深入推动各行业中小企业应收账款融资效率显著改善,供应链现代化水平显著提升。

三、网誉认证

网誉认证是电子商务公司自愿申请、会计师事务所接受申请并向其提供网络保证服务。事务所在接受申请后,通过审核申请公司的有关指标,判断该公司进行电子商务的交易程序是否符合相关标准。若符合就授予申请公司网誉认证印章,并允许在其网页上展示印章。

会计师事务所主要就三个方面对电子商务公司进行评价:电子商

务交易的披露，交易的真实性和完整性，对交易信息的保护。注册会计师还要对保证交易正常进行的充分性事项进行审查，例如，顾客信息加密、防止信息遭受破坏的防火墙、遵守隐私权法律及规范的情况等。如果申请公司连续60天以上达到网誉认证的标准或要求，公司便可获得网誉认证印章。访问者浏览网页时可以通过点击印章阅读注册会计师就上述三方面的情况出具的报告。反之，如果申请公司违反了网誉认证的任何要求或标准，印章将被取消。

印章的管理将委托第三方组织依据下列要求进行。第一，公司需要向印章经纪人申请难易程度不等的等级资格证书（网誉认证数字证书）。第二，如果注册会计师出具了无保留报告，便可通知印章经纪人允许申请公司以特定数字身份在其网站上展示印章，同时确定印章的有效期。第三，注册会计师或印章经纪人将向申请公司的网站提供一个小的应用程序，它将与有关网页链接以便使公司和印章经纪人联系。如果获得有关授权，除印章外，公司网站还可展示公司认定报告和其他相关信息的链接。当然，印章经纪人还将向公司提供专门的网誉认证数字证书。第四，如果由于某种原因，注册会计师决定取消公司的印章，其将通知申请公司，并要求将印章以及相关的认定报告从网站上删除。此外，注册会计师还将给印章经纪人发送一封印章展示取消通知。这一举动将导致以强制性的电子方式作废印章，从而防止申请公司继续展示。

为了验证印章的真实性，电子商务公司可以通过点击印章在网上查看类似证书的图形。它会指导顾客如何使用浏览器查看印章经纪人发布的网誉认证数字证书。该证书向顾客提供了网誉认证印章有效的证明。数字证书将说明：由谁发布证书；该证书是经过网誉认证测验后发布的；该证书的发放对象；获得印章公司的所在地；没有数字证书的网誉认证印章视为无效。

第十章　政府采购信息化应用

当前，电子信息技术和科技水平得到了迅猛的发展，信息网络成为当前全球经济发展的特点之一。由于传统的政府采购制度效率低、成本高，政府采购电子化逐渐兴起。将电子信息技术应用于政府采购，既可以消除供应商与政府之间的信息不对称，又可以借助低成本、高效率的技术支撑，解决传统采购制度的缺陷。由于其所具有的独特的作用力与影响力，政府采购信息化已经成为各个国家进行政府采购改革的必然方向。我国依照加入 WTO 时的承诺，根据 GPA 谈判的内容调整本国的现有法律与制度，其中最关注的就是涉及政府采购信息化的相关内容。我们必须积极促进民族企业的发展与转型，提高国家的整体创新水平，为政府采购的信息化发展路径进行研究和探索。

第一节　政府采购信息化总体现状

近年来，政府采购从传统模式向信息化方式转变，从各个方面着手政府采购的转型工作。作为我国探索政府采购信息化的发展，2014 年 9 月 1 日起，中央政府采购网上商城开通试运营，标志着政府采购电商化向前迈进了一大步，京东、阿里巴巴、苏宁易购等电商企业对政府采购信息化的转型起到助推作用。例如，2014 年 4 月，上海市政府首先通过电子集市的方式成功开始了政府采购电子化的进程，将多家网站的耗材商品放在电子集市上进行在线销售;我国香港特别行政区和台湾地区的电子化采购发展较内地/大陆更为迅速,已经建立完成了电子招投标系统、电子查询报价系统和电子合同系统等相关系统。

我国政府采购信息化在中央和地方取得了许多进展,并形成了政府采购信息化规范性流程,包括信息类产品框架协议采购、公务用车框架协议采购、批量采购、商城采购、公开招标等,不足的是,我们进行的信息化采购无论在商品种类上还是供应商数量上不是非常充足。我国目前网上政府采购信息化的流程并不局限于以上一种,而是根据采购商品与采购方式的不同呈现不一致现象。例如,相对于公开招标,在框架协议采购中,采购人可直接通过网上下单的方式进行采购,步骤简单方便快捷,是政府采购信息化的一大进步。

一、政府采购信息化的立法现状

(一)法律规范

2004 年,中国政府采购网开通,正式开始了中央层面探索政府采购信息化的具体实践。2007 年我国申请加入《政府采购协议》,该协议对政府采购信息化的具体要求和采购程序作了规定。关于政府采购信息化的法律规范主要概括为以下方面。

第一,正在实施的电子化法律规范,除了中央层面出台的《电子签名法》《电子认证服务管理办法》《电子公文归档管理暂行办法》三部法律以外,大多数为地区性的政府采购电子化相关规定。第一类是部分省市级出台的暂行办法,例如,《深圳市网上政府采购管理暂行办法》,这类暂行办法以本地区为范围,效力只限于本地区;第二类是针对网上询价、竞价或特定物品的网上商城所制定的管理办法,这类规定往往针对采购过程中的某一环节,涉及面相对狭窄;第三类是各区市政府采购网上商城公布的《操作手册》,用来指导该区市的政府采购电子化,《操作手册》不具备法律约束力。

第二，主要从宏观层面加以调控，对微观问题的处理没有明确规定。以全国层面为例，《招标投标法实施条例》规定国家鼓励利用信息网络进行电子招标投标，《实施条例》规定推动政府采购电子化活动，采用统一的政府采购电子交易平台建设标准。这些规定明确了政府采购信息化的合法性地位，提倡国家鼓励和发展电子采购，但是对于我国电子政府采购的发展还是远远不够的。

第三，法律规范内容较为粗略、缺失较多。政府采购相关法律可以在一定程度上适用于政府采购信息化的具体实践，但是仍然存在采购的大部分内容缺乏法律规制的情形。例如，《政府采购法》和《招标投标法》在规范主体和规范行为等方面就存在不协调之处，《政府采购法》关于采购代理的规定不能够直接运用于信息化的政府采购。

（二）政府政策

自 2010 年起，财政部每年印发《政府采购工作要点》强调加强政府采购信息化建设的重要性，主张加快信息化融入政府采购的步伐。我国已将政府采购信息化工作列为重点。《中华人民共和国国民经济和社会发展第十四个五年规划和 2035 年远景目标纲要》提出，加快建设数字经济、数字社会、数字政府，以数字化转型整体驱动生产方式、生活方式和治理方式变革。在招标采购领域，就是要加快推进招标采购全流程电子化，创新驱动、数字赋能、开放共享，全面实施“互联网 + 招标采购”升级版，加强数字化、智能化、新模式的法治规范和制度保障，着力提升招标采购电子化交易和服务监管水平。

加快实现平台对接和信息共享。推动有关部门进一步打破行政壁垒和“数据孤岛”，打通市场主体信息、资质信息、信用信息、业绩信息共享堵点，简化和规范监管流程，开放数据接口规范，健全数据开放规则，深入推进全国范围内电子招标投标平台的互联互通和数据共享，为交易平台跨地区、跨行业公平竞争营造良好发展环境。与此同时，推动提供整合共享的电子招标投标公共服务，以数字化推动平台转型，大力推进平台整合共享，充分发挥数据资源优势，利用云计算、区块链等新技术，推动各类招标采购电子平台在共享评标专家资源、开展远程异地评标、实现市场主体 CA 全国互认、畅通行政监督通道等方面不断取得新突破，加快打造阳光高效便捷的招标采购"全国一张网"。

加快完善电子招标采购法规制度。以修订《招标投标法》为契机，对依法必须招标项目全面实行电子招标投标提出明确要求，增强招投标程序规定对电子招标投标的适用性。研究修订《电子招标投标办法》，根据近年来实践经验，完善电子招标投标的基础性程序规范和各方权利义务关系。明确远程异地评标和电子辅助评标的基本规范要求。

加快健全技术标准和数据规范体系。全面开展招标采购全流程电子化交易相关技术标准和数据规范制修订工作，包括电子辅助评标、远程异地评标、CA 互认、电子保函、在线签约、电子归档等标准规范，满足招标采购全流程电子化交易专业个性、精准规范和高效协同的需求。相关交易服务机构、建设运维单位与科研单位共同参与标准规范的修编，为建立招标采购全流程电子化交易标准规范体系贡献智慧和力量。

二、政府采购信息化存在的问题

（一）法律制度不健全

目前，政府采购信息化发展并不成熟，在立法上不够完善，缺乏针对信息化采购的专门性法律法规。《政府采购法》《招标投标法》等法律不能满足政府采购信息化的特点；地方规范性文件由于效力较低，无法实现大范围、跨区域的普及，且多是根据本区域的特殊情况、因地制宜制定出的相关规定，导致全国不同地区政府采购电子化的原则与标准不统一。除此之外，即使存在此类规范性文件，也大多是在宏观层面上进行调控，对采购流程、标准、信息公开和采购安全等内容都没有具体规定,使电子化采购难以获得有利的法律和制度支撑,不利于政府采购电子化实践的探索与推进;我国于2007年启动GPA谈判,根据谈判的相关内容,需要对我国现行的政府采购法律与制度进行相应的修改和完善,目前,我国政府采购电子化的法律制度并没有得到长足的发展与进步。GPA中多项条款对政府采购电子化进行了规定,例如,其第5条规定应当采用电子化手段进行采购时对采购机构的要求,第7条规定应当可以免费使用电子手段访问公告等。此外,还存在其他条款对电子化手段作出规定和要求。我国目前在政府采购领域无法实现与国际接轨。

我们需要深入研究政府采购信息化中存在的许多问题,并对其进行详细的分析,进而在具体的法律规范中作出相对应的解决对策。既要对电子化采购、电子合同的具体概念做明确的解释,避免在法律适用过程中产生多种解释,影响其法律效力,又要对信息化采购的程序流程、信息公开的方式、权利保护与救济等方面给予科学的确定,为政府采购信息化提供有法可依的环境。

(二)权利救济机制亟待完善

信息化政府采购的实施过程出现一系列新问题。第一,交易双方不通过面对面的核实与交流,交易的真实性需要进一步保证;第二,互联网的安全性对于政府采购信息与供应商商业机密的保护具有密切的联系,其中所涉及的隐私权、知识产权等权利内容都是互联网普及以来经常发生的,更是直接关系国家与社会公众的利益;第三,一旦发生网络连接中断或平台崩溃会直接影响交易的进程,导致政府在履行其公共服务职能时不能有效完成。另外,还可能发生恶意窃取信息等恶性竞争的行为。针对以上情况,我国法律需要建立适应信息化采购的救济机制。

(三)信息化采购标准不统一

统一的信息化采购标准有利于中央与地方实现政府采购信息与资

源的共享互通。对于信息化采购标准的建立，由于政府采购的特殊性，很难对以往的经验直接加以利用，无论是在操作环节、电子文件还是交易平台等方面，都存在许多问题需要具体落实。例如，在电子文件方面，政府采购有很多结合经验与常规形成的文件资料，很难转化为电子形式和以标准化形式进行呈现。目前，交易平台没有统一的建立和推广标准，不同区域开发的采购平台无法方便快捷的互联互通，不利于提高政府采购电子化的运作效率。

（四）电子认证服务落后

电子技术认证是通过数字签名技术来验证所收到的信息并确定该信息的来源与真实性。通过电子认证的电子签名可认为是真实有效的电子签名。我国已经出台了《电子签名法》，其规定的内容在原则与特定内容的规定上基本符合立法当时社会发展的需要，但是随着时代的变迁和技术的更新，许多法律条款已不适应发展现状和技术革新。另外，电子认证服务机构没有设定统一的标准和管理意见，电子认证服务机构存在不规范的情形，例如，证书发放的标准直接影响认证的准确性和科学性。我国的电子认证技术不足，加密等数字签名技术进行整合和创新不足，政府采购电子化很难短时间内缩短与发达国家（地区）之间的差距。

（五）信息安全保障不足

信息安全与电子认证紧密相连，但也具有其特殊性。信息安全是政府采购电子化运行的基础，包括信息自身安全和信息传输安全。信息在传输过程中要进行加密，避免信息在传输过程中被泄露或窃取。网络的开放性和虚拟性、信息的安全存在不稳定性将直接影响在线支付顺利进行。政府采购电子化要求对信息进行有效的控制，确保电子交易的安全性。政府采购电子化的信息包括供应商的信息和采购人的信息，安全性要求高。当事人信息丢失或被冒用，采购双方仅通过互联网进行对接与沟通，很难准确判断对方信息是否为真实，诸如此类的问题都给信息安全留下隐患。

(六)信息化专业人才缺乏

信息化与政府采购的结合使得政府采购行为更加复杂,不仅涉及政府的管理与交易行为,也涉及电子招投标、在线交易等一系列信息与网络安全的技术性问题。我国政府采购信息化的专业人才数量不足,信息化和电子政务水平都处于发展中水平。信息化专业人才要熟知政府采购电子化的相关法律规定,了解政府采购信息化的流程,具备相应的职业素养,保证采购的公平性。政府采购既要进一步引进高素质的信息化人才,又要对现有的政府采购工作人员进行专业培训,从而更好地发挥政府采购信息化的作用。

第二节　政府采购信息化规制对策

一、推动全国性立法,健全采购法律体系

加强相应法制建设是推动政府采购信息化发展的重要条件。由于政府采购法律制度建立时间短,政府采购信息化制度的发展也处于初级阶段。目前,政府采购电子化制度的全国性立法主要有《政府采购法》《招标投标法》《电子签名法》《电子认证服务管理办法》《电子公文归档管理暂行办法》等。其中,《政府采购法》《招标投标法》主要对政府采购电子化的上位概念进行制度设计,涉及电子信息部分只是原则性地进行规范确认。《电子签名法》《电子认证服务管理办法》《电子公文归档管理暂行办法》对电子支付认证和电子文件的标准化进行规定,但是不能很好地适应快速发展的现实状况。目前,政府采购相关法律之间存在不协调之处,在法律适用上很难达到好的效果,从而在很大程度上限制了政府采购信息化的发展和统一的电子采购平台的建立,不能够全面地指导政府采购电子化的发展。

因此,在加快建设全国统一大市场的背景下,我国应当对政府采购信息化进行统一的规范。政府采购信息化涉及多种不同的在线采购方式,如框架协议采购、定点采购、网上竞价和公开招标等,为避免在实际操作中出现法律规定不清或合同约定不明的情况,应当对其特殊之处进行具体细化,分别从信息化采购的地位与合法性、当事人资格的确认与所需条件、信息化采购的方式及其环节、电子合同的条款与效力、网络监督与法律责任等几个方面予以规范。

目前,政府采购信息化的重点在于电子信息技术的运用,应当加快制定操作性强且相对完备的政府采购信息化法律规范,调整不同法律规范之间的不协调、不明确问题,将重点放在规范采购主体和采购行为、完善救济与监督机制、电子信息技术等方面。在立足国情的基础上,补充完善现有的法律规定,将我国的中央立法与国际接轨,积极吸纳 GPA 规则与电子采购相关的部分规范,继续充实政府采购的政策性规定和原则性内容。

二、完善《电子签名法》和推动电子支付认证

政府采购信息化是建立在电子认证、在线支付基础上实现政府采购的有序高效进行,要保证资金快速安全流通,离不开电子支付与认证技术。政府采购由于其公共性的特征,在网上交易的过程中不可避免使用电子支票、电子信用卡和电子现金。电子支票和电子信用卡往往通过数字签名和自动验证技术来进行高效率的流通,电子现金主要用于在线系统的小额支付,具备独立性、不可伪造性、可传递性等特点。目前,我国银行已经在全国范围内建立支付与资金清算体系,但是电子支票和电子现金的发展仍没有得到极大的改善。

新兴的在线支付工具层出不穷,没有电子认证技术的安全保障,在线支付难以进行。电子认证技术的发展是规范在线支付体系的必要手段,主要存在网点与身份的认证、数字签名和信息传输安全三个方面。

我国于2004年8月通过的《电子签名法》承认了电子签名的法律效力，对电子签名的安全性等问题作出了详细的说明，为电子认证技术的发展扫清了法律上的障碍。通过采用CA证书进行身份认证，以中立的第三方实现安全公开的电子化采购。《电子签名法》采用的是“技术中立”的立法原则，未对电子签名的细节规范作出具体规定，仅对符合我国现实国情的电子签名应当具备的特征设定了安全可靠的标准，对于如何实现这一标准没有明确的规定，也无法对实现过程进行规范。我国应当加快修改《电子签名法》相配套的相关规定或法律条款，加强电子认证技术的规范化和标准化，实现政府采购信息化过程中的信息与资源的共享。

三、全国统一政府采购系统标准

信息化背景下发展政府采购，应当融合信息技术和政府采购，推动电子认证技术，保障网上招投标信息安全，提供多种支付工具，完善标准化体系建设。标准化体系的建立，主要包括信息资源共享、科学决策和信息化采购效率提升。设立统一的领导和管理机构对政府采购信息化的流程与细节作出统一规划。建立操作流程的标准化和电子文件的标准化，使政府部门在操作过程中有所依据。最后是政府采购平台的标准化，如果采购平台不能够做到功能完善、合理有序，整个采购行为将难以进行，损害各方利益。标准化的建立能够降低政府采购成本、提高资源利用效率和实现信息资源互通，推动政府采购信息化的快速发展。

四、完善政府采购信用体系

提高政府采购的公信力，营造良好的信用环境，是维护政府采购电子化市场正常交易的基础。2014年，国务院提出要加快建成社会信用体系，对于仅通过网络平台进行的信息核查、订单确认和交易操作等环节至关重要。在政府采购电子化发展过程中，每个环节都有可能存在信用缺失的情形，如采购的产品质量不合格、交货不及时、拖延验收、虚假交易等，这些情形都与电子采购的信息是否安全、交易是否可靠、权利能否得到救济相关，都需要妥善及时解决。在通常情况下，法律是解决此类问题的最佳方法，当法律尚未订立、修改尚未完成，需要结合辅助机制杜绝和制裁违法行为。

另外，通过建立信用体系，确保政府信息及时准确公开和供应商信息的真实性，保障政府与供应商的知情权，为政府采购信息化的发展创造稳定可靠的环境。从一定意义上讲，建立信用体系更利于创造和谐的社会环境，既能够防患于未然，又可以避免产生安全性和便捷性的矛盾，更易于与政府采购信息化行为本身产生一种良性的互动。目前，我国也在逐步完善鼓励诚信、惩戒失信的机制，对当事人失信而产生的不利后果进行严格的规制，在建立有效的政府采购的信用体系中，也可以参考此类制度，对其优势和缺陷加以分析，将之应用于政府采购电子化的信用体系中来。同时，运用数据库将企业的信用状况存储起来，并实时地更新信息，便于采购人随时随地的通过数据库查询所需要的信息，也对企业起到警示和指引作用。

第三节　政府采购信息化系统的主要内容

政府、采购管理信息化系统的设计遵循国家相关政策法规，符合采购人内部的采购管理制度，包括采购门户网站、预算管理、项目立项、采购准备、采购实施、合同履约、可视管控、采购档案、应用支撑服务等功能模块。同时，需要与内部业务系统，如财务管理系统、资产管理系统，与外部业务平台，如预算管理一体化平台、政府采购监管交易一体化平台、限额以下电子交易平台、公共资源交易平台实现对接。在数据安全方面应借助数字证书、加密算法等技术手段，确保信息安全，数据不可篡改。在部署模式方面,应支持公有云、私有云、混合云的部署模式,并实现国产化适配。

一、采购门户网站

采购信息化管理系统门户网站作为采购业务的统一入口,可与采购人业务网站集成,提供采购信息发布、采购业务分流、采购信息查阅等功能。采购业务分流通过系统内置的规则,帮助采购人区分集中采购、分散采购、限额以下自行采购,引导采购人实施对应的采购流程,并给予相应提示,提升系统易用性及交互体验,有效避免因为不熟悉采购流程及采购政策导致的公告不合规、采购过程混乱等问题。

门户网站包括通知公告、待办事务、采购台账以及采购项目综合管理登记录入等模块,并将采购预算执行情况、购买服务预算及执行情况等统计分析数据集成展示,实现可定制的采购监管工作台。

(一)通知公告

支持在线发布通知公告,对采购工作开展情况通知公告,并进行浏览和附件下载。

(二)待办事务

对系统各项采购待办业务分类展示,并提供对应入口,查看待办事项。

(三)采购台账

对集采目录内及非本系统所执行的采购业务登记管理,并结合采购人部门预算管理情况,实现主管部门对各采购人预算执行情况的实时统计。支持采购人采购管理部门、下属采购人提交框架协议采购商品和服务需求,系统归集各部门需求并下载导出。

二、预算管理

(一)预算导入

按照财政预算管理一体化系统年度采购预算下达数据,导出标准格式数据，按照导出模板，一键同步导入数据类型、数据形式、数据数值等，实现内部管理系统年度采购预算生成使用。做好数据接口规范准备，并根据财政预算管理一体化系统管理要求适时接入。

（二）预算调剂

对导入后的预算进行分解、追加操作，并进行资金性质维护。当采购预算不足可申请其他预算调整额度，支持多条预算同时调剂，如果多条预算剩余额度小，不足以进行采购，可将剩余调剂合并成新预算。没有执行预算在可结转范围内，可申请结转次年作为新增预算继续执行采购。各业务部门，通过预算查询知悉当年度需要执行预算总额、采购范围，以此分析采购工作量、资金使用情况、资金结余情况。支持框架协议采购预算导入，并根据所属单位、部门编号及名称，分解到采购人各部门及各下级单位，形成框架协议采购预算。

（三）预算查询

各采购相关部门或本单位通过预算查询了解本部门或本单位当年度需要执行预算总额、采购范围、已执行预算、未执行预算。

三、采购立项

为提高采购效率，服务好采购人，为采购人提供智能化辅助的采购服务，采购人根据系统辅助提示开展采购工作，项目立项管理模块主要是各级单位的采购立项申请报送到主管部门审批的管理平台，主要包含立项登记、立项审批和立项下达等。

（一）立项申请

采购人登录系统提交采购立项申请，下属预算单位通过录入功能录入关键信息，并根据所填写信息附上对立的审批文件。系统展示相应政策提示，包含项目编号、项目信息、指定项目负责人及项目经办人等，对整个项目全过程跟踪。

(二)立项确认

监管部门管理岗位对采购立项申请的预算、批文等进行重点审批,审批不通过退回采购人,审批通过转入下达岗。

(三)立项下达

对于审批通过的采购立项申请,根据采购人的采购内控制度进行多岗复核下达,下达后自动通知到采购人,采购人可以启动项目执行。

四、采购准备

(一)采购意向

采购人填报采购计划之前需进行采购意向公开,其中,需对组织形式、标的、预计采购日期等进行公示。

(二)采购计划

采购人根据分解的预算发起计划,不同的采购业务涉及不同的采购计划,例如,涉及非公开招标、购买进口产品审批,录入计划后需要抽取专家,对非公开招标及组织形式进行论证。实现各采购主管业务部门的公开招标数额分析统计,根据计划显示服务类、货物类和工程类的预算使用情况、剩余数额。

(三)采购需求

采购人项目立项后,对项目的需求、技术要求、评分标准等送审报备,由主管部门审核,确保采购项目符合政策要求,主管部门在审核时,可根据需要组织专家论证,并根据论证结果,获取有效结论依据,包括:需求登记、技术审核、主管部门审核、组织专家论证、论证结论、项目下达、专家考评诚信管理等。

五、采购实施

采购实施以规范采购执行交易过程档案管理为目标,提升采购人采购管理水平。按照内控规划将采购实施形式分为限额以上采购、限额以下委托采购、限额以下自行采购。

限额以上采购以登记为主,限额以下采购支持委托社会采购代理机构和采购人自行组织两种方式。

(一)限额以上采购

1. 预算登记

提供各采购人年度预算新增和导入管理,为年度预算执行展示提供基础数据依据。

2. 台账登记

提供各采购人对年度项目执行集中采购目录内及非本系统所执行的采购业务的登记管理。

3. 台账查询

提供查询各采购人所登记的年度项目执行集中采购目录内及非本系统所执行的采购业务。提供查询列表和多种组合查询条件。

(二)限额以下委托采购

采购人按照内控规则要求将限额以下需要组织(公开招标、邀请招标、竞争性谈判、竞争性磋商、询价、单一来源)的项目委托代理机构组织采购,采购人需要通过采购单功能进行项目委托。接受委托的代理机构,可采用全流程电子化的标准以全流程模式组织采购活动。

(三)限额以下自行采购

限额以下自行采购主要由采购人的经办人自行组织采购活动,支持网上竞价、电子卖场、自行组织招标等交易形式。此功能模块主要是按照内控规则将属于此部分的采购活动自动分流到对应的采购方式执行,并将执行过程文件及结果等信息在系统中留痕。

六、合同履约

(一)采购合同

合同管理主要包括合同起草、合同备案。内置合同模板,为采购人和采购代理机构提供维护和管理公开招标等多种采购方式的合同模板功能。采购代理机构利用合同模板或合同范本,起草采购合同,提交采购人审核,采购合同签订完成后进行采购合同备案。

（二）履约验收

对合同进行多次验收报备登记,配置上传项目验收记录表、设备运行情况单、供应商发票、支付申请单等凭证。不同采购类型的验收可配置要求上传对应凭证,进行管控。提供根据验收结果配置支付提醒,配置验收后,在指定的工作日内,经办人发起支付申请。项目信息管理实现将审批通过的采购项目材料信息以及执行完毕之后的合同信息导出,根据采购计划管理系统的要求选择性导入。

（三）合同支付

提供支付申请发起、选择难收批次、填报验收信息及上传相应附件管理,关联展示项目合同、验收过程所形成的附件。支付审批通过的项目,转入支付确认。由采购人付款部门对项目进行支付确认,同时需要填写支付日期。

七、采购档案

采购电子档案管理主要实现对项目类采购文档的全面管理,实现采购档案自动归档管理,包括档案查阅及查阅记录。

（一）档案查询

以采购项目为主线,自立项审批通过后,自动进行归档。主管部门根据采购人、项目名称、编号等多要素综合查询、系统将列出项目当前状态,可进行查询项目审批环节、各级审批意见等操作。

提供档案调阅权限管理:可根据业务管理要求、设置调阅人员权限。

提供档案检索:提供方便的档案检索功能,定位所需查阅的档案。

（二）查阅记录

系统自动生成调阅日志:查询和下载自动生成记录和报表。

（三）档案导出

根据审计要求导出项目采购过程电子档案材料。

八、可视管控

可视管控是进一步优化采购工作的重要手段，是采购人采购管理的重要辅助决策工具。可视管控利用数据分析技术、为采购数据统计提供准确、及时的信息支持，为领导决策提供真实、实时数据。

（一）预算执行情况

预算执行包括查询分析、统计报表及分析预测。其中，查询分析是从不同的主体及维度了解各个采购环节的信息；统计报表是通过对各业务数据的分析、展现出美观的统计图表；分析预测是通过对数据的比对分析，预测采购发展趋势，为领导决策采购预算审批提供依据。

（二）项目进度统计

以采购项目为主线，各级采购人可查询本单位所有的采购项目的采购信息，包括项目当前状态、负责人以及所有相关立项、委托、公告、标书、合同等电子材料。

（三）重点项目报告

提供采购项目信息统计，分别按采购方式、采购规模、采购分类、某段时间内采购项目的数量、废标数量、项目处理的时间统计。

提供采购人采购统计，统计某段时间内采购人采购商品的分类、数量、金额等。

九、与业务系统对接

（一）财务管理系统

与财务管理系统主要包括用户信息、部门信息、采购项目信息、采购清单、采购预算、采购费用信息、合同主体信息、合同附件、合同支付信息等内容。

(二)资产管理系统

按照财政部资产目录和采购目录,有形资产、无形资产、采购目录三码合一的规定及要求,与资产管理系统对接,包括实现基础信息与资产管理系统的资产信息同步,确保基础信息与资产管理系统中资产信息一致,确保符合资产配置限额标准,保证采购完成的项目能正常入库。

(三)预算管理一体化平台

与预算管理一体化平台对接采购预算、采购公告、支付信息、项目信息等。通常,没有建设政府采购监管系统的省份需要与预算管理一体化平台对接,并遵循预算管理一体化接口标准及技术规范。

(四)政府采购监管交易一体化平台

与政府采购监管交易一体化平台对接的主要内容包括:采购计划、采购意向、采购合同、限额以上采购档案、采购交易过程数据。在没有与预算管理一体化平台对接的情形下,需要对接采购预算以及合同支付信息。

(五)公共资源交易平台

与公共资源交易平台主要对接的是将依法必须招标的工程项目类的采购计划下达到公共资源交易平台,并将交易过程及结果数据回传到采购人采购管理电子化系统中,同时将采购公告、结果公告等数据同步到公共资源交易平台门户网站。

十、应用支撑服务

系统管理为整个部门采购综合管理提供支撑,该模块包括用户管理、自定义表单、品类管理、角色管理、流程管理、后台管理、政策法规管理、涉密敏感管理、模板管理、外部论证专家管理、代理机构管理等功能。用户管理是对平台所涉及的单位、人员以及单位和人员之间的关系进行管理;角色管理是对用户进行角色的划分,一般分为经办和审核;权限管理分为系统权限和访问控制,对系统的操作、功能、使用进行区分;平台内置流程设计器,可实现流程的自定义;基础配置管理包括单点登陆、日志管理、身份论证、用户只需要登录一次就可以访问所有授信的应用系统。

第四节　典 型 案 例

一、某省采购人服务平台

（一）平台建设背景

某省财政厅建设了政府采购云平台,有效提升了财政部门对政府采购活动的监管能力。同时,为提升面向采购人的服务能力,要求各级预算单位加强政府采购活动内部控制,鼓励采购人探索信息化手段在政府采购内部控制管理中的应用,对限额以下采购部分作了具体规范,要求有条件的采购人应当加快采购服务系统建设,与政府采购云平采购台实现对接,将制度与信息化进行深度融合,加大采购信息公开力度,提升公开透明度,实现采购项目实施全过程留痕可追溯、采购档案全流程电子化管理。

（二）平台建设内容

某省采购人服务平台是为各级预算单位统一规划建设有采购业务管理平台,平台采用云部署方式,包括采购内控管理和限额以下电子交易两个子系统。同时对接预算管理一体化系统和省政府采购云平台的限额以下采购信息发布专区,通过三个平台联运实现在采购人端的全口径采购业务管理。

1. 采购内控管理子系统

采购内容管理子系统作为采购人内控制度信息化实现的平台,为采购人提供采购预算管理、采购活动登记、采购准备、采购下达、采购实施、合同履约、档案归档等功能建设。形成完整业务链路,实现采购业务的全程留痕,为采购人内控制度的落地提供信息化的支撑。

采购预算模块可以管理采购人全口径的采购预算,其中一部分预算来源于预算管理一体化,另一部分没有纳入预算管理的财政资金可以手动添加。采购预算是采购活动的源头,控制“无预算不采购”,采购内控中的采购准备环节根据采购内控要求,完成项目市场调研、项目论证、采购下达等环节,使采购流程更合规。

采购实施模块,包括集中采购目录的项目和集中目录以外,分散采购限额以上的采购项目,进入省政府采购云平台采购。集中采购目录以外、分散采购限额以下的项目采购进入限额以下电子交易子系统;采购人根据内控要求可以自行组织采购或委托代理机构采购。目录外零星采购,如果云平台电子卖场满足采购需求,采购人可通过政府采购云平台电子卖场进行采购,做到应采尽采。

2. 限额以下电子交易系统

限额以下电子交易系统参照《政府采购法》《招标投标法》进行规划设计,主要支撑分散采购限额标准以下的采购,不属于财政监管范围,按照采购人内部管理规范执行的采购活动,系统支持多种采购方式和交易形式,包括竞价采购、委托采购、电子卖场采购等,可以满足用户不同的项目采购需求,通过全流程的线上操作,将采购过程文件在内部留存,同时,可以将限额以下采购公告推送到省政府采购网自行采购专区,实现信息公开。

(三)平台建设成效

通过某省采购人服务平台的部署建设,取得了以下成就:第一,为各级预算单位提供一个全口径的采购业务管理平台;第二,通过信息化手段,推进内控制度落地,建立全流程线上采购模式,实现制度信息化;第三,借助省政府采购网公开采购信息,进一步扩大信息公开范围,实现信息公开化;第四,建设限额以下电子交易系统,支持多种采购方式及交易规则，实现采购简易化；第五，借助数字证书、加密算法等技术手段，确保信息安全，数据不可篡改，实现信息安全化；第六，采购过程操作步骤全程留痕，采购过程生成文件自动归档，实现档案全面化；第七，三平台联动，自动业务分流，规范政府采购项目全流程业务办理，实现项目规范化。

二、某部办公厅政府采购内控管理平台

（一）平台建设背景

某部办公厅在“中央—部门—预算单位”三级财政管理体制中处于承上启下的中间环节，虽不能代替预算单位办理具体财务事项，但对下级单位具有审核审批、指导管理的职能。为强化采购监管，加强内部控制，提升政府采购监管能力和执行手段的现代化水平，某部办公厅部署使用政府采购内控管理平台。

（二）平台建设内容

平台建设内容主要体现在强化内部控制、优化流程管理、提升工作效率等方面。

1. 强化内部控制

第一，将采购人采购文件的事前确定、代理机构及评审专家的事中组织、采购人的合同签订及公开、项目验收和绩效评价全部纳入一个系统，实现全程留痕。

第二，综合统计掌握各采购人的采购执行情况，由事后监管转变为“事前、事中、事后”的全流程闭环监管，提升政府采购全程规范化、透明化水平，强化各采购环节的责任，随时接受各方面监督。

2. 优化流程管理

第一，按照标准化品目导航操作，避免采购过程出现错误操作，提高系统平台的易用性、便捷性，提升采购行为准确性、规范性。

第二，在不遗漏审批流程的前提下，实现下属单位在线申报、上级

主管部门在线审批,表单流转方便、全程一目了然,系统审批流程进一步简化。

3. 提升工作效率

第一,通过分析搜索查询、生成报表功能,将零碎的信息按需加工、直观展现,实现历史数据的全时点跟踪、多维度统计,既可作为决策支撑依据,也便于及时准确地为巡视、审计、内审工作提供材料。

第二,配套短信、微信通知提示功能。当用户的工作流程出现新动态时自动发送通知提示,用户可立即登录系统了解工作进展,确保时效性。

第三,融合现有政府采购各网站、平台,形成采购工作全覆盖的门户,真正实现多网合一、"一站式"工作。

(三)平台建设成效

通过平台建设,实现某部政府采购全要素管理,部门采购监督以及信息全面、完整、通过系统实现高效的内部运转管理,做到约束机制健全,权力运行规范。对下级单位的采购活动,进行政策引导,简化内部操作,提升采购水平,全面提升单位内部采购综合管理水平。

提升采购人内部政府采购管理,对预算执行情况、信息时效性等数据进行统计、分析并加以利用,提高制度的针对性和科学性,更好地发挥政府采购的政策功能,提高采购效率,有效辅助决策支撑。最终实现采购管理部门对下属采购人采购业务的统一监督审核管理,保障采购数据信息的实时性,避免信息汇总不及时、实现数据信息自动汇总分析。

附录　相关法律法规及部门规章规范性文件

《民法典》

第十三届全国人大三次会议表决通过　2020 年 5 月 28 日

《政府采购法》

第九届全国人民代表大会常务委员会第二十八次会议通过　2002 年 6 月 29 日

第十二届全国人民代表大会常务委员会第十次会议修改　2014 年 8 月 31 日

《招标投标法》

第九届全国人民代表大会常务委员会第十一次会议通过　1999 年 8 月 30 日

第二十届全国人民代表大会常务委员会第三十一次会议修改　2017 年 12 月 27 日

《行政处罚法》

第八届全国人民代表大会第四次会议通过　1996 年 3 月 17 日

第十一届全国人民代表大会常务委员会第十次会议《关于修改部分法律的决定》第一次修正　2009 年 8 月 27 日

第十二届全国人民代表大会常务委员会第二十九次会议《关于修改〈中华人民共和国法官法〉等八部法律的决定》第二次修正　2017 年 9 月 1 日

第十三全国人民代表大会常务委员会第二十五次会议修订　2021年1月22日

《立法法》

第九届全国人民代表大会第三次会议通过　2000年3月15日

第十二届全国人民代表大会第三次会议第一次修正　2015年3月15日

第十四届全国人民代表大会第一次会议第二次修正　2023年3月13日

《监察法》

第十三届全国人民代表大会第一次会议通过　2018年3月20日

第十四届全国人民代表大会常务委员会第十三次会议第一次修正　2024年12月25日

《预算法》

第八届全国人民代表大会第二次会议通过　1994年3月22日

第十二届全国人民代表大会常务委员会第十次会议第一次修正　2014年8月31日

第十三届全国人民代表大会常务委员会第七次会议第二次修正　2018年12月29日

《建筑法》

第八届全国人民代表大会常务委员会第二十八次会议通过　1997年11月1日

第十一届全国人民代表大会常务委员会第二十次会议第一次修正　2011年4月22日

第十三届全国人民代表大会常务委员会第十次会议第二次修正　2019年4月23日

《行政许可法》

第十届全国人民代表大会常务委员会第四次会议通过　2003年8

月27日

第十三届全国人民代表大会常务委员会第十次会议修正 2019年4月23日

《行政诉讼法》

第七届全国人民代表大会第二次会议通过 1989年4月4日

第十二届全国人民代表大会常务委员会第十一次会议第一次修正 2014年11月1日

第十二届全国人民代表大会常务委员会第二十八次会议第二次修正 2017年6月27日

《行政复议法》

第九届全国人民代表大会常务委员会第九次会议通过 1999年4月29日

第十一届全国人民代表大会常务委员会第十次会议《关于修改部分法律的决定》第一次修正 2009年8月27日

第十二届全国人民代表大会常务委员会第二十九次会议《关于修改〈中华人民共和国法官法〉等八部法律的决定》第二次修正 2017年9月1日

第十四届全国人民代表大会常务委员会第五次会议修订 2023年9月1日

《政府采购法实施条例》

国务院第75次常务会议通过 2014年12月31日

《招标投标法实施条例》

国务院令第183次常务会议通过 2011年11月30日

国务院令第676号《国务院关于修改和废止部分行政法规的决定》第一次修订 2017年3月1日

国务院令第698号《国务院关于修改和废止部分行政法规的决定》第二次修订 2018年3月19日

国务院令第709号《国务院关于修改和废止部分行政法规的决定》第三次修订 2019年3月2日

《行政事业性国有资产管理条例》

国务院第120次常务会议通过 2020年12月30日

《行政复议法实施条例》

国务院第177次常务会议通过 2007年5月23日

《政府采购货物和服务招标投标管理办法》

财政部第87号令修订 2017年7月11日

《政府采购信息发布管理办法》

财政部令第101号 2019年11月27日

《政府采购非招标采购方式管理办法》

财政部令第74号 2013年12月19日

《政府采购质疑和投诉办法》

财政部第94号令 2017年12月26日

《政府购买服务管理办法》

财政部令第102号 2020年1月3日

《政府采购框架协议采购方式管理暂行办法》

财政部令第110号 2022年1月14日

《政府采购品目分类目录》

财库〔2022〕31号 2022年9月2日

《政府采购评审专家管理办法》

财库〔2016〕198号 2016年11月18日

《政府采购代理机构管理暂行办法》

财库〔2018〕2号 2018年1月4日

财政部《关于进一步加大政府采购支持中小企业力度的通知》

财库〔2022〕19号 2022年5月30日

财政部办公厅《关于进一步提高政府采购信息查询使用便利度的通知》

财办库〔2024〕30 号　2024 年 2 月 4 日

财政部《关于印发〈政府采购合作创新采购方式管理暂行办法〉的通知》

财库〔2024〕13 号　2024 年 4 月 24 日

《关于印发〈政府采购代理机构监督检查暂行办法〉的通知》

财库〔2024〕27 号　2024 年 11 月 21 日

参考文献

[1]李小林:《“互联网+”招标采购行动趋势重构招标采购市场一体化公平竞争机制》,载《招标采购管理》2017 年第 1 期。
[2]陈思宇:《探究电子招投标的发展及建议》,载《财富时代》2020 年第 9 期。
[3]刘营:《〈中华人民共和国招标投标法实施条例〉实务指南与操作技巧》,法律出版社 2018 年版。
[4]肖渭明:《公共采购强制招标法律制度研究》,载《行政法学研究》2003 年第 2 期。
[5]张传主编:《政府采购法比较研究》,中国方正出版社 2007 年版。
[6]芦艳荣:《信息化背景下的政府采购问题研究》,国家行政学院出版社 2012 年版。
[7]陈向阳:《论我国政府采购法律制度的完善》,武汉大学 2014 年博士学位论文。
[8]尹彦等编著:《电子政府采购概论》,中国质检出版社、中国标准出版社 2014 年版。
[9]姚明明、杨西水:《政府采购电子化趋势及推进对策》,载《地方财政研究》2020 年第 12 期。
[10]于瑞娟:《电子政务环境下的政府流程再造研究》,东南大学 2018 年硕士学位论文。
[11]曹国富:《公共采购法视野下“两法”关系之协调与区别立法》,载《国家行政学院学报》2012 年第 5 期。
[12]白志远:《论政府采购思维模式的导向》,载《中南财经大学学报》2012 年第

5 期。
[13]白志远:《政府采购政策研究》,武汉大学出版社 2016 年版。
[14]胡兰玲:《政府采购中供应商权利保障研究》,中国法制出版社 2013 年版。
[15]邹昊主编:《政府采购体系建设研究》,清华大学出版社 2011 年版。
[16]王丛虎:《公共采购腐败治理问题研究》,中国方正出版社 2013 年版。
[17]李国强、袁东明等:《中国政府采购制度与运行机制研究》,中国发展出版社 2014 年版。
[18]刘力:《政府采购监管主体研究》,湖南师范大学 2015 年硕士学位论文。
[19]史梦昱:《国外政府采购监督经验及启示》,载《财政监督》2017 年第 5 期。
[20]陈虹睿、李苗苗:《CPTPP 的政府采购制度:特点、挑战与中国因应》,载《国际贸易》2022 年第 12 期。
[21]李欣:《当前我国政府采购信息化发展研究》,山西大学 2019 年硕士学位论文。
[22]徐焕东:《准确界定政府采购监督管理范围》,载《中国政府采购报》2017 年 6 月 27 日,第 4 版。
[23]李旻:《GPA 视角下我国政府采购法律制度的完善》,载《招标与投标》2019 年第 5 期。
[24]楼继伟主编:《政府采购》,经济科学出版社 1998 年版。
[25]张海鹏:《民事合同与行政合同的区分与关联》,西南政法大学 2016 年博士学位论文。
[26]叶必丰:《行政合同的司法探索及其态度》,载《法学评论》2014 年第 1 期。
[27]崔建远:《行政合同族的边界及其确定根据》,载《环球法律评论》2017 年第 4 期。
[28]李昂、傅士成:《政府购买公共服务合同的性质探析》,载《政法学刊》2017 年第 1 期。
[29]采购人实务指南编写组编:《采购人实务指南》,经济科学出版社 2024 年版。
[30]赵曙明编著:《人力资源管理总论》,南京大学出版社 2021 年版。
[31]郭成龙:《FTA 与 GPA 在国际政府采购市场开放上的协同效应——以

CPTPP 与 RCEP 为例》,载《亚太经济》2022 年第 2 期。

[32]贺小勇、许梦婧:《CPTPP 政府采购规则的检视及中国的因应》,载《国际贸易》2022 年第 3 期。

[33]Alexandra Dias, Paul Embrechts, *Modeling Exchange Rate Dependence Dynamics at Different Time Horizons*, Journal of International Money and Finance,2010(8).

[34]Zeshui Xu, *A Method Based on Distance Measure for Interval - valued Intuitionistic Fuzzy Group Decision Making*,Information Sciences,2009(1).

[35]Christian M. Hafner,Olga Reznikova,*Efficient Estimation of a Semiparametric Dynamic Copula Model*,Computational Statistics and Data Analysis,2010(11).

[36]Dimitrios Zissis, Dimitrios Lekkas, *Addressing Cloud Computing Security Issues*,Future Generation Computer Systems,2010(3).

[37]Tianxi Dong,Zheng Qin,Nan Lin et al. ,*A New Framework for Designing E - Government Procurement in China Based on Ontology and Business Component*,Journal of Service Science and Management,2010(3).

[38]Beatriz Mendes,Mariângela Semeraro,Ricardo Leal,*Pair - copulas Modeling in Finance*,Financial Markets and Portfolio Management,2010.

[39]Yelin Xu,John F. Y. Yeung,Albert P. C. Chan et al. ,*Developing a Risk Assessment Model for PPP Projects in China—A Fuzzy Synthetic Evaluation Approach*,Automation in Construction,2010(7).

[40]Chunqiao Tan,Xiaohong Chen,*Intuitionistic Fuzzy Choquet Integral Operator for Multi - criteria Decision Making*,Expert Systems with Applications,2009(1).

[41] Deepa Joshi, Sanjay Kumar, *Interval Valued Intuitionistic Hesitant Fuzzy Choquet Integral Based TOPSIS Method for Multi - criteria Group Decision Making*,European Journal of Operational Research,2016.

[42]Madjid Tavana,Mohsen Zareinejad,Debora Di Caprio et al. ,*An Integrated Intuitionistic Fuzzy AHP and SWOT Method for Outsourcing Reverse Logistics*, Applied Soft Computing,2016.

[43] Gian Luigi Albano, Federico Antellini Russo, Gionata Castaldi et al. , *Evaluating Small Businesses' Performance in Publice – Procurement: Evidence from the Italian Government's e – Marketplace*, Journal of Small Business Management, 2015.

[44] Shu Ping Wan, Gaili Xu, Feng Wang et al. , *A New Method for Atanassov's Interval Valued Intuitionistic Fuzzy MAGDM with Incomplete Attribute Weight Information*, Information Sciences, 2015.

[45] Xihua Li, Xiaohong Chen, *Multi – Criteria group Decision Making Based on Trapezoidal Intuitionistic Fuzzy Information*, Applied Soft Computing Journal, 2015.

[46] Mojca Sraj, Nejc Bezak, Mitja Brilly, *Bivariate Flood Frequency Analysis Using the Copula Function: A Case Study of the Litija Station on the Sava River*, Hydrological Processes, 2015.

[47] Centobelli Piera, Cerchione Roberto, Converso Giuseppe et al. , *E – procurement and E – supply Chain: Features and Development of E – collaboration*, IERI Procedia, 2014.

[48] Knud Brandis, Srdan Dzombeta, Knut Haufe, *Towards a Framework for Governance Architecture Management in Cloud Environments: A Semantic Perspective*, Future Generation Computer Systems, 2014.

[49] Bingsheng Liu, Yinghua Shen, Xiaohong Chen et al. , *A Complex Multi – attribute large – group PLS Decision – making Method in the Interval – valued Intuitionistic Fuzzy Environment*, Applied Mathematical Modelling, 2014.

[50] Jaume Belles – Sampera, José M. Merigó, Montserrat Guillén et al. , *Indicators for the Characterization of Discrete Choquet Integrals*, Information Sciences, 2014.

[51] Zhongliang Yue, *Aggregating Crisp Values into Intuitionistic Fuzzy Number for Group Decision Making*, Applied Mathematical Modelling, 2014.

[52] Chao – Chung Kang, Tsun – Siou Lee, Szu – Chi Huang, *Royalty Bargaining in Public – Private Partnership Projects: Insights from a Theoretic Three – stage*

Game Auction Model, Transportation Research Part E, 2013.

[53] Fanyong Meng, Xiaohong Chen, Qiang Zhang, *Some Interval – valued Intuitionistic Uncertain Linguistic Choquet Operators and Their Application to Multi – attribute Group Decision Making*, Applied Mathematical Modelling, 2014.

[54] Juan C. Reboredo, *Is Gold a Safe Haven or a Hedge for the US Dollar? Implications for Risk Management*, Journal of Banking and Finance, 2013(8).

[55] Zhiming Zhang, Chao Wang, Dazeng Tian et al., *A Novel Approach to Interval – valued Intuitionistic Fuzzy Soft Set Based Decision Making*, Applied Mathematical Modelling, 2014.

[56] Siriluck Rotchanakitumnuai, *The Governance Evidence of E – government Procurement*, Transforming Government: People, Process and Policy, 2013.

[57] Mikhail Timonin, *Robust Optimization of the Choquet Integral*, Fuzzy Sets and Systems, 2013.

[58] Danping Wang, *Influences of Cloud Computing on E – Commerce Businesses and Industry*, Journal of Software Engineering and Applications, 2013(6).

[59] A. Bonetti, S. Bortot, M. Fedrizzi et al., *Modelling Group Processes and Effort Estimation in Project Management Using the Choquet Integral: An MCDM approach*, Expert Systems With Applications, 2012(18).

[60] Bon – Gang Hwang, Xianbo Zhao, Mindy Jiang Shu Gay, *Public Private Partnership Projects in Singapore: Factors, Critical Risks and Preferred Risk Allocation from the Perspective of Contractors*, International Journal of Project Management, 2012.

[61] Jalal Shayeri, Gülfem Tuzkaya, Umut R. Tuzkaya, *Supply Chain Partners and Configuration Selection: An intuitionistic Fuzzy Choquet Integral Operator Based Approach*, Expert Systems With Applications, 2011(3).

[62] Guiwu Wei, Gray Relational Analysis Method for Intuitionistic Fuzzy Multiple Attribute Decision Making, Expert Systems with Applications, 2011(9).

[63] Ke Xu, Jianzhong Zhou, Ran Gu et al., *Approach for Aggregating Interval – Valued Intuitionistic Fuzzy Information and Its Application to Reservoir*

Operation, Expert Systems with Applications, 2011(7).

[64] Tungmou Yang, Lei Zheng, Theresa Pardo, *The Boundaries of Information Sharing and Integration: A Case Study of Taiwan e - Government*. Government Information Quarterly, 2011.

[65] Chunqiao Tan, *A Multi - criteria Interval - valued Intuitionistic Fuzzy Group Decision Making with Choquet Integral - based TOPSIS*, Expert Systems with Applications, 2010(4).

[66] Deng Kui Huang, Huan Neng Chiu, Ruey Huei Yeh et al., *A Fuzzy Multi - criteria Decision Making Approach for Solving a Biobjective Personnel Assignment Problem*, Computers & Industrial Engineering, 2008(1).

[67] Zhoujing Wang, Kevin W. Li, Weize Wang, *An Approach to Multiattribute Decision Making with Interval - valued Intuitionistic Fuzzy Assessments and Incomplete Weights*, Information Sciences, 2009(17).

[68] Bernard Roy, *Robustness in Operational Research and Decision Aiding: A Multi - faceted Issue*, European Journal of Operational Research, 2009(3).

[69] Jianzhang Wu, Qiang Zhang, *Multicriteria Decision Making Method Based on Intuitionistic Fuzzy Weighted Entropy*, Expert Systems with Applications, 2010(1).

[70] Ludmila Dymova, Pavel Sevastjanov, *An Interpretation of Intuitionistic Fuzzy Sets in Terms of Evidence Theory: Decision Making Aspect*, Knowledge - Based Systems, 2010(8).

[71] Dimitrios Zissis, Dimitrios Lekkas, *Securing e - Government and e - Voting with an Open Cloud Computing Architecture*, Government Information Quarterly, 2010(2).

[72] Scott Paquette, Paul T. Jaeger, Susan C, *Identifying the Security Risks Associated with Governmental Use of Cloud Computing*, Wilson. Government Information Quarterly, 2010(3).